# コトラーの戦略的マーケティング

KOTLER ON MARKETING

いかに市場を創造し、攻略し、支配するか

フィリップ・コトラー 著
木村達也 訳

ダイヤモンド社

KOTLER ON MARKETING

by

Philip Kotler

# 訳者まえがき

本書は、フィリップ・コトラー（Philip Kotler）著、*Kotler on Marketing: How to Create, Win, and Dominate Markets*（The Free Press, NY, 1999）の全訳である。本書の内容を端的に表すなら、マーケティングの代名詞ともいえるフィリップ・コトラー教授が、二〇年間にわたって企業の経営幹部を対象に行ってきたマーケティング・セミナーのエッセンスをもとに描いた、戦略的マーケティングの現在と未来である。

コトラー教授によるマーケティング書には、これまでも『マーケティング原理』『マーケティング・マネジメント』など、日本でも多くの読者に親しまれてきたものがある。彼のそれらの著書は二〇カ国語に訳され、世界五八カ国で読まれている。

マーケティングの教科書として、世界的定番となっているコトラー教授の数々の著作の評価は、いまさら疑う余地のないものであるが、彼はアカデミズムのなかでの卓越した研究者・教育者であるだけでなく、すぐれて実践的なマーケティング・コンサルタントでもある。コンサルタントとしての彼のクライアントには、ＩＢＭ、ＡＴ&Ｔ、シェル、ＧＥ、フォードなど多数の世界的有力企業が含まれ、常に現場のマーケティング課題と対峙することで、マーケティングについての実践力に富む洞察が数々生まれてきていることは、本書をご覧いただければおわかりいただけると思う。

本書は四部からの構成になっている。第Ⅰ部は、マーケティングの戦略面がまとめられている。マーケティング・サクセスについての決まり文句を再検討し、その中に含まれる誤謬を明らかにしている箇所は、経験豊富なマーケターにとっても新たな発見が多いだろう。また、マーケティング機会の見つけ方から、ブランド・エクイティの構築の仕方にいたるまで、プロセスが丁寧に解説されている。

第Ⅱ部は、マーケティングの戦術面に関するパートである。ここでは、マーケティング情報の開発と活用法や、伝統的な4P理論への修正を加えた上での効果的なマーケティング・ミックスの実践法が提示されている。

第Ⅲ部は、マーケティング管理を、プラニング、組織、評価、そしてコントロールの側面から説明している。欧米企業と比較した際、日本企業が今後もっとも目を向けなければならないマーケティング・テーマが、第Ⅲ部で展開されているこれらの分野だろう。

第Ⅳ部は、グローバル・マーケットのなかで、ますますその重要性を増す、電子マーケティングについてである。競争の領域が、マーケット・プレイス（地理的場所）からマーケット・スペース（インターネット上）に拡張するなか、消費者の購買行動の変化に確実に適応する手法としてのＩＴ（情報技術）ベースのマーケティングが提唱されている。

マーケターの仲間たちから、企業がマーケティングに秀でるためのポイントは何なのかという質問を受けることがある。私はそんなとき、まずは当たり前のことを当たり前に、そしてすばやくやることではないか、と答えることが多い。マーケティングについては、当たり前のことが当たり前にできていない状況が、あまりに多いからだ。たとえば経営者の多くが、顧客価値の創造とか、市場ニーズへの適応とか、気の利いたフレーズを口にする一方、将来的な利益を最大化するための真のターゲットがいったい誰で、そのために提示すべき独自の総体的価値が何で、それらをどのように伝達すればよいか、といったもっとも基本的な要件すら、一部を除く多くの企業は組織として明確になっていない、と言ったら言いすぎだろうか。

コトラーは、本書のなかで「唯一の競争優位は、企業としてどこよりも速く学習し、すばやく変化を遂げる能力以外にない」と述べている。また、「成功するためのマーケティングの正解は、一つではない」とも語っている。経営やマーケティングの世界では、絶えず流行の経営技法が登場してくるが、目先の派手な演出に惑わされることなく、本質をしっかり捉える、射程の長いマーケティング発想をきちんと組織に根づかせた企業のみが、やがて自分たちの未来を手にすることになるのではないだろうか。

昨年の日本は、さながらインターネットに明け暮れた一年だった。インターネット・マーケティング、Ｅマーケティング、インタラクティブ・マーケティング、ウェブ・マーケティングなど、マーケティングの分野にもいくつもの新たな用語が現れた。電子商取引の成長を持ち出すまでもなく、インターネットをはじめとする情報通信技術は、数々の新しいビジネス・モデルを生み出すきっかけとなり、ビジネス全体の仕組みを大きく変えつつある。しかし、あえてここで申し上げたいのは、技術革新（イノベーション）とマーケティングは、企業成長の両輪であり、テクノロジーにのみ振り回されてはならないということだ。

たとえば、何百万件という顧客データベースを構築したからといって、それだけで顧客の囲い込みができるわけではないし、ウェブサイトを使って直販を始めたからといって、すぐに収益性が改善されるわけではない。望み通りにいくかどうかは、データや情報技術そのものではなく、それらをどう利用するかにかかっているのである。それこそが、マーケターに求められる分析力と構想力ではなかろうか。

今回の翻訳作業は、原著の興味あふれる内容から、終始楽しみながら進めることができた。また、原文内容の不明点は、コトラー教授からそのつど電子メールで丁寧な説明をいただいた。こちらが夜半にメールを送信しておくと、時差のおかげで翌朝には教授から返事が届いているという、きわめて快適なやりとりだった。しかし、原著の意図するところを十分にお伝えできていないところがあるとしたならば、それは訳者の責任であり、読者諸賢のご教示を賜りたいと願う次第である。

訳出に際して、私が主宰しているマーケティングについてのメーリング・リストのメンバーから、個別の企業・業界特有の表現について、貴重な助言をいただいた。この場を借りて、謝意を表したい。最後になったが、今回の作業のパートナーとして、的確なアドバイスで先導してくれたダイヤモンド社の中嶋秀喜氏と、中嶋氏への仲介の労をとられた同社の久我茂氏にあらためてお礼を申し上げたい。

木村 達也

二〇〇〇年一月五日

# 序文

この数年間、私はフリープレス社の敏腕シニア・エディターであるロバート・ウォリスから、企業の管理職向けに、最近のマーケティング動向を踏まえたうえで、しかも全編七〇〇ページといった長さにならないかたちで、マーケティングの本をまとめないかと熱心に勧められていた。

彼が私に求めたものは、私が大学院生のテキスト用に書いた『マーケティング・マネジメント』を短くまとめたものではなく、まったく新たな書き下ろしだった。ロバートは、私がこれまで二〇年以上の間、企業向けのマーケティング・セミナーを開いてきたことを知っており、しかもそのセミナー用のノートのコピーまで手に入れていた。そのノートに書かれている内容がそのまま本になるというのが彼の考えだった。

私は日々の教育や研究、コンサルティングの忙しさにかまけて、彼の要請をそのままにしていた。そのころ私は、AT&T、IBM、ミシュラン、シェル、メルク、その他、銀行数行に対するコンサルティングから多くの知見を得ていた。また、新たに出現したテクノロジー（インターネット、電子メール、ファックス、セールス・オートメーション用ソフト）とニューメディア（ケーブルTV、テレビ会議、CD、パーソナル新聞）が、市場と現場のマーケティングに与える革命的ともいえる影響について考えていた。市場が激変するなか、まだ書くべき機は熟していないように思われた。

だが、とうとう私は、市場の変化に終わりはないと悟るにいたった。執筆を延ばしていたもっともらしい理由は、消えてしまった。

私とマーケティングとの親密な付き合いは三八年を数え、いまだその興味は尽きない。マーケティングは、その本質がわかったと思うと、それまでとは別の姿を現し、われわれはその後を一生懸命になって追わなければならない。

初めてマーケティングに出会った一九六〇年代初頭、マーケティングの文献といえば、ほとんどが記述的なものだった。当時、三つのアプローチがあった。一つは商品からのアプローチで、さまざまな商品の特徴とそれらの商品を対象とする購買行動を記述するものだった。二つ目は制度からのアプローチで、卸売業者や小売業者がどのように機能しているかを記述した。三つ目は機能からのアプローチで、広告や営業マン、価格設定などのマーケティング活動が市場でどのように機能するかを書き記していた。

私のもともとの専攻は経済学と意思決定論であったため、私が選択したマーケティングへのアプローチは経営管理的側面からのものだった。マーケティング・マネジャーたちは、数多くの困難な意思決定に例外なく直面していた。彼らはターゲット市場を細心の注意を払って選択し、製品に関して最適な特性とベネフィット（便益）を開発し、効果的な価格決定を行い、営業部隊の適正規模とその割り振りを行い、さらにさまざまなマーケティング予算を決めなければならなかった。しかも、不完全な情報と変化し続ける市場のダイナミクスのなかで、これらの意思決定を下さなければならなかった。

私は、マーケティング・マネジャーがマーケティング上の意思決定を正しく行うためには、市場や競合を体系的なアプローチを用いて分析し、市場に働いている力は何か、またそれらの関係がどうなっているかを解明する必要があることを痛感していた。そのことが、市場とマーケティング行動のモデル開発へと私の関心をかき立てた。そして一九七一年、私は自分のアイデアをまとめ、『マーケティング意思決定――モデル構築アプローチ』を出版した。

七〇〇ページに及ぶその本は、単一製品を扱う一企業が、単一のマーケティング手段を用いて利益の最大化を図るという最も単純な市場から話を始めた。そして、それに続く各章で、複数の競合企業、複数のマーケティング手段、複数の領域、複数の製品と、遅い反応、いくつもの目標、大きなリスクや不確実性といった複雑な要素を加えていった。モデル構築の目的は、ともすれば非線形的、確率論的、相互作用的で、とてつもなく難解な存在になりがちなマーケティングの姿をとらえることにあった。

私の目的は、マーケティング意思決定を、もっと科学的なものにすることだった。その後、市場作用の解明に取り組む才能豊かな学者たちによって、マーケティングに関する科学的文献が（説明的なものであれ規範的なものであれ）向上してきたことは喜ばしい限りである。

実際、一九七〇年以前に理論化されたマーケティングの対象は、すべて利益を求めて製品やサービスを販売する営利企業だった。しかし、私が『非営利組織のマーケティング』で述べたように、非営利組織や政府などの企業以外の組織でも、マーケティング上の問題を抱えていた。大学は学生を取り合い、美術館は来館者数を増やしたがっている。演劇団体は観客を集めたがっているし、教会は教区民を引き寄せたがっている。これらのすべてが、資金を欲しているのである。個人のレベルでもマーケティング活動は行われている。政治家は票を求め、医者は患者を求め、芸術家は名声を求めている。

これらすべてに共通するものは、たとえば、注意や関心、願望、購入、好意的な口コミなどの反応や財源を人から引き出そうとする人間の欲望の姿である。しかし、こうした反応を引き出すためには、相手に価値があるとわかるものを提示しなければならない。相手側が自らの意志に基づいて対応したり、財源を提供してくれたりすることは、その結果である。つまり、マーケティングを説明する中心概念としての「交換」の登場である。

私がマーケティングの対象として考えるものは、製品とサービスにとどまらない。われわれは人や場所、アイデアや経験、それに組織もマーケティングすることができる。私は、こうした日常的とは言い難いマーケティングの応用に探求心を向けることによって、『ハイ・ヴィジビリティ』（人のマーケティング）、『国と場所のマーケティング』（場所のマーケティング）、『ソーシャル・マーケティング』（アイデアのマーケティング）の三冊の他、経験のマーケティングと組織のマーケティングに関する論文を書くことができた。

さらにマーケティングには、もう一つの広範な動きがある。マーケティングの果たす役割は、製品やサービスの需要を拡大することだけではない。万一、ある製品の需要があまりにも多いと、どうなるだろうか。マーケターは製品の価格を上げ、広告とプロモーションへの支出を削減し、供給に見合うよう需要を引き下げる方策をとるべきではないだろうか。

こうした行動は、ディマーケティングと呼ばれるコンセプトであり、さまざまな場面で用いられている。改革論者が、危険な薬物やタバコ、脂肪分の多く含まれる食品、拳銃などの健康や安全を損なう製品の需要をなくそうとしたらどうだろうか。この場合、マーケティングが果たす機能はアンセリングと名づけられている。そのほかマーケティングには、不人気な製品のイメージを変えたり、不規則な需要を平滑化する機能もある。

これまで述べてきたことからわかるように、私が考えるマーケティングの主目的は、需要の管理、すなわち、需要の水準、タイミング、構成を管理するスキルの開発である。

マーケティングがその領域を拡大するまでには、かなりの困難を伴った。そのため評論家たちは、マーケティングは歯磨きやら、冷蔵庫やら、コンピュータをどうやってより多く売り込むかに終始しているという考えを好んだ。しかし、新しい視点はアイデアの市場に導入され、そして他の市場と同様、使用価値のあるそうした視点は生き残ると私は考えている。拡張されたマーケティング・コンセプトが、圧倒的大多数のマーケティング研究者ならびに実践者によって受け入れられていることは、大変喜ばしいことである。

現代的なマーケティングのなした貢献の一つは、企業が、製品中心の考え方から、市場および顧客中心の考え方に移行することの重要性を示したことである。セオドア・レヴィットの古典的論文「マーケティング近視眼」は、ピーター・ドラッカーの有名な、すべての事業が自問すべき五つの問いとともに、新しい発想を生み出すうえで重要な役割を果たした。

だが実際には、多くの企業が「企業発想」から「市場発想」に変化できないまま、何年もの時間が経過している。いまだ多くの企業が「顧客ニーズへの適応」ではなく、「製品の売り込み」に終始している。

今日までに起こったマーケティング発想の変化は十分に大きいが、これから起こりうるマーケティング発想とその実践の変化の大きさには、計り知れないものがある。マーケティングの根底を成す主要なコンセプトは交換なのか、関係なのか、それともネットワークなのか、今日の研究者は疑問を投げかけている。サービス・マーケティングや生産財マーケティングの分野についての考え方も大きく変わりつつある。

しかも、テクノロジーとグローバリゼーションの影響が急速に広がりつつあるなか、これから大変な衝撃がやってくる。コンピュータとインターネットによって、販売および購買活動が大きな変貌を遂げる。本書の最終章で、私はこうした革命的な変化について取り上げた。

マーケティング上の課題に日々立ち向かっているマーケター諸氏にとって、本書がマーケティング発想を深める参考になれば幸いである。各章末には「検討課題」を設けたので、各章の内容を踏まえたうえで、現実の状況に応用していただきたい。定期的にマネジャー諸氏が集まり、本書の各章を題材にして議論を重ねることで、自社にとってのマーケティング上の知恵を引き出されることを願っている。

コトラーの戦略的マーケティング……………………目次

# 第I部

# 戦略的マーケティング

# 第1章 世界一流のマーケティングによる高収益ビジネスの構築

世の中には三種類の企業がある。一つは自ら新たにことを起こす企業、もう一つはその成り行きを見守る企業、そして最後はいったい何が起こったのかと当惑する企業である。
……作者不詳

進路を変更しなければ、そのまま向かっているところに到達するだろう。
……中国の古いことわざ

世界が次の千年紀に近づくにつれ、人も企業も、将来に何が待ち受けるのかをあれこれ考える。未来には変化があるだけでなく、そのスピードはいっそう加速していく。一二歳のある少女は、九歳になる自分の妹のことを、「妹は私とは世代が違うわ」と言った。彼女の妹は、音楽の好みも、テレビゲームの好みも、知っている映画スターも、お気に入りのタレントも姉とは違うのだ。

企業はしばしば、市場が二、三年ごとに変化することを見落としている。『バリュー・マイグレーション（価値の移動）』という本によれば、鉄鋼や電気通信、医療、娯楽などの産業では、顧客の要求や競争原理は、数年単位で大きく変化してきたという[1]。昨年の成功戦略が、今日の敗北戦略になっても不思議ではない。誰かが言ったように、世の中には二種類の企業がある。すなわち、自ら変

化できるところと、そうすることができず消え去るところである。

今日の経済状況は、テクノロジーとグローバリゼーションという二つの強力な要因によって形成されている。今日のテクノロジーの特徴は、一九六〇年代前半のケネディ大統領が目にすることのなかったさまざまな新製品、たとえば、人工衛星、ＶＴＲ、カムコーダー（ＶＴＲ一体型カメラ）、コピー機、ファックス、デジタル式腕時計、電子メール、携帯電話、ノートパソコンに現れている。テクノロジーは、社会の物質的な基盤をつくるだけでなく、人間の思考のパターンさえ左右する重大な存在である。マーシャル・マクルーハンが言ったように、「メディアはメッセージである」(2)。

技術の革命的な力を示すものの一つが、すべての情報が0と1の「ビット」でコード化されるデジタル化である。ビットは、コンピュータ操作によって、音楽やビデオ映像にコード化され、電話回線を信じられないような速度で送られる。マサチューセッツ工科大学（ＭＩＴ）の有名なメディアラボの所長、ニコラス・ネグロポンテ教授のように、「ビット（情報）」は「アトム（物質）」にとって代わるとみなすものさえいる(3)。

もはやソフトウェア会社が、製造したフロッピー商品を消費者に届けるために、箱詰めして、各地の小売店へトラックで配送する必要はない。いまでは、ソフトウェアはインターネットを通じて配布され、顧客はコンピュータでダウンロードしている。

テクノロジーは、今日の経済を支える第二の要因であるグローバリゼーションを推し進める。マクルーハンが唱えた「地球村」の理念は現実となった。タイのバンコクの経営者が本書を購入したければ、コンピュータのキーボードでwww.amazon.comと打ち込み、クレジットカードの番号を入力すれば、数日後にはフェデラル・エクスプレスで届けてくれる。ドイツのケルンにある花の卸売

業者が、不足分の赤いバラを仕入れる時も、発注の翌朝にはテル・アヴィブからの積み荷を受け取ることができる。

テクノロジーとグローバリゼーション以外にも、経済システムに変化を与える要因はいくつもある。規制緩和は多くの国々で実施されている。これまで政府の保護を受けてきた企業（しばしば独占企業）は、突然新しい競合企業からの挑戦に直面している。米国では今日、AT&Tなどの長距離通信企業は地域通信市場に参入できるし、地域通信企業も長距離通信市場に参入する権利を与えられている。また電力会社も、他の地域への売電を認められている。

もう一つの強力な要因は、民営化である。所有と経営を民間に委ねたほうがより効率的だという考えから、いくつもの国営企業や公社が民営化された。ブリティッシュ・エアウェイズやブリティッシュ・テレコムの民営化は、その代表例である。今日では、刑務所や学校の建設とその運営をはじめとする多くの公的事業やサービスが、民間企業に委託されている。

ヤンキースの伝説的なキャッチャー、ヨギ・ベラの言葉を借りれば、「未来は、常にむかしとは違うものだ」。さらに彼は、こう付け加えるかもしれない。「あなたは、自分の会社が獰猛な野獣に追われているとお思いですか。もしそうでなかったら、そう思うべきなのだ」

市場に情け容赦はない。ゼネラル・エレクトリック（GE）の会長ジャック・ウェルチならば、経営者会議の冒頭でこう警告するだろう。「変化するか、さもなければ死ぬだけだ」。ヒューレット・パッカード社のリチャード・ラブは次のように述べている。「変化のスピードはきわめて急激であり、変化できるかどうかが、いまや競争優位となった」

変化できる能力を身につけるためには、学ぶ能力が必要である。ピーター・センゲなどの研究者

**図表1-1　転換期の企業形態**

| 以前 | 現在 |
|---|---|
| 社内ですべてを調達 | 外部からの購入（アウトソーシング） |
| 自力改善 | ベンチマーキングによって他社に倣う |
| 我が道を行く | 他の企業とのネットワーキング、協働 |
| 機能別の組織運営 | 総合的チームによるプロセス管理 |
| 国内に集中 | グローバルかつローカル |
| 製品主義 | 市場および顧客主義 |
| 標準的製品 | カスタマイゼーション |
| 製品中心 | 価値連鎖が中心 |
| マス・マーケティングの実践 | ターゲット・マーケティングの実践 |
| 持続的な競争優位の発見 | 新しい優位性の継続的創造 |
| 慎重な製品開発 | 製品開発サイクルのスピード化 |
| 多くの納入業者 | 少ない納入業者 |
| トップ・ダウンによる経営 | 上から下、下から上、さらに横へ展開する経営スタイル |
| マーケット・プレイスにおける活動 | マーケット・スペースにおいても活動 |

は「学習する組織」の概念を普及させた[4]。コカ・コーラやGE、スカンジア社などの企業が、知識、学習、あるいは知的資本担当の副社長職を新たに設けたが、それは驚くべきことではない。彼らの業務は、消費者や競合企業、流通業者、納入業者に影響を与えるトレンドや動きを、組織がすばやく学習できるようにするためのナレッジ・マネジメント・システムを構築することである。

変化のスピードがますます速くなるにつれて、企業はもはや従来のやり方では繁栄を維持することはできない。図表1―1は、従来のやり方と、現在急速に取り入れられつつある方法を比較したものである。右列のやり方は、利益を上げるうえでより効果的な今日的アプローチと見られている。

表の各項目について、自分の会社が左右どちらの列に当てはまるかをチェックすれば、自分の会社がどれくらい今日的なビジネスのやり方を取り入れているかがわかる。もしチェックした数が左列のほうに多ければ、自分の会社は伝統的なやり

方に終始していることを意味している。

## 必ず成功するマーケティング活動はあるか？

成功するビジネスのやり方に加えて、必ず成功するマーケティングのやり方はあるのだろうか。読者は、こうすればマーケティングの成功はまちがいなしというような決まり文句を耳にしたことがあるだろう。次に紹介するのは、そのなかでも代表的な九つの決まり文句である。

### 1 「高品質で成功せよ」

品質の悪さがビジネスを失敗させかねないことについて、異論を説える人はいない。粗悪品をつかまされた顧客は二度と戻ってこないだろうし、その会社の悪口さえ言い触らすだろう。しかし、品質が高ければ成功するのだろうか。この場合には四つの問題がある。

まず、品質という言葉には多くの意味が含まれている。自動車企業が高品質を謳う時、それは何を意味するのか。エンジン始動時の信頼性か、加速性能か、それともボディーの耐久性か。しかし、顧客の関心は人によって違うため、きちんと定義されていない品質談義には、あまり意味がない。

二番目は、普通、製品の品質というのは、ただ眺めただけではわからないということである。たとえば、テレビを購入するとしよう。いま、あなたはサーキット・シティ（米国の電機製品小売りチェーン）の店頭で、一〇〇種類のテレビを見比べている。どの画面にも映像が映り、音声は店内に鳴り響いている。

あなたはお気に入りの有名ブランドのテレビをいくつか眺める。画質はどれも大差がない。外観は少しずつ違うが、品質の善し悪しを判断するうえではほとんど役に立たない。しかし、部品の品質を確かめるために、わざわざ店員に頼んでテレビの後ろを開けてもらったりはしないだろう。結局、あなたが得られるのは、せいぜい何の根拠もない、たんなる品質のイメージである。

三番目は、ほとんどの分野で企業間の品質格差がなくなってきていることである。そうした状況下では、品質はもはやブランド選択の決定要因ではない。

四番目に、モトローラ社のように製品の品質の高さで知られる企業が、シックスシグマ・レベルの品質管理を大げさに宣伝しているようなケースがある。だが、そのような高い水準を必要とし、それに見合う対価を支払えるだけの顧客が大勢いるだろうか。さらに、シックスシグマ・レベルの品質を手に入れるためにモトローラが投じたコストは、どれくらいだったのだろうか。たしかに費用が潤沢であれば、最高の品質水準に達することは可能である。

## 2 「よいサービスで成功せよ」

よいサービスを期待しないものはいない。しかし、よいサービスの意味は顧客によって違う。レストランでサービスを受ける時のことを考えてみよう。レストランのお客のなかには、席に着くやいなやウェイターが現れ、注文をきちんと尋ね、料理をすばやく運んでくることを望む人たちもいれば、そうした応対をせかされていると感じ、もっとゆっくり時間を過ごしたいと感じる人たちもいるだろう。

あらゆるサービスは、スピード、気配り、知識、問題解決能力などの個々の具体的な属性に区分けすることができる。しかし同じ属性であっても、その人、その時、その状況によって重みは変わってくる。ただよいサービスを主張するだけでは不十分なのだ。

### 3「低価格で成功せよ」

低価格戦略は、多くの企業が実践している。たとえば、世界最大の家具小売りチェーンであるイケア、世界最大のGMS（総合スーパー）であるウォルマート、そして米国で最も収益率の高い航空会社の一つであるサウスウエスト航空がそうである。

しかし、低価格戦略のリーダーは注意しなければならない。より安い価格を提供する企業が、突然市場に参入してくるかもしれない。ウォルマートが低価格で勝利するまで、シアーズは長年にわたって低価格のリーダーだった。

発展性のある企業を築くためには、低価格だけでは不十分である。ユーゴスラビア製のクルマは価格が安かったが、同時に品質も最低だったために姿を消した。顧客が価格だけでなく、その価値を考えて購入している以上、品質とサービスについての判断基準も提示しなければならない。

### 4「高い市場シェアで成功せよ」

一般的には、市場で最大のシェアを握っている製品は、競合製品よりも多くの利益を稼ぎ出している。それらは規模の経済性と高いブランド認知度を享受している。「バンドワゴン効果」によって、初めての顧客は、シェアがいちばん大きい企業の製品を選択する傾向がある。

ところが、市場シェアが高いからといって、必ずしも利益率がよいわけではない。A＆Pは長年米国最大のスーパーマーケット・チェーンだったが、なかなか利益が上がらず苦しんでいた。たとえば、ＩＢＭやシアーズ、ゼネラル・モーターズ（ＧＭ）のような大企業の一九八〇年代の状態を振り返ってみてほしい。当時、これらの大企業は、規模の小さい多くの競争相手に比べて、ずっと経営状態は悪かったのである。

## 5「マス・カスタマイゼーションで成功せよ」

多くの買い手は、売り手企業に対して、特別仕様の製品やサービスの提供を期待している。フェデラル・エクスプレスを利用する企業のなかには、荷物の集荷時間を午後五時ではなく、七時にしてほしいと考えるところがあるかもしれない。ホテルの宿泊客のなかには、一日数時間だけ部屋を利用したいと思っている人がいるかもしれない。こうした顧客のニーズは、企業のビジネス・チャンスになり得る。

しかしながら、ほとんどの企業から見れば、こうした個々の要求に応える特別なサービスは、費用がかかりすぎるかもしれない。マス・カスタマイゼーションは、うまくいっている企業もあるが、多くの企業は、それが利益の出ない戦略であることを知るだろう。

## 6「絶え間ない製品改良で成功せよ」

製品改良を継続して行うことは、理にかなった戦略である。とりわけ、その企業が製品改良で業界をリードできる場合は、なおさらである。しかし、製品改良がすべて評価されるわけではない。いまよりも洗浄力の優れた洗剤や、切れ味のよいカミソリの刃、速いクルマが登場したとしても、顧客はそれらにいくら支払うだろうか。すでに改良の限界に達している製品に多少の改良を加えても、大勢には影響しないのである。

## 7 「製品の革新で成功せよ」

「革新か、さもなくば消えてなくなるか」という言葉をよく耳にする。事実、ソニーや3Mなどの優れて革新的な企業は、ずば抜けた新製品を市場に導入して莫大な利益を得てきた。しかし、月並みな企業は、新製品の導入に失敗している。消費財分野のブランド製品の新製品が市場で失敗する割合は、いまだに八〇%程度もある。生産財の分野では、およそ三〇%である。

新製品を導入しなければ会社は市場から消え去ってしまうだろうし、かといって新製品を導入すれば、多額の資金を失ってしまうかもしれない。企業の多くは、こうしたジレンマに悩まされている。

## 8 「高成長市場に参入して成功せよ」

電子工学、生物工学、ロボット工学、電気通信などの高成長市場は、華やかさに満ちている。それらの産業で一財産を作ったマーケット・リーダーたちがいる。しかし、そうした高成長市場に参入した月並みな企業は、失敗の憂き目を見ている。

コンピュータ・グラフィックス分野などでは、ソフトウェア会社が一〇〇社生まれても、存続できるのはわずか二、三社にすぎない。ひとたび市場が、ある特定ブランドを業界標準と認めると、その企業が得る売上げと利益はますます増大していく。「マイクロソフト・オフィス」が業界標準になった時、同様の機能をもつ他の優れたアプリケーション・ソフトは、隅に追いやられてしまった。問題はそれだけではない。そうした急成長産業の製品は、たちまち時代遅れになってしまうために、どの企業も絶えず再投資を迫られている。そのため、モデル・チェンジへの投資が必要になっても、旧モデルの製品に投じた費用はほとんど回収することができない。

## 9「顧客の期待を上回ることで成功せよ」

今日最も受けがよいマーケティングの決まり文句の一つは、「成功している企業は絶えず顧客の期待を上回るものを提供している」である。顧客の期待に見合うことは、顧客を満足させるにすぎない。しかし顧客の期待を超えるならば、顧客を大喜びさせることができる。売り手に対して好感を抱いている顧客は、その企業の顧客であり続ける確率がはるかに高いのである。

問題は、一度期待以上のことをしてもらうと、顧客の期待はいっそう高まることである。より高い期待を上回る仕事をするのは容易なことではないし、費用もかかる。したがって、結局、顧客の最も新しい期待を満たすことで、企業は満足しなければならない。

別の表現をするならば、今日では顧客の多くが、高い品質、付加的サービス、利便性、カスタマイゼーション、返品、保証制度を、最も安い値段で得られることを望んでいる。それぞれの企業としては、こうした顧客の多岐にわたる欲求のなかから、どの点を強化すれば利益を確保できるかを決定しなければならないことは明らかである。

## 成功するマーケティング戦略の要素は何か?

成功するためのマーケティングの正解は、一つではない。特定の差別化戦略や攻撃戦略に頼るのではなく、企業は、いくつものレベルのマーケティング活動を一つに織り込んだ独自のマーケティング戦略を構築する必要がある。

競合に比べ、いろんなことが少しずつ上手にできたとしても、それだけでは十分ではない。ハーバード大学のマイケル・ポーター教授は、同じ活動を競合よりも少しだけ上手にできたとしても、それは実際には戦略にはならないと主張している。[5] それは、業務の効率化にすぎない。業務において卓越することと、確固たる戦略をもつこととは別である。業務の効率化によって、しばらくは成功するかもしれないが、早晩ほかの企業に追いつかれるか、追い越されてしまうだろう。

ポーターが、確固たる戦略があるとみなすのは、競合企業には真似のできない強力な違いをもっている企業である。たとえばデル・コンピュータは、店頭販売の代わりに電話セールスを採用して、確固たる戦略を築いた。その結果、ダイレクト・マーケティングとデータベース・マーケティングに精通し、その優れた価値とサービスを顧客に理解してもらうことができた。デルはインターネットを販売チャネルに加えることによって、戦略上のブレークスルーを次々に生み出した。いまでは、インターネットを通じて毎日総額三〇〇万ドルを超えるコンピュータを販売している。

独自の戦略を生み出した企業は他にもある。イケアは、典型的な家具小売店とはまったく対照的な家具の製造販売方法を考えだした。GMのサターン事業部が行っている販売方法も、自動車メーカーの代表的な販売方法とはまったくかけ離れている。またレンタ・カー社は、中古車を格安料金で貸し出し、同時に保険会社とタイアップすることによって、レンタカー市場でユニークなニッチ（すき間）市場を掘り起こした。

しかしながら、成功したこれらの新しい戦略はたちまち真似され、当たり前になってしまうのではないだろうか。確かにその通りである。サウスウエスト航空とイケアが経験したように、模倣者はすぐに現れる。

だが、新しい戦略の一部分を真似することと、その戦略全体を模倣することとは、まったく別問題である。偉大な戦略というものは、容易に真似のできない多くの強力な活動をもとにした独自の組み合わせから構成されている。

マーケット・リーダーのやり方をすべて模倣することは、巨額の費用を要するだけではない。たとえ模倣したとしても、せいぜいそこそこの利益しか得られず、いま一つぱっとしない企業に終わってしまうのである。

## 企業はどんなマーケティング課題に直面しているか？

私は、自分のセミナーに参加した多くのマネジャーたちに、彼らが今日の顧客をどう見ているかについて聞いてみたことがある。次に紹介するのは、その回答である。

●顧客は洗練されてきており、以前よりも価格に敏感である。

●時間に追われた生活をしており、買い物により利便性を求めている。
●メーカーの商品に違いがなくなってきたと見ている。
●有名ブランド品へのこだわりが薄れ、プライベート・ブランドやノーブランド品を受け入れるようになってきている。
●サービスに高い期待をもっている。
●メーカーへのロイヤルティ（忠誠心）は減少傾向にある。

次に、マーケティング手段がどれくらい役立っているかとの問いに対して、彼らはこう答えた。

●自社製品と競合の製品に違いがなくなってきている。
●売上げを立てるためのサービスに多額の費用を要している。
●自社製品の価格設定が、すぐさま競合によって追随される。
●広告はますます費用がかかる一方、その効果は低下してきている。
●セールス・プロモーションに費用をかけすぎている。
●人的販売コストが上昇している。

これらは、企業が市場において業績を向上させるうえで、重大な挑戦を強いられていることを示唆している。私はマーケティング・マネジャーたちに、彼らがマーケティング戦略や戦術を策定する際、どんな課題に直面しているかを書き出してもらった。図表1—2に示したのは、そのなかか

**図表1-2　マーカーが提起する質問**

1. 対象とする適切なセグメントをいかに見つけ出し、選択できるか？
2. 競合企業に対して、いかに自社のオファーを差別化できるか？
3. 値下げを要求している顧客にどう対応すべきか？
4. 低コスト、低価格で攻めてくる国内、国外の競合とどう戦えるか？
5. 個々の顧客に対し、カスタマイゼーションをどの程度推し進められるか？
6. 事業を拡大するための主たる手段は何か？
7. どうすれば強力なブランドを構築できるか？
8. 顧客獲得にかかる費用をどの程度削減できるか？
9. どうすれば顧客ロイヤルティを長期間維持できるか？
10. どうすれば大切な顧客を見分けられるか？
11. どうすれば広告、セールス・プロモーション、そしてＰＲのペイバック（資本回収にかかる期間）を測定できるか？
12. どうすれば営業マンの効率をあげられるか？
13. どうすれば複数の流通チャネルを築き、かつチャネル間の対立を避けることができるか？
14. どうすれば他部門をより顧客志向に変えることができるか？

ら取り出した一四のおもな課題である。私はこれらのすべてを、本書で検討したいと考えている。

もちろん、それぞれのマーケティング課題の重要性は、企業によって異なるだろう。業界が違えば、対処すべき問題も違ってくる。たとえば、ブランド品メーカーが抱えているのは次のような問題である。

●利益率の低下
●販売費用とプロモーション費用の上昇
●小売店の影響力の増大と獲得可能な棚スペースの縮小
●プライベート・ブランドやノーブランド商品との競合
●ニッチからの攻撃の増大

また、店舗販売の小売業が抱えているのは次のような問題である。

●利益率の低下
●カテゴリー・キラーの台頭
●カタログ販売、通信販売、およびその他の無店舗販売との競合

生産財を扱う企業については、各社の特徴、成功要因、そしてマーケティング部門の果たす役割が大きく異なる。巻末の補遺は一〇種類の生産財マーケティング企業の違いを整理したものである。

## 新たなマーケティングに向かって

多くの最高経営責任者（CEO）が、自社のマーケティングはうまくいっていないと不満をもらしても不思議ではない。彼らは、マーケティングに多くの費用を投じながら、その成果があまり上がっていないと見ている。

その理由の一つは、それらの企業が旧来通りの古ぼけたマーケティングに金を費やしているからである。そうした「ネアンデルタール・マーケティング」には、次のような特徴がある。

●マーケティングと販売を同一視している。
●既存顧客の維持よりも、新規顧客の獲得を重視している。
●顧客の生涯価値を大切にして利益を得ることよりも、個々の取引から手っ取り早く稼ごうとしている。

●目標価格の設定ではなく、原価ベースで価格を設定している。
●マーケティング・コミュニケーション手段を統合せず、個々のコミュニケーション手段を個別に管理している。
●顧客の真のニーズを理解し対応することよりも、製品の販売に終始している。

幸いなことに、旧来のマーケティング発想は、いまやより新しい発想に道を譲りつつある。マーケティングに優れた企業は、顧客に対する知識や顧客との関係を構築する技術を高め、顧客の購買意識の理解を深めつつある。(6) それらの企業は、顧客を製品の共同開発者として歓迎している。それゆえ、市場に対して柔軟にオファーを提供することができる。

コミュニケーションに関しては、ターゲットにふさわしいメディアを使い、顧客とのあらゆる接触の場を通じて首尾一貫したメッセージを伝えるなど、統合的なマーケティング・コミュニケーションを実践している。テレビ会議やセールス・オートメーション、ソフトウェア、インターネットのホームページ、さらにイントラネットやエクストラネットなどの情報技術も積極的に活用している。また、フリーダイヤルや電子メールを通じて週七日、一日二四時間いつでも消費者からの問い合わせを受け付けている。

彼らは、顧客をランクづけし、そのレベルに応じたサービスの提供を心掛けている。流通チャネルを敵視せず、パートナーと考えている。要するに、これらの企業は、顧客に優れた価値を提供する方法をいくつも見出したのである。

自らのターゲットに向けて、価値を創造し、伝え、きちんと届ける新たな手法を開発したこれらの企業には、プレミアムが与えられるだろう。われわれは、そうした存在をマーケティングの達人と呼ぶ。いずれも、マーケティングの殿堂において、その栄誉を称えられるべき企業である。図表1―3にあげた企業は、それらが実現した創造的なマーケティング・ブレークスルーをもとに選んだものである。

## 二〇〇五年のマーケティング

これから述べることは、本書の各章で詳しく説明する予定である。さしあたり、二一世紀の最初の一〇年間に現れるマーケティングは、いまとは非常に違ったものになることを認識しておかなければならない。ここでは、二一世紀のマーケティングの方向性について、私の考えを付け加えておきたい。まず、「未来を振り返ってみる」ことにしよう。西暦二〇〇五年の話である。次に紹介するのは、市場の発展によって起こるおもなできごとである。

電子商取引によって、卸や小売業による仲介が明らかに減少している。実際、店に行かなくとも、すべての商品を手に入れることができる。顧客はインターネットにアクセスすることによって、どんな商品についてもその外観を確かめ、仕様を読むことができる。そして、最も安く、よい条件を提示したところを選んで、クリック一つで注文を出すことができる。

高いコストをかけて印刷したカタログは姿を消した。インターネット経由の企業間取引は、一般消費者のオンライン購入に比べて急速にさかんになっている。企業の購買担当者の場合は、希望商品をインターネット上に告知して入札を行ったり、単にいくつかの「ブックマーク」サイト

**図表1-3　予見力に満ちたマーケターたち**

| | 経営者 | 企業名 |
|---|---|---|
| 1. | アニタ・ロディック | ボディ・ショップ |
| 2. | フレッド・スミス | フェデラル・エクスプレス |
| 3. | スティーヴ・ジョブズ | アップル・コンピュータ |
| 4. | ビル・ゲイツ | マイクロソフト |
| 5. | マイケル・デル | デル・コンピュータ |
| 6. | レイ・クロック | マクドナルド |
| 7. | ウォルト・ディズニー | ディズニー・ワールド |
| 8. | サム・ウォルトン | ウォルマート |
| 9. | トム・モナハン | ドミノ・ピザ |
| 10. | 盛田昭夫 | ソニー |
| 11. | ニコラス・ハイエク | スウォッチ |
| 12. | ジョン・W・ノードストローム | ノードストローム |
| 13. | ギルバート・トリガーノ | クラブ・メッド |
| 14. | テッド・ターナー | CNN |
| 15. | フランク・パーデュー | パーデュー・チキン |
| 16. | リチャード・ブランソン | ヴァージン航空 |
| 17. | 本田宗一郎 | 本田技研工業 |
| 18. | サイモン・マークス | マークス&スペンサー |
| 19. | ルチアーノ・ベネトン | ベネトン |
| 20. | チャールズ・ラザルス | トイザらス |
| 21. | レス・ベクスナー | リミテッド |
| 22. | カーネル・サンダース | ケンタッキー・フライド・チキン |
| 23. | イングバール・カンプラッド | イケア |
| 24. | バーニー・マーカス | ホーム・デポ |
| 25. | チャールズ・シュワブ | チャールズ・シュワブ |
| 26. | ハーブ・ケラハー | サウスウエスト航空 |
| 27. | ポール・オーファリア | キンコーズ |
| 28. | ジェフ・ベゾス | アマゾン |
| 29. | ジム・マッキャン | 1-800-FLOWERS |
| 30. | フィル・ナイト | ナイキ |

を訪ねるだけで、日常的な品目の購買作業を済ましている。

店舗小売業の集客は明らかに減少した。それに呼応するように、起業マインドに富んだ小売業者は、店舗に娯楽施設や劇場を併設している。いまでは多くの書店、食料品店、洋品店がコーヒースタンドを設け、さまざまな講座や催しが開かれている。本質的な意味において、これらの店舗が実践しているのは、商品のマーケティングではなく、「経験のマーケティング」である。

個々の顧客の好みや要求に関する豊富な情報を収めた独自の顧客データベースを、多くの企業が構築している。このデータベースの情報によって、自社のオファーを「マス・カスタマイズ」することができる。オンラインを通じて、顧客自身が製品を自由にデザインできるようにする仕組みを、かつてない数の企業が提供している。

顧客は、クルマやコンピュータ、家電製品、および食品を扱う企業のホームページにアクセスし、決まった書式に製品名やサービス内容、希望するシステムやプログラムを記入するだけで、自分の求める製品が手に入るようになっている。顧客は、パソコンの画面上で、自分が選んだ（あるいはデザインした）製品を見ることができる。

ビジネスとは、顧客の期待の上をいくための想像性に富んだ方法を見つけることによって、顧客を維持することである。そうすれば、競合の新規顧客獲得をきわめて困難なものにすることができる。その結果、多くの企業が、既存顧客に対して、どうすればより多くの製品やサービスを販売できるかに時間を費やしている。

企業は、市場シェアよりも顧客シェアを築くことに焦点を当てている。多くの企業が、他商品の併売や高額商品への買い替えを促進する方法を考案してきた。最新の効果的なデータ・マイニング手法を用いたデータ・ウェアハウスによって、自社にふさわしい活動領域と顧客についての洞察を得ている。

多くの企業では、セグメント、個客、製品、流通チャネル、そして地理的単位ごとの利益率を最終的に会計部門がとりまとめるようになった。今日では、多くの利益をもたらしてくれる顧客や製品、チャネルにはいっそうの注意が払われている。そして企業は、利益貢献度の大きい顧客に対しては、それに見合った見返りを提供している。

企業の視点は、取引の結果としての売上げから、顧客ロイヤルティをいかに構築するかに移ってきた。顧客に対して、製品の生涯供給を考え始めている企業も多い。それは、コーヒーやソフトドリンクといった日常的に消費する製品を、定期的に安く顧客のもとに届けようというものである。個々の販売から得られる利益が少なくてもやっていけるのは、長期にわたる購入契約のおかげである。

ほとんどの企業が現在、業務に必要なものの六〇％以上を外部調達している。なかには外部調達率が一〇〇％に達するところさえある。それらは、資産をほとんど所有しないヴァーチャル企業であり、並はずれた収益率を上げている。外部調達を行っている企業は急に活気づいている。たとえば部品メーカーの場合、有名ブランドをもつメーカーと提携したうえで、総合的なシステム（たとえばブレーキや座席などのシステム）を設計し、供給するそれ専門の下請け企業とパートナーシップを結ぶ傾向にある。今日では、他社との戦略的提携をベースにしたネットワーキング企業が主流である。

営業マンの多くは社員ではなく、営業権を与えられた契約スタッフである。彼らは最新のセールス・オートメーション機器で情報武装しており、マルチメディアを利用したプレゼンテーション内容を自分で作成し、それぞれの顧客への営業提案も自分で作成して契約を交わす権限を与えられている。買い手は、営業マンとオフィスで対面するよりも、コンピュータの画面を利用して話すことを好んでいる。

人的販売は、ますます電子メディアを通じて行われるようになっている。そこでは、買い手と売り手がリアルタイムで、それぞれのコンピュータ画面を通じて商談できる。営業マンの出張は減り、航空会社は縮小を続けている。いまや最も有能な営業マンは、十分な情報をもち、頼りになり、好感がもてる、聞き上手な人たちである。

テレビのチャンネル数は五〇〇を数え、その結果、テレビCMを利用したマス広告は大幅に減少した。印刷媒体としての新聞や雑誌は、発行部数を大幅に減らしている。一方、オンライン上の専門雑誌とニュース・グループを利用した広告活動によって、より効果的にターゲット市場にメッセージを届けることができる。

企業には、特許や著作権、優れた立地、独占的な情報などを除いて、競争優位を維持する方法はない。競合企業は、ベンチマーキングやリバース・エンジニアリング、およびリープ・フロッギング（交互躍進）の手法を用いて、他社のどんな優位性もすばやく真似してしまう。この期に及んでの唯一の競争優位は、どこよりも早く学習し、すばやく変化を遂げる能力以外にない。

さて、再び一九九九年である。私は、刺激的なこの二〇〇五年のシナリオによって、企業がより戦略的に未来を考えるようになると確信している。成功を収めるのは、市場の変化に応じて、自社のマーケティングをすばやく対応させることのできる少数の企業だけである。

## 検討課題

以下に示すのは、あなたの会社やそのマーケティングが、市場における主要な課題への対応を決める際に役立つ質問である。

❶テクノロジー、グローバリゼーション、規制緩和は、過去五年間に、あなたの会社にどのような影響を与えましたか？

❷図表1―1で判定すると、あなたの会社は基本的に、「以前」の分類に入りますか、それとも「現在」ですか？　また、「現在」のどの方法が、あなたの会社にとってより重要なものですか？

❸あなたの会社は、マーケティング戦略の基本を、主として先に述べた九つの戦略のいずれかにおいていますか？　そうだとしたら、どの戦略ですか？　それは有効に働いていますか？　いま必要なものは何だと思いますか？

❹あなたの会社が直面しているマーケティング課題をいくつかあげなさい。それらの課題に対するマーケティング上の最も創造的な解決法はどんなものだと思いますか？

❺西暦二〇〇五年のマーケティングを予測しなさい。あなたの会社が属する産業は、どのようになっていますか？　その状況に備えるため、あなたの会社は何を行っていますか？

# 第2章

# 価値を創造し、伝達するためのマーケティング

工場を建てれば、国を産業化できるという幻想がある。しかし、そうではないのだ。国は、市場を創造することによって産業化できるのである。…………………ポール・G・ホフマン

顧客は売り手を、その会社の歴史の長さではなく、自分にとって長期的な価値がどれだけあるかという判断に基づいてますます選択するようになってきている。…………作者不詳

品質とは、顧客がわれわれのもとに戻ってくること、そして製品がわれわれの手に戻ってこないことである。…………………………シーメンスの品質に関するモットー

前章では、企業が抱えているマーケティング課題とその対応について見てきた。本章では、売上げを増加させるためにマーケティングが果たすべき役割について検討を進めていきたい。コスト削減にばかり目を奪われている企業は、決して大成功を収めることはない。「売上げがなければ、利益は残らないのである」

企業が才能ある人材を引きつけ、昇進の機会を与え、ステークホルダー（利害関係者）を満足させ、競合に打ち勝つためには、成長することが必要である。元ペプシコのCEOであるウェイン・キャロウェイが語った企業成長の事例は、そのことを雄弁に物語っている。

成長とは、新鮮な酸素である。成長することによって、働く人たちが本物のチャンスだと思える活力と情熱に満ちた企業が生み出される。彼らに与えられるチャンスは、より大きくなる。彼らはますます熱心に、手際よく働くようになる。

その意味で、成長はわれわれにとって最も重要な財務指標であるが、実際はそれ以上に重要なものである。つまり、われわれの企業文化に不可欠な要素の一つなのである。それこそが、数々の優秀なリーダーたちが、他の素晴らしい企業ではなく、他ならぬペプシコで働きたいと考える理由である。

だが同時に、成長そのものを目標とすることには注意を要する。企業の目標は「利益を生む成長」でなければならない。マネジャーたちは、業界平均に勝るペースの売上げと利益の伸張を迫られている。その結果、彼らは可能な限りの市場と顧客をカバーしようとする。そのため、自社のターゲット市場とイメージが曖昧になり、経営資源の有効性を希薄化してしまうのである。

マーケティングの中心的な役割は、利益成長を達成することである。自社がターゲット市場において優勢でない場合は、マーケティングによって市場機会を見つけ、評価し、選択し、そのうえで頂上を極める戦略を定めなければならない。

しかし、マーケティングにはさまざまなイメージが伴う——よいイメージとよくないイメージ、正確なイメージとそうでないイメージ、社内でのイメージと世間のイメージ。そこで本章では、次の問題について検討していく。

●マーケティングについての最も重大な誤解は何か?
●健全なマーケティングとは、「ニーズの発見とその充足」に関することだけか?
●企業が収益を上げられる市場とは、どのくらいの規模か?
●マーケティング・マネジメント・プロセスにおけるおもなステップにはどんなものがあるか?

## マーケティングをめぐる重大な誤解

マーケティングとは何か、そしてマーケティングは企業のために何ができるかについては、きわめて大きな誤解がある。実際、マーケティングの責任者に対して、非現実的な期待を抱いているCEOも見受けられる。マーケティング・ディレクターの平均勤続期間が、一六カ月から一八カ月程度というのも不思議なことではない。

### CEOはマーケティングをどう見ているか

多くのCEOは、新製品導入の成功率の低さ、広告および販売費用の上昇、市場シェアの伸び悩みもしくは減少、粗利率の低下など、自社製品が市場で抱える問題の数々にぞっとさせられる。そして、しばしばその犯人として名指しされるのが、マーケティングと営業のグループである。何人かのCEOに対して行ったインタビューがあるので紹介しよう。

●一九九三年、クーパーズ&ライブランドは、一〇〇社のCEOを対象として調査を行った。彼らの多くは、マーケティング部門を「焦点がずれており、やりたい放題している」とみなしていた。

●一九九三年にマッキンゼー&カンパニーが発表した報告書によれば、多くのＣＥＯが自社のマーケティング部門について、「想像力に欠け、新しいアイデアに乏しく、目標を達成することはもはや不可能」と述べている。

●一九九四年にブーズ・アレン&ハミルトンが発表した報告書では、ＣＥＯたちは「ブランド・マネジャーが事業の現実に目を背けている」と考えていると警告を発した。

なるほど、なかには自社のマーケターに失望するのももっともなケースもある。しかしそれ以外については、どちらかといえばマーケティングとは何をするものか、また何ができるものかを理解していなかったり、あるいは無理な期待を寄せていたケースではないだろうか。

## マーケティングについての二つの間違った視点

次に紹介するのは、一般に正しいと考えられているが実は間違っている、マーケティングについての二つの見方である。

### マーケティングと販売は同じものである

マーケティングと販売を同一視することは、一般によく見られる間違いである。一般の人たちだけでなく、ビジネスマンの多くがこの誤りを犯している。確かに販売はマーケティングの一部であるが、マーケティングには販売以外の多くの要素が含まれている。

ピーター・ドラッカーは、「マーケティングの目的は、販売を不要にすることだ」と述べている。ドラッカーが示唆するマーケティングの役割は、手垢のついていないニーズを見つけだし、その問題解決策を用意することである。マーケティングを非常にうまく展開することができれば、その新製品は大勢の顧客に好まれ、評判は口コミで広がり、販売はほとんどいらなくなる。

マーケティングは、製品が誕生するずっと前からスタートするので、販売と同じということはありえない。マーケティングとは、マネジャーたちが顧客のニーズを評価し、その範囲と強さを測定し、利益を生む機会が存在するかどうかを決定する作業である。

販売は、製品が製造されて初めてスタートする活動である。マーケティングの活動は、その製品が市場から消えるまで継続していく。新規顧客を掘り起こし、製品に改良を施し、売上げ結果を分析し、反復購入を促進するのである。

経営者に対するマーケターの批判には、次のようなものがある。経営者はマーケティング支出を投資と考えず、コストとみなしている。長期的な視点を欠き、短期的な成果に目を奪われている。さらには、あまりにリスク回避的である。

## マーケティングは、マーケティング部門の仕事である

マーケティングについてのもう一つの間違った見方は、それが企業のなかの一部門にすぎないとする考えである。確かに、マーケティング部門では、マーケティング発想とその業務が行われている。しかし、マーケティング部門だけがマーケティング発想をし、マーケティング業務をするとし

たら、その会社は大変な過ちを犯すことになる。

たとえマーケティング部門や営業部門が最高であっても、企業は市場で失敗することがある。ヒューレット・パッカードの共同創業者であるデイヴィッド・パッカードは、いみじくもこう語った。「マーケティングは、マーケティング部門だけにまかせるにはあまりにも重要すぎる」

どんな部署であっても、顧客をきちんと扱うこともあればそうでないこともあるが、その対応の一つ一つが企業に向ける顧客の関心の度合いに影響している。

顧客が企業に電話をしても欲しい情報がなかなか得られなかったり、担当者にうまくつながらないことがある。製造に関する基準が甘かったり、梱包が粗末なために、配達された商品に不備が見つかるかもしれない。ずさんな在庫管理のせいで、約束の期日に製品が届かないかもしれない。あるいは、顧客が予想もしない料金を経理部が勝手に上乗せしたために、顧客は当惑するかもしれない。こうした間違いは、すべて顧客満足に対する他部門の意識が低いために発生する。

他部門がマーケティング発想に欠けている原因の一つは、マーケティング部門の存在自体にあるとの指摘もある。他の部門にしてみれば、自分たちの仕事は与えられた業務をこなすことであって、顧客を創造し満足させるのはマーケティング部門の仕事だとの通念があるかもしれない。

では、マーケティング部門がなければ、それ以外の部門が顧客に向ける態度はよくなるのだろうか。一つの例として、英国で最高の小売業の一つであるマークス&スペンサーをあげることができる。同社は広告を打たず、マーケティング部門をもたないにもかかわらず、大勢の熱心な得意客を引きつけている。そのいちばんの理由は、その店で働くものは誰もが顧客第一と考えているからである。

進歩的な企業は、自社が顧客主導型でない場合には、全社をあげて顧客志向を目指している。図表2―1の内容に自分の会社を当てはめてみてほしい。そうすれば、あなたの会社のどの部門が本当に顧客志向なのかがわかるだろう。

一例をあげれば、顧客志向に優れたR&D（研究開発）部門には、次のような姿勢がある。機会があれば、スタッフを顧客に会わせる。新しいプロジェクトについては、他部門と密接に連携しながら仕事を進める。競合する他社製品をベンチマーキングにかける。試作品のデザインについて、顧客の意見を求める。そして、顧客の声をもとにして、絶えず製品の改良を行う。

このような姿勢のR&D部門は、会社のマーケティングにしっかりと貢献している。図表2―1は、他部門も含めた顧客志向度の基準を示している。

## ニーズを発見し満足させる

熾烈な競争市場では、企業のあらゆる部門が、顧客からの愛顧を獲得することに全力を傾けなければならない。GEの有名なCEOであるジャック・ウェルチは、従業員たちに向かってこう語りかける。「従業員の雇用を保障するのは会社ではない。それができるのは、われわれの顧客だけだ！」ウェルチは、従業員の所属にかかわらず、顧客を満足させることと維持することがどれほど大切かを、彼らの胸にしっかり刻み込ませている。つまり、こういうことだ。「顧客のことを考えなかったら、何も考えていないも同然だ」

われわれは、マーケティングを三つのレベルに分けて考える必要がある。それぞれ、反応型マーケティング、先制型マーケティング、ニーズ構成型マーケティングである。

## 反応型マーケティング

マーケティングは、「ニーズの発見とその充足」と定義されてきた。この定義は、明確なニーズが存在し、企業がそれを確認でき、そして手ごろな解決策を準備できる場合には、マーケティングの立派なあり方である。

女性が料理と掃除にかける時間を短縮したがっていることに気づいたことが、近代的な洗濯機、乾燥機、皿洗い機、および電子レンジの発明に結びついた。今日、禁煙を望む多くの喫煙者には、さまざまな禁煙方法が用意されている。今日のマーケティングの多くが、反応型マーケティングである。

## 先制型マーケティング

起こりつつあるニーズ、もしくは潜在的なニーズを認識することも優れた能力である。多くの場所で水質が悪化するにつれて、エビアンやペリエなどの多くの企業が、瓶詰め飲料水の市場が拡大すると予想した。現代の都市生活にストレスの増加を見て取った製薬会社のなかには、抗ストレス剤の研究に着手したところもある。

先制型マーケティングは、反応型マーケティングに比べリスクが大きい。たとえば、市場への参入が早すぎることもあれば遅すぎることもあるし、そうした市場が成長するだろうという考えがまったく間違っている場合さえあるかもしれないからである。

**営業**

- 顧客の業界について専門知識をもっている。
- 顧客に「最高の解決策」を提供できるよう努力している。
- 実行できないことは約束しない。
- 顧客のニーズやアイデアを、製品開発担当者にフィードバックしている。
- 同じ顧客との関係を長期間にわたって維持している。

**物流**

- 配送時間に関して高い基準を設定し、その基準を絶えず守っている。
- 豊富な知識をもった、親しみのある顧客サービス部門をかかえており、顧客からの質問への回答や苦情の処理、さまざまな問題の解決をきちんと、かつすばやく行っている。

**会計**

- 「収益性」レポートを、定期的に製品別、市場セグメント別、地理別（地域、販売テリトリー）、発注サイズ別、流通チャネル別、そして個々の顧客別に作成している。
- 顧客のニーズに合わせた請求書を発行するとともに、問い合わせに対して丁寧に、かつすばやく対応している。

**財務**

- マーケティング支出が、顧客の長期的な選好やロイヤルティを創造するためのマーケティング投資であることを理解し、支持している。
- 顧客の財務的要請に応えるための特別のパッケージを用意している。
- 顧客の信用力に関する判断を速やかに行っている。

**ＰＲ**

- 自社についての好意的ニュースを広く知らしめ、そうでないニュースに対してはダメージを最小限に抑えるよう適切に処理している。
- 企業の方針やその実践内容を改善するため、いわば社内顧客あるいはオピニオン・リーダーとしての役割を果たしている。

**顧客とのコンタクトがあるその他の社員**

- 彼らは有能で、礼儀正しく、陽気で、信頼でき、頼りになり、対応がすばやい。

**図表2-1　部門ごとの顧客志向度を知るための検討評価**

**R&D（研究開発）**

- 時間を割いて顧客と会い、彼らが抱える問題に耳を傾けている。
- マーケティングや製造など他部門が新規プロジェクトにかかわるのを歓迎している。
- 競合製品のベンチマーキングを行い、「その分野で最高」の解決法を探っている。
- プロジェクトの進捗状況を知る手段として、顧客の反応を探ったり提案を求めたりしている。
- 市場からのフィードバックをもとに、絶えず製品の改良と修正を行っている。

**購買**

- 向こうからアプローチしてくる納入業者だけでなく、積極的に最高の納入業者を広く探し求めている。
- 品質面で信頼のおける数少ない納入業者と長期の関係を築いている。
- 費用の節減を理由とした、品質面での妥協はしない。

**製造**

- 顧客を工場に招き、見学させている。
- 顧客企業の工場を訪問し、自分たちの製品がどのように使われているかを知ろうとしている。
- 大事な納期を順守するためには、残業もいとわない。
- 商品をより速く、より安く製造するための方法を常に考えている。
- 欠陥ゼロ（ゼロ・ディフェクト）を目指し、常に品質向上に努めている。
- 顧客からのカスタマイゼーションの要求も、それが利益に結びつく限り対応している。

**マーケティング**

- 的確に細分化されたセグメントごとの市場ニーズとウォンツについて研究している。
- ターゲット市場の長期的な利益性に応じて、マーケティング上の努力を割り振っている。
- 個々のターゲット市場にとって魅力的なオファーを開発している。
- 企業イメージと顧客満足度を継続的に調査している。
- 顧客ニーズに適応するため、新製品や製品改良、サービスに関するアイデアの継続的な収集、評価を行っている。
- 自社内のすべての部門と従業員に対し、彼らの発想と実践が顧客中心となるよう影響を与えている。

## ニーズ構成型マーケティング

最も大胆なマーケティングは、顧客が誰も期待しておらず、あるいは考えもしなかった製品やサービスを導入するやり方である。一九五〇年代に、ソニーに対して、ウォークマンやベータマックス、あるいは三・五インチ・ディスクを求めた消費者はひとりもいなかった。しかしソニーは、才気あふれる創業者兼会長である盛田昭夫のもとで、そうした機器をはじめとして多くの新製品を市場に導入した。それらは、いまでは当たり前の製品になっている。盛田は自らのマーケティング哲学をこう語る。「私は市場に対応しない。市場を創造するのだ」[1]

要約すれば、おそらく反応型マーケティングと他の二つのマーケティング（先制型マーケティングとニーズ構成型マーケティング）の違いを最も的確に表しているのは、それらが市場主導型の企業か、市場創造型の企業かという違いである。

ほとんどの企業は、せいぜい製品主導型の先をいく市場主導型の企業である。市場主導型の企業は、既存顧客が抱える問題の発見につとめる。新しいアイデアを集め、製品改良案やマーケティング・ミックスの変更についてテストを行う。その結果、根本的な革新ではなく、漸進的な改善に終わるのが通常である。

一方、市場創造型の企業は目標を高く掲げ、われわれの生活に新たなベネフィット（便益）を提供する。市場を新たに創造し、カテゴリーを組み直し、ゲームのルールを改変する。

それらの企業は、斬新な新製品やサービス、ビジネス・モデルを生み出す。たとえば価格の新基準を設定し、従来存在しなかった流通を創造し、サービスのレベルを驚くほど向上させる。市場創造型企業の代表例として、ＣＮＮ、地中海クラブ、フェデラル・エクスプレス、ボディ・ショップ、イケア、ベネトン、チャールズ・シュワブなどがあげられる。また、すでに定評のある企業のなかにも、市場創造型の活動を行っているところがある。たとえば、デュポン、ソニー、ジレット、ヒューレット・パッカード、テトラパック、3Mなどである。

## 企業が収益を上げられる市場規模とは?

市場をどの程度均質なものと見るかは、それぞれの企業が決定しなければならない重要なポイントの一つである。その一方の極にあるのが、市場全体に標準化された製品やサービスを提供するマス・マーケティングである。たとえばコカ・コーラは、コーラが誰でもすぐに手の届く範囲にあることを望んでいる。コダック社も、写真を撮る人ならば誰でもフィルムが入った例の黄色い箱に満足するだろうと想定している。

マス・マーケティングよりも市場を細分化したものが、ターゲット・マーケティングである。ターゲット・マーケティングでは、市場全体を一つとみなさず、一つあるいは複数のセグメント(区分)を対象にした製品やサービスを開発する。ダイムラーベンツは、メルセデスを万人向けに販売しようとは考えていない。彼らは、高性能の高級車を求める富裕層を対象としている。また、プロクター&ギャンブル(P&G)のヘッド・アンド・ショルダーズ・シャンプーは、特にふけを気にする人々を対象として開発された。

最も市場を細かく細分化した個客レベルのマーケティングは、個々の顧客に焦点を合わせたオファーとコミュニケーションを提供する企業が実践している。たとえば、注文住宅を建築する工務店は、施工主の希望を知るために、膝詰めの打ち合わせをする。自動車メーカーのＢＭＷは、潜在的な購入者が好みの特徴を盛り込んだＢＭＷ車をウェブ上でデザインできるサイトを提供している。

以上述べてきたマーケティングの各段階には、それぞれ多くの好機とリスクを伴う。次に、それらについて見ていきたい。

## マス・マーケティング

産業革命が引き金となって、大量生産、大量流通、そして石鹸や歯磨き、飲料、食品などの日用品に対するマス広告が展開されるようになった。それらの製品の多くは、もともとばら荷で（包装されないで）売られていたが、しだいにパッケージされ、ブランド名で販売されるようになった。

メーカーは、顧客が特定のブランドを欲しがるようにマス広告で購買意欲をそそったので、小売店はそれらのブランドを取りそろえなければならなかった。それと同時に、メーカーは小売店に対して、広告のブランドを扱い、店頭で目立つように陳列してもらうために、直接的なインセンティブ（たとえば流通プロモーション）を提示した。

こうして、ブランドのための大量広告出稿（プル戦略）と、小売店がそのブランドを扱い、陳列するように働きかけるやり方（プッシュ戦略）によって、業界のブランド・リーダーたちは、店頭スペースを確保するとともに消費者の心をもつかんだ。

今日の評論家のなかには、マス・マーケティングの終焉を予測する人たちもいる。彼らによれば、かつてのマス・マーケットは、より小さな規模の多数の顧客セグメントに分裂している。それぞれの好みと要求が異なることから、ターゲットを絞ったマーケティングが必要とされているのである。

今日では、マス・ブランドを市場導入し、大量の広告で支援するというやり方は、マーケティング予算が許さなくなってきているという。とりわけ、それが先行ブランドの「猿まね」であるならば、なおさらである。おまけに、メディアがいっそうクラス・メディア化するにつれて、大衆に対して効率的に広告メッセージを伝えるのは、ますます費用がかかるようになったという。

四〇年前であれば、ほとんどの米国人が『ライフ』誌を読み、三大ネットワークが放映するゴールデンタイムのヒット番組にチャンネルを合わせていた。ところが今日の消費者は、テレビ番組は五〇チャンネル以上もあるし、雑誌は一万種類ものなかから好きなものを選ぶことができる。

マス・マーケティング終焉の予測は、いささか早すぎたようだ。旧ソ連では、七〇年間も市民が高級品を持つことは許されなかったが、計画経済から自由市場経済への転換によって、マス・マーケターにとって絶好の機会が誕生した。マクドナルド、ナイキ、P&Gといった企業が、大量生産の製品をもって押しかけ、そうした有名ブランドを欲しがる無数の消費者を引きつけている。

さらに、マス・セリング（大量販売）と呼ばれるマス・マーケティングの特殊な形態が世界中で爆発的な成長を示している。エイボン、アムウェイ、メアリー・ケイ、タッパーウェアなどのマス・セリングを志向する組織は、自営のディストリビューターを利用して、店頭販売と競い合っている。彼らは、家庭やオフィスを訪問したり、あるいはホームパーティを開いたりして自社の商品（化粧品や小物装飾品など）を販売している。

ディストリビューターというのは、通常いくらかの副収入を得るために働いている主婦たちである。彼女たちは製品サンプルの小さなキットを購入し、簡単な販売研修を受けた後、友人や隣人、あるいは商品が売れそうな人たちに対してアプローチする。彼女たちは、販売実績に応じてコミッションが入ると同時に、自分が個別に勧誘したディストリビューターの売上げからもコミッションを得る仕組みになっている。

メアリー・ケイは毎年年末になると、参加者が感激するような豪華な年次大会を開催している。成績最優秀のディストリビューターにはピンクのキャデラックが贈られるのをはじめとして、数々の賞品が贈呈される。

マス・セリングは、インドネシアやインド、中国など世界各地で急成長している。何百万人もの人々に、いくらかの副収入と、金持ちにさえなれるかもしれないという機会を提示しているからである。だが、マス・セリングを乱用する企業も現れている。大げさな儲け話をもちかけたり、誰も買わないような粗悪品をつくったりしている。このような「マルチ商法」は、「ネットワーク・マーケティング」や「マルチレベル・マーケティング」と呼ばれる誠実で定評のあるビジネスとは、明確に区別されるべきである[2]。

## ターゲット・マーケティング

一九五六年に発表された先駆的な論文「既存概念に替わるマーケティング戦略としての製品差別化と市場細分化」において、ウェンデル・スミスは、製品のバラエティ（製品差別化）を提供する企業と、特定の市場セグメントに向けて製品を開発（市場細分化）する企業を対比してみせた[3]。

市場細分化の背景には、あらゆる市場は、それぞれ異なるニーズと欲求をもった顧客のグループ（セグメント）から成り立っているという事実がある。たとえば、歯磨きの購入者が求めるものは、虫歯予防、爽やかな息、白い歯など、人によって違う。当然それぞれの歯磨きブランドは、ターゲット・セグメントのなかでの指名を目指して、異なったベネフィットを訴求している。

いまから八〇年前、市場細分化の重要性に気づいたGMはフォードを抜き、全米最大の自動車メーカーに躍り出た。古きよきヘンリー・フォードが、自社のクルマの色について「黒である限り何色でも」顧客に提供していたのに対し、GMは「すべての顧客の予算と目的と個性にあった」クルマを設計し、売り出す戦略をとった。一九二〇年から二三年の間に、フォードの市場シェアは五五%から一二%まで下がった。

ターゲット・マーケティングを実施する場合、市場はいくらでも小さい「セグメント」に切り分けることができる。実際、われわれは市場を、ブランド・セグメント・レベル、ニッチ・レベル、マーケット・セル・レベルの三つに分類することができる。

## セグメント

多くの市場は、いくつかの大まかなセグメントに区分することができる。ベネフィット・セグメンテーションは、同様のベネフィットを求める人たちをグループ化する手法である。たとえば製品を購入する際に、価格の安さを求める顧客もいれば、品質で選択する顧客もいるし、優れたサービスを基準にする顧客もいる。

デモグラフィック・セグメンテーションは、たとえば裕福な高齢者層や、少数民族のなかの若年低所得者層という具合に、人口構成をもとに顧客をグループ化する方法である。オケージョン・セグメンテーションは、顧客がその製品やサービスを使用する機会をもとにしてグループ化する方法である。たとえば飛行機の乗客について、それがビジネス利用なのか、観光利用なのか、または不意の急用なのかでグループ分けするやり方である。

ユーセッジ・レベル・セグメンテーションでは、顧客をその製品の大量使用者、中量使用者、小量使用者、未使用者のいずれかに分類して、グループ化する。ライフスタイル・セグメンテーションは、たとえば「毛皮製品とステーション・ワゴンを好む郊外居住者」「散弾銃と小型トラックを好むマッチョな男性」のように、顧客をライフスタイルでグループ化する方法である。

言うまでもなく、どんな市場であっても細分化の方法はいくらでもある。マーケターは有望な市場機会を期待でき、それでいてまだ顧客ニーズが満たされてない領域がどこに存在するのかを発見しようと躍起になっている。

セグメントを見定めるには、二つの選択肢がある。一つは唯一のセグメントに集中する単一セグメント・マーケティングであり、もう一つは複数のセグメントを見つけ、それぞれに適したオファーを提供するマルチセグメント・マーケティングである。

単一セグメント・マーケティングには次の三つの利点がある。

❶セグメント内の顧客の特性を容易に把握することができる。顧客と直接話したり、フォーカス・グループ・インタビューをしたりすることによって、顧客の嗜好に合った魅力的な製品を開発することができる。
❷セグメントの設定が明確であれば、競合状況はそれほど厳しくない。競合企業の情報も集めやすい。
❸特定のセグメントに特化しているので、顧客が選択肢として選びやすい。その結果、最大の市

場シェアとマージンが得られる。

一方で、単一セグメント・マーケティングにはリスクもある。顧客の欲求に変化が起これば、そのセグメントの魅力は減少するし、多くの競合が参入してくれば、すべての企業の利益が減少することになる。

そうした理由から、多くの企業はマルチセグメント・マーケティングを選択する。そうすることによって、一つのセグメントの成長が衰えても、他のセグメントからの利益で企業全体の利益を補うことができるからである。さらに、マルチセグメント・マーケティングを実行することによって、規模の経済性と範囲の経済性を享受し、競合よりもコスト優位に立つことができる。

**ニッチ**

ニッチ（すき間）とは一般的に、ごく狭いニーズ、もしくは類のないニーズの組み合わせを求める小規模の顧客集団を指す。

たとえば、スポーツカーの顧客セグメントは、さらにいくつかのニッチに細分化することができる。強力なエンジンを載せた超高級レーシング・タイプ（フェラーリやランボルギーニなど）を求めるニッチ。そこそこの高級車で、まるっきりのレーシング・タイプではないが、強力なエンジンを積んでいるタイプ（ポルシェなど）を求めるニッチ。スポーツカーとしての性能を備え、それでいてもっと従来型のスタイルに近いタイプ（BMWなど）を求めるニッチ。手の届く価格で、スポーツカーの走りは求めないが、外観はスポーツカーを感じさせるタイプ（フォード・ムスタングなど）を求めるニッチである。

ニッチ市場の顧客をビジネスの対象とすることで、いくつもの競争優位を獲得することができる。個々の顧客を個人的に知ることができるだろうし、競合の数も限られているし（存在しないか、もしくは一社、多くて二社）、ニッチ企業の利点を生かして顧客のニーズに確実に対応することができる。顧客はそうした企業の製品やサービスに対して、支出を抑えたりしないものである。

もちろん、ニッチャー企業はニッチ市場が衰えてくれば、単一セグメントを攻めるマーケターと同様のリスクに直面する。したがって、それらの企業は、ニッチ市場がたちいかなくならないように警戒しなければならない。もし心配が先に立つならば、単一ニッチ戦略からマルチニッチ戦略へ移行すべきである。

今日の市場では、ニッチが当たり前になっている。ブラットバーグとデイトンの二人が言っているように、「マーケティングが効率的に実施されるようになるにつれ、どんな小さなニッチ市場でも利益を上げられるようになるだろう」[4]。これからは、うまくニッチを選ばなければ、他のニッチ企業にしてやられることになるかもしれない。

ニッチ市場で大儲けをした例にはこと欠かない[5]。ハーマン・サイモンの『隠れたチャンピオン』によれば、ドイツ企業のなかには、ほとんど知られてはいないが、世界の市場で五〇％を超えるシェアと高い利益率を誇る企業が驚くほど多く存在しているという[6]。たとえば、次のような例がある。

●テトラ社は、熱帯魚の世界市場で八〇％のシェアを占めている。
●ホーナー社は、ハーモニカの世界市場で八五％のシェアを占めている。

●ベッカー社は、特大日傘の世界市場で五〇%のシェアを占めている。
●スタイナー・オプティカル社は、軍用小型双眼鏡の世界市場で八〇%のシェアを占めている。

これらの隠れたチャンピオン企業は、安定市場において見られる傾向がある。多くは家族経営もしくは同族経営であり、長い歴史をもっている。これらの企業の成功要因は、次のように説明することができる。

❶顧客のニーズに非常に特化している。(低価格よりもむしろ)高性能、迅速なサービス体制、納品期限の厳守を重視している。
❷経営陣が主要顧客と定期的に連絡をとっている。
❸顧客価値を高めるために、絶え間ない革新を重視している。

これらの隠れたチャンピオン企業は、製品の品質重視と世界全体が市場という地理的要素をうまく結びつけ、狙ったニッチ市場で第一級の評判を確立している。

## マーケット・セル

企業は、市場機会になりうる特性をいくつか共有するより小さな顧客グループを求めることがある。それらはマーケット・セルと名づけることができる。今日、数多くの企業が、顧客の人口属性や購入記録、好み、その他の特性を網羅した顧客データベースを構築している。

アメリカン・エキスプレス社をはじめとするクレジットカード会社は、無数の顧客信用データを保持している。通信販売、電話会社、公益企業、銀行、保険会社なども同様のデータベースをもっている。それらの企業は、まだ分析を終えていないデータ・ウェアハウスを抱えている。

IBMやアンダーセン・コンサルティング、EDSなどの企業は、データ・マイニングと呼ばれるサービスを提供している。これは、高度な統計解析手法を用いて、顧客に関する興味深いパターンや消費行動を明らかにする方法である。一例をあげよう。


二〇〇万人以上の顧客を抱えるアパレル通販のトップ企業が、IBMを使ってデータの掘り下げと顧客のグループ化を行った時の話である。IBMの担当たちは、いつも通りに五つのセグメント、五〇のニッチ市場に分類するかわりに、データを五〇〇〇個のマーケット・セルに分類した。その結果、たとえば、顧客のうち、なんと八五〇人が青いシャツと赤いネクタイを購入していることがわかった。

このことの何がおもしろいのだろうか。それは、これら八五〇人はその会社の平均的な顧客と比べて、ネイビー・ブルーのジャケットにより関心があるだろうということである。この通販の企業にとって、八五〇人に対して、ネイビー・ブルーのジャケットを特別価格で提供するという案内状を送ることは割にあうだろう。この企業の判断が正しければ、このマーケット・セルからの返答は一〇％に達するかもしれない。

## 個客対象マーケティング

産業革命以前は、職人がお客からそれぞれ注文されたものをつくっていた。仕立屋（テーラー）はまさにテーラーメイドの服を仕立て、靴屋は客の左右の足それぞれに合った靴をこしらえていた。

産業革命が進むにつれて製造業者は在庫をもつようになり、ブランドをつけた製品を広告で広く訴求することによって、顧客に購入を促すようになった。大量生産による規模の経済性は、製品の標準化に好都合だった。製品の価格は下がり、顧客は安く商品を手に入れるために標準化された製品を受け入れた。

コンピュータやデータベース・マーケティング、あるいはフレキシブル生産が可能な工場が出現したことにより、カスタマイズされた製品の製造とコミュニケーションにかかる費用は低下した。標準化製品をつくるのと同じ程度とまではいかないが、少なくとも驚くほどの額ではなくなった。

われわれは、カスタマイズされたマーケティングの再来を目撃しているが、それはマーケティングの主流としてではなく、成長が約束されたマーケティングの一つとしてである。われわれはいまでは、自転車のパーツを好きなように組むことができるし、二人だけのお揃いのオリジナル・ジーンズをつくってもらうこともできる。また、世界に一つしかない女性用水着を注文することも可能である。

カスタマイズ・マーケティングとマス・カスタマイズ・マーケティングは、以下のように区別することができる。カスタマイズ・マーケティングは、最初から売り手が買い手のために新しい製品を準備する時に行われる。たとえば、紳士服の仕立てや金型の作製などがその例である。

一方マス・カスタマイゼーションは、個々の顧客の注文に応じて組み立てが可能な基本モジュールを設定して行われる。(7) たとえばデル・コンピュータは、各顧客が指定した通りにハードウェアとソフトウェアを積んだコンピュータを、それぞれの顧客のもとに届けることができる。またBMWは、個々の顧客がリクエストするオプション以外のものをあらかじめ用意することによって、マス・カスタマイズを行っている。

サービス企業が特定の顧客の要求に応えるためにも、マス・カスタマイゼーションは行われている。たとえば、リッツ・カールトン・ホテル・チェーンでは、個々の宿泊客について、その部屋の大きさ、宿泊階、喫煙か禁煙か、部屋に届けるのはフルーツと花のどちらが好みか、枕の追加が必要かどうかといった情報をデータベースに記録している。また、顧客にバースデーカードを贈ったり、顧客に個別の案内を出している銀行の例もある。

## マーケティング・マネジメント・プロセスのおもな流れ

弁護士や会計士、銀行家、エンジニア、科学者といった人たちが、それぞれ特有のものの見方をするのと同じく、マーケターも独自の考え方をもっている。マーケターによれば、マーケティング・マネジメント・プロセスは、以下に述べる五つのステップから構成されている。

**R→STP→MM→I→C**

ただし、

R　＝　調査（市場調査）

STP　＝　セグメンテーション、ターゲティング、ポジショニング

MM　＝　マーケティング・ミックス（一般には4Pとして知られているもの。つまり、製品、価格、流通チャネル、プロモーション）

I　＝　実施

C　＝　コントロール（フィードバック、結果の評価、STP戦略とMM戦術の見直し、もしくは改善）

効果的なマーケティングは調査（R）から始まる。市場調査によって、同じニーズをもつ消費者からなるさまざまなセグメント（S）が明らかになる。そのなかで、自社がうまく満足させられるセグメントのみをターゲット（T）とするやり方が、賢明といえるだろう。

企業は、それぞれのターゲット・セグメントの顧客に対して、自社のオファーを他社よりも高く評価してもらえるよう、そのオファーを巧みにポジショニング（P）しなければならない。またSTPは、企業の戦略的マーケティング思考を体現している。

次に行われるのは、戦術的マーケティング・ミックス（MM）の策定である。これは、製品、価格、流通チャネルおよびプロモーションに関する決定からなる。その後、そのマーケティング・ミックスが実施（I）される。最後に、結果をモニターし、評価し、さらにSTP戦略とMM戦術を改善するための管理基準（C）が用いられる。

## 調査

調査はマーケティングの出発点である。調査をせずに市場参入を試みるのは、目が見えないのに市場に参入しようとするようなものだ。

南太平洋に浮かぶ島に自分たちの市場があるかどうかを検討している香港の製靴メーカーの話がある。その島に派遣された受注担当者は、状況をざっと見て、こう電報を寄こした。「ここの人々は靴をはいていない。ここには市場はない」。その報告に納得できなかった社長は、営業マンを島に送った。営業マンは、「ここの人々は靴をはいていない。ものすごい市場がある」と電報を打った。残念なことに、この営業マンが圧倒的な数の裸足の人たちを目撃してわれを忘れてしまったため、今度はマーケターが送り込まれた。部族の首長と数人の現地人にインタビューしたこのマーケティングのプロは、こう電報を送信した。

ここの人々は靴を履いていない。しかしながら、彼らは足に問題を抱えている。私は、靴を履くことで足の問題が防げることを首長に示した。首長はその考えに夢中になっている。部族の人々の七〇%が一足一〇ドルの価格で靴を買うだろうと、首長は見ている。初年度、われわれは五〇〇〇足を販売できる見込みだ。島に靴を運ぶ輸送費と流通経路の整備にかかる費用は一足当たり六ドル。初年度の利益は二万ドルを超える計算になる。われわれが計画している投資額からすると、投資利益率（ＲＯＩ）は二〇%となり、通常の一五%を上回っている。言うまでもなく、この市場に参入することで、将来手に入る価値は高い。ぜひ参入すべきである。

この例が示すように、よいマーケティングというのは、市場機会についての慎重な調査と、期待収益が企業の財務目標に合致するかどうかを示す戦略提案に基づいた財務上の試算を備えているものである。

企業は、調査することによって、購買者のニーズや理解の仕方、および好みが市場によって違うことを知ることができる。女性にとって必要な靴は、男性用とは違う。太った人に必要な靴は、やせた人と同じではない。上流階級相手の市場に参入する時は、所得や教育、趣味の違いから、好みの幅はいっそう拡大するだろう。

## セグメンテーション、ターゲティング、ポジショニング——戦略的マーケティング

調査の結果、いくつかの顧客セグメントが明らかになったなら、経営者はどのセグメントを攻めるかを決定しなければならない。自社の強みが真価を発揮できるセグメントにねらいを定めるべきである。個々のセグメントを攻めるうえで必要な要件と自社の能力を検討することで、企業はより賢明な選択を行なうことができる。

次に、主要なベネフィットが顧客にわかるように、自社が提供するオファーをポジショニングしなければならない。たとえばボルボは、自社製品を世界で最も安全なクルマと位置づけている。クルマのデザインやテスト、広告などによって、そのポジショニングは強固なものとなる。ポジショニングとは、顧客の心のなかに、企業が提供するオファーの主要なベネフィットと差別点を植えつける努力のことである。

オファーの主要なベネフィットに加えて、売り手は潜在顧客に対し、自社ブランドを購入すべき

別の理由も明らかにするだろう。ブランドは、一つの中核的な属性やベネフィットによって位置づけられるだけでなく、より幅広いポジショニングも与えられている。

ブランドの全体的なポジショニングは、ブランドのバリュー・プロポジションと呼ばれる。これが、「なぜあなたの会社のブランドを買うべきなのか」という顧客の問いに対する答えである。ボルボのバリュー・プロポジションには、安全性だけでなく、その室内の広さ、耐久性、スタイル、そしてこれらの総価値から判断された価格などが含まれている。

## マーケティング・ミックス——戦術的マーケティング

次に、戦術的マーケティングの段階に移る。ここでは、顧客が製品のポジショニングを理解することができるように、マーケティング・ミックス（ＭＭ）の各手段が設定される。それらは４Ｐとして知られているものである。

- **プロダクト（製品）**……製品は市場へのオファーそのものである。特に、有形の製品、パッケージング、買い手が購入によって獲得する一連のサービスである。
- **プライス（価格）**……製品そのものの価格ならびに配達や保証などにかかる料金。
- **プレイス（流通チャネル）**……ターゲット市場において、製品を入手可能かつアクセスしやすい状態に整えること。
- **プロモーション**……製品の入手可能性およびベネフィットを顧客に知らせ、納得させ、思い出させることを目的として行われる広告やセールス・プロモーション（ＳＰ）、ＤＭ、パブリシティなどのコミュニケーション活動。

## 実施

戦略と戦術の計画の策定が終わったら、次に計画された製品をつくり、価格設定を行い、流通にのせ、プロモーションをしなければならない。つまり、計画の実施段階である。R&D、購買、製造、マーケティング、営業、人事、物流、財務、および経理にいたる、組織のすべての部門が実施段階に移る。

実施にまつわるすべての問題は、この段階で発生する。R&D部門にとっては、要求されている製品をつくることは容易ではないかもしれない。たとえば、あるコーヒー・メーカーは「香り豊かで、味わいが濃く、こくのある風味」をもつコーヒーの開発を考えていた。製品開発部門は、テストに参加した消費者がこちらの望み通りの反応を示すブレンドを見つけるまでに、何カ月もの時間を費やした。しかし製造部門は、そのブレンドでは大量生産できないか、あるいは費用がかかりすぎると主張するかもしれない。購買部門も、必要なコーヒー豆が価格変動の影響を受けやすいために、目標価格を常に守ることはできないと報告するかもしれない。

営業部とマーケティング部の間では、しばしば実施上の問題が発生する。トーマス・ボノマの主張によれば、ほとんどのマーケティング戦略に問題はなくとも、マーケティングはその実施段階で往々にして失敗する[8]。営業マンに製品の特徴や価格を「売り込む」ことができなかったり、広告コンセプトをきちんと表現できなかったり、約束した水準のサービスが伴わないなどの問題が発生するからである。

フランク・セスペデスは最近の著書のなかで、実施段階で起こる多くの問題の原因は、製品管理部門、現場の営業部門、そして顧客サービス部門がきちんと連携していないことにあると主張した。そして、これら顧客関連部門がスムーズに、しかもしっかりと結びつくためには、共同マーケティングが必要だと強調した[9]。

マーケティングの実施には、いっそうの連携が必要となっている。ラニングによれば、ブランドのバリュー・プロポジションとは、確かな経験を顧客に約束することである[10]。しかし多くの顧客は、こうした経験を与えられていない。それは、価値を顧客に届けるシステムの管理運営がきちんとなされていないからである。このことは、ノックスとマクランも指摘している。二人は、ブランド価値と顧客価値を一致させられない企業が多いと主張している[11]。

ブランド・マネジャーは、バリュー・プロポジションの開発に力を注いでいる。しかし、顧客がそれを実際に享受するかどうかは、マーケターが生産や購買、資産管理、さらに世間の評価の管理といった企業の中核的なプロセスに影響を及ぼしうるかどうかにかかっている。

## コントロール

マーケティング・プロセスの最終段階は、コントロールである。成功する企業は、学習する企業である。そうした企業は、市場の反応に耳を傾け、結果を監査・評価し、成果を向上させるために改善を行っている。目標を達成できなかった企業は、自社の欠点がマーケティング・ミックスを構成する4Pのいずれか、もしくはセグメンテーションやターゲティング、あるいはポジショニングといったより基本的なところにあることを知るだろう。

よいマーケティングは、その目的地との関係から自分の位置を絶えずモニターしてヨットを導くサイバネティクスの原理に基づいて機能する。マーケティング・コントロールの技術と理論については、第10章で取り上げる。

## 検討課題

以下に示すのは、マーケティングの役割とその効果を評価するうえで役立つ質問である。

❶あなたの会社では、マーケティング部門をどのように定義づけていますか？　それは他部門からはどのように見られていますか？

❷あなたの会社の他部門は、どのくらい顧客中心に動いていますか？　図表2—1をチェック・リストとして用いなさい。最も弱い部門はどこですか？　それらをより顧客中心の考え方に変えるためには、どうしたらよいですか？

❸あなたの所属している事業部が対象にしているのは、マス・マーケットのレベルですか、セグメント・レベルですか、ニッチ・レベルですか、それとも個客レベルですか？　現在の市場と将来の市場を考えた場合、それは適切なレベルですか？

❹マーケティング戦略と実施計画が正しかったにもかかわらず、実施段階で予期せぬ問題が発生したケースをあげなさい。どんな問題がよく発生していますか？　また、それらを防ぐ手段として何がありますか？

# 第3章

# 市場機会の発見とバリュー・オファーの創造

マーケティングの仕事は、社会のニーズを有益な機会に変えることである。…………作者不詳

ヴィジョンとは、目に見えないものを見る技術である。………ジョナサン・スウィフト

逆境とは、チャンスが姿を変えたものである。…………………古いことわざ

未来を予測する最もよい方法は、未来を創り出すことである。………デニス・ガボール

チャンスがあれば、抜け目のないマーケターはすぐに気がつく。

仮に、あなたがいま住んでいる国の家具が、品質はいいが値段が高いとしよう。収入の少ない家計、とりわけ若い独身者や既婚者たちは、しばしばローンで家具を購入し、その支払いに追われている。はたして、このような状況にチャンスはあるだろうか。答えは、「イエス」である。必要のあるところに、必ずチャンスは存在する。

機転のきくマーケターは、二つの方法でこの状況に対処することができる。一つは、品質は劣るが低コスト・低価格の家具をつくること。もう一つは、良質の家具を低コスト・低価格で生産する方法を編み出すことである。むろん、後者の解決策の方が望ましい。

まさにそれこそ、有能なスウェーデン人起業家が成し遂げたことである。その人物とは、今日、世界最大の家具小売りチェーンを展開するイケアの創業者、イングヴァール・カンプラッド。少し彼の話をしよう。

第二次世界大戦後にスウェーデンの若者だったカンプラッドは、多くの若い家族が、価格が高いためにスウェーデン製の家具を買えず苦労していることに気づいた。高価格の原因は、製品の高い品質と、競争がないことをいいことに高いマージンを取っている家具小売業者にあった。若者たちは、我慢して高金利の支払いをするか、質の悪い輸入家具を買うかしかなかった。

カンプラッドは低価格で良質の家具を提供する方法を考えついた。彼がコスト削減のためにとった戦略は、五つの方法の組み合わせから成り立っていた。①大量購入・注文によって、大幅なディスカウントを達成する。②家具を組み立て式にする。そうすることによって、以前よりもはるかに安い輸送費で、製品を出荷することができる。③顧客は、ショールームの家具を見て、希望の商品を選ぶ。そして、倉庫からセルフサービスで個々の商品を見つけ、支払いを済ませて、クルマでもち帰る。こうすれば、配送料がかからない。④顧客は自分で家具を組み立てる。そうすることによって、メーカーと店はさらにコストを削減できる。⑤代表的なスウェーデンの家具小売店が、小量の商品を高いマージンで販売しているのに対し、イケアの各店は低いマージンで大量に売りさばく。

その結果、イケアは競合より二〇%も安い価格で販売しながら、大きな利益を生み出している(1)。

マーケティングとは、機会を発見し、開発し、利益を得るための技能である。機会をまったく見出せないマーケティング部門ならば、ない方がましだ。新しい製品やサービス、プログラム、システムを頭に描けないマーケティング・マネジャーならば、会社は何のために給料を支払っているのかわからない。

本章では、以下の問題について検討していくことにしよう。

●マーケティング機会とは何か?
●新たな機会を生むアイデアを得るために利用可能な社内のおもな資源は何か?
●より有望な機会を発見するために、企業をいかに組織するか?
●企業が成長するための主要な方法として、どのようなものがあるか?
●一連の機会をもとに、いかに取捨選択を行えばよいか?
●新製品・サービスの導入に際して、どうすればその成功率を上げることができるか?

## マーケティング機会とは何か?

われわれは、マーケティング機会を、買い手のニーズと興味の領域として定義する。企業はその領域において、買い手のニーズを満足させることによって利益を生み出す可能性が高い。市場機会の魅力の度合いは、潜在的購入者の数、その購買力と購買意欲など、いくつかの要因に左右される。マーケティング機会は、マーケターが、ニーズを満たされていない一定規模のグループを見出した時に生まれる。マクドナルドを生んだレイ・クロックの非凡な才能は、多くの人々が早くて、安くて、おいしい食べ物を望み、その食べ物にいつも同じ味を期待していることに気づいたことにあった。マクドナルドが登場するまで、そうしたサービスを提供したものは誰もいなかった。

## 市場機会を生むおもな資源は何か?

市場機会が生まれる状況は三つある。

❶品不足の時に供給すること。
❷新しい方法や優れた方法を用いて既存の製品やサービスを供給すること。
❸新しい製品やサービスを供給すること。

### 品不足の時に供給する

品不足や、その商品を購入するために買い手が列をなしている時、マーケティング機会は存在する。このような状況では、機会は誰の目にも明らかであり、マーケティングの才能はほとんど必要ない。戦時中は食物も設備も予備の部品も不足していたので、マーケティング機会を発見する才能は必要なかった。

メーカーは、強制力のある物価統制策がなければ、価格を高く設定するなど、その状況を最大限に利用することができる。品不足は、地震や竜巻、洪水のような天災によっても引き起こされるが、それらは一時的な不足であるため、市場機会は短い。

かつて共産主義諸国では、急速な産業拡大のための資金をまかなうことを目的として、国民に貯蓄を強制したため、消費者は、品不足や質が悪く選択肢も少ないサービスを受け入れざるを得なかった。市場主義経済だったならば、そうした不足は資本の流入によって、すぐに是正されただろう。しかしながら、品不足を救うために資本が流入することは許されなかった。

今日では、マクドナルド、ナイキ、ギャップなどのグローバルな小売業が、すばやく元共産主義諸国に参入し、品不足や顧客の行列待ちを解消した。

## 新たな方法や優れた方法を用いて既存の製品やサービスを供給する

企業は既存の製品やサービスを改善するために、いくつかのアイデア発見法を使っている。ここでは、そのうちの三つの方法、すなわち問題検出法、理想法、消費連鎖法について検討しよう。

### 問題検出法

その商品やサービスの現状に決して満足しているわけではないが、そのままでも許せるという商品やサービスは多い。マーケターは、問題検出法を使用することによって、多くのことを発見できる。それは、現在の利用者たちに、どういった点に不満があるか、改良の余地はあるかを質問する手法である。あがってくる意見としては、次のような例がある。

●私のクルマはガソリンを食いすぎる。

●私のトースターは掃除がしにくい。
●私は銀行で長いこと待たされるのが嫌だ。
●私のパソコンのバッテリーは、三時間しかもたない。
●時々、テレビのリモコンが見つからなくて困る。

どの意見も、市場機会があることを示唆している。たとえば、最後の意見をもとにマグナボックス社が改良したテレビは、テレビに新しくつけたボタンを押せば、リモコンからブザー音が出て、リモコンがどこにあるのかわかる仕掛けになっている。問題検出法は、製品やサービスの革新よりも、むしろそれらの改良につながる点に注意する必要がある。

**理想法**

この方法は、マーケターが消費者にインタビューを行い、彼らが現在使用している製品やサービスについて、それらの理想形を答えてもらうやり方である。多くの場合、消費者の希望は比較的簡単に解決できるものが多い。図表3―1は、各状況において消費者から出された希望のリストと、それに対して有能なマーケターが与えた解決法を示している。

希望によっては、一見すると相いれない要素が含まれているかもしれない。次のような希望があったとしよう。「私が企業につくってほしいのは、おいしくて、脂肪分がなく、カロリーがうんと低いクッキーなの」

普通、これは不可能な話である。消費者は、味はいいが脂肪分の高いクッキーか、あまりおいし

**図表3-1　顧客の希望を聞く**

「高圧的でうんざりするような営業マンを相手に値切り交渉しなくても、クルマが買えたらと思う。また、欠陥車をつかまされたあげく、ディーラーがそれを引き取らないようなケースもご免だ」

この種の希望は、何としてでも満たされなければならない。サターン（ゼネラル・モータースの新事業部）は、この顧客の希望を叶えるために設立された。サターンでのクルマの購入者数とそのロイヤルティからすると、同様の希望を持っている人たちが大勢いるに違いない。

「安心して中古車を買いたい。買ったクルマが、実際は中古車ディーラーの営業マンの言うとおりでなかったらどうしようなどと心配したくない」

カー・マックスやオート・ネーションのような新種の中古車ディーラーが登場したおかげで、この望みは実現している。

「いろんな映画がかかっていて、ポップコーンとキャンディだけじゃなくてレストランが併設されていて、前の席に誰か背の高い人が座ったらどうしようなんて心配しなくてもいい映画館があったら……」

レストランを備えた、席がスタジアムタイプのマルチスクリーン・シアターが、すでに登場している。

「半分の値段で、快適にかつ確実に別の都市へ飛べたら、食事や席の予約などなくても構わない」

今日、最も利益率の高い航空会社であるサウスウエスト航空は、きっとこの声を耳にしたに違いない。

| 図表3-2 | 矛盾を見事に解決した製品 |
| --- | --- |

- 動物性脂肪を含まず、それでいて同じように料理でき、味も変わらないショートニング。クリスコ（Crisco）。
- 男性にも効果があるほど強力でありながら、女性の肌にも優しいデオドラント。シークレット（Secret）。
- パッケージを開けたときも、干からびたり、形が壊れたりすることがないポテトチップス。プリングルス（Pringles）。
- 薄型で快適でありながら、最大の効果を発揮する生理用ナプキン。オールウェイズ・ウルトラ・シンズ（Always Ultra Thins）。
- しわにならないカーキ・パンツ。ドッカーズ（Dockers）。
- 快適で通気性があり、しかも水を通さない生地。ゴアテックス（Goretex）。
- セダンの室内空間とスポーツカーの走りを兼ね備えたクルマ。BMW。

くはないが脂肪分は少ないクッキーかのどちらかを選ばなければならない。

しかしながら、プロクター&ギャンブル（P&G）はこの課題に熱心に取り組み、オレストラという脂肪物質の研究に数年を費やした。その結果、オレストラの分子は大きすぎて、体内で吸収されないことがわかった。しかもオレストラは、高脂肪クッキーに期待されたすべての味の利点を備えている。

P&Gは連邦政府の食品医薬品局からオレストラを市場に出す承認を得た。P&Gはこのオレストラを、クッキーやスナック、フライドポテト、アイスクリームなどのメーカーに売り込むことによって、莫大な利益を上げるかもしれない。

興味深いのは、P&Gが多くの新製品開発を進めるうえで、矛盾を解決するアイデアを用いたことだ。図表3―2は、P&Gなどの企業が解決したいくつかの矛盾点である。

| 図表3-3 | 新たな機会を見つけるための消費連鎖の利用 |
|---|---|

1. あなたの製品やサービスに対するニーズに、人々はいかにして気づくのか？
2. いかにして消費者はあなたのオファーを見つけるか？
3. いかにして消費者は最終的な選択を行うか？
4. いかにして消費者は、あなたの製品あるいはサービスを発注、購入するのか？
5. 製品やサービスは、どのように届けられるのか？
6. 製品やサービスが届けられたとき、どうなるのか？
7. 製品はどのように取りつけられるか？
8. 製品やサービスへの支払いは、どのように行われるか？
9. 製品は、どのように保管されているか？
10. 製品はどういった経路を流れていくか？
11. 顧客は、実際には製品を何のために使用しているか？
12. 顧客が製品を使用する際、どんなサポートを必要としているか？
13. 返品あるいは交換は？
14. いかにして製品は修理され、サービスが与えられているか？
15. 製品が破棄されるか、これ以上使用されなくなった時、それはどうなるか？

出典：Ian C. MacMillan and Rita Gunther McGrath, "Discovering New Points of Differentiation," *Harvard Business Review*, July-August 1997, pp. 133-45.

**消費連鎖法**

これは、製品の入手から利用、廃棄にいたるまでの流れを把握するために、マーケターが消費者に対してインタビューを行う方法である。まずマーケターは、この「消費連鎖」を図式化し、その後各段階で、新たな製品やサービス、ベネフィットを導入することができるかどうかを検討する。図表3―3は、そうした質問の例である。

サンドラ・ヴァンダーマーウィ教授は、これと似たような考えを用いて、いくつかの図解を提示しており、それを「顧客活動サイクル」と呼んでいる。(2)

ここで、ＩＢＭが、銀行業に対して自社の卓越した情報機器とサービスの販売を狙っていると仮定しよう。まずＩＢＭが取り組むべきことは、銀行がどのようにして情報システムを決定し、構築し、管理しているかを調べることである。いずれ銀行は、自社の情報システムの改良を考える時がくる。銀行は、自分たちの情報技術（ＩＴ）のオプションとして、どのようなものがあるかを知りたがるだろう。

やがて、銀行は現行のシステムと新たなシステムを、いかにして統合すべきかについて検討しなければならない。その時点で銀行は、直ちにベンダーを選択するだろう。引き続き、導入とセットアップが行われ、続いて訓練、そしてもし必要があればメンテナンスと修理が行われる。しばらくすると、銀行はそのＩＴシステムの見直しと更新に取りかかる。

このような顧客活動サイクルを仮定すると、ＩＢＭの取り組むべき課題は、製品およびサービス、プログラム、システムの供給において、自らが優れたパートナーになりうることを銀行側に立証することである。図表３―４は、顧客活動サイクルの全体像と、各段階においてＩＢＭが価値を付加するためにできることを示したものである。

この顧客活動サイクルによれば、ＩＢＭがやるべきことは、銀行の戦略選択に関するコンサルティング、システムならびにソフトウェアの統合、旧式の機器の回収、訓練プログラムならびに予防的維持プログラムの提供などである。

大切なことは、マーケター（ここではＩＢＭ）は、銀行に対して優れた購買価値を売り込むことだけに集中してはならないということである。ＩＢＭは、優れた使用価値を売ることにも責任を負わなければならないのである。今回の取引を一回限りのものではなく、優れた顧客価値を生み出すことに目標をおいた継続的な関係としてとらえるべきである。

## 新製品や新サービスを供給する

これまで述べてきた方法は、買い手がいかに購入しているかという研究と、買い手が明らかにし

**図表3-4　顧客活動サイクル：IBMの顧客（銀行）の場合（略図）**

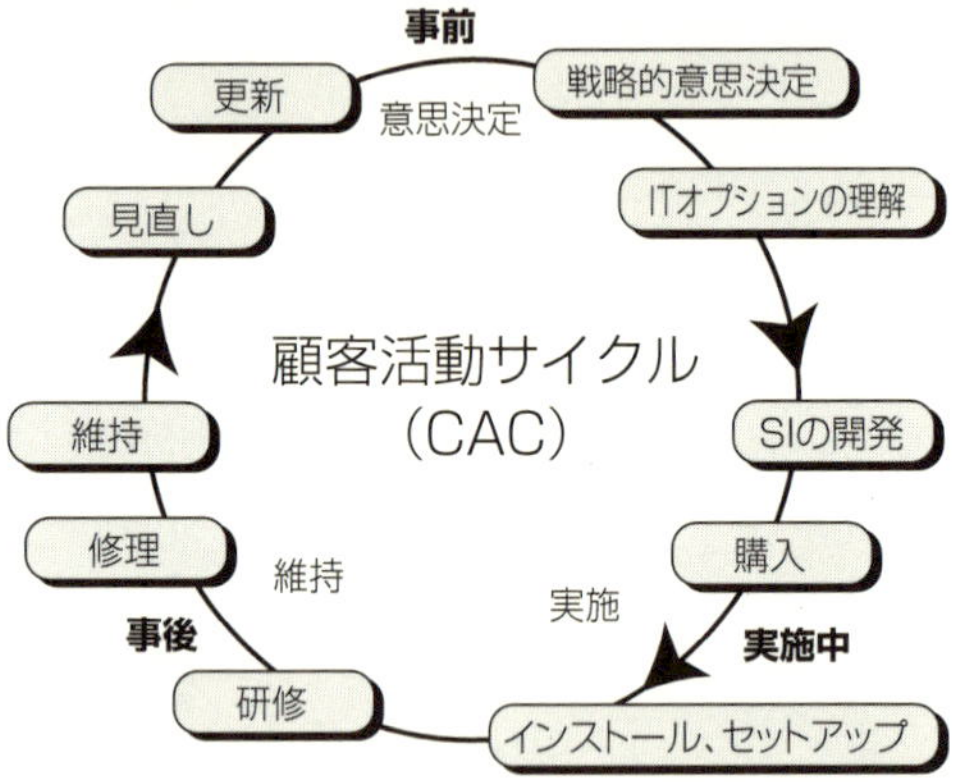


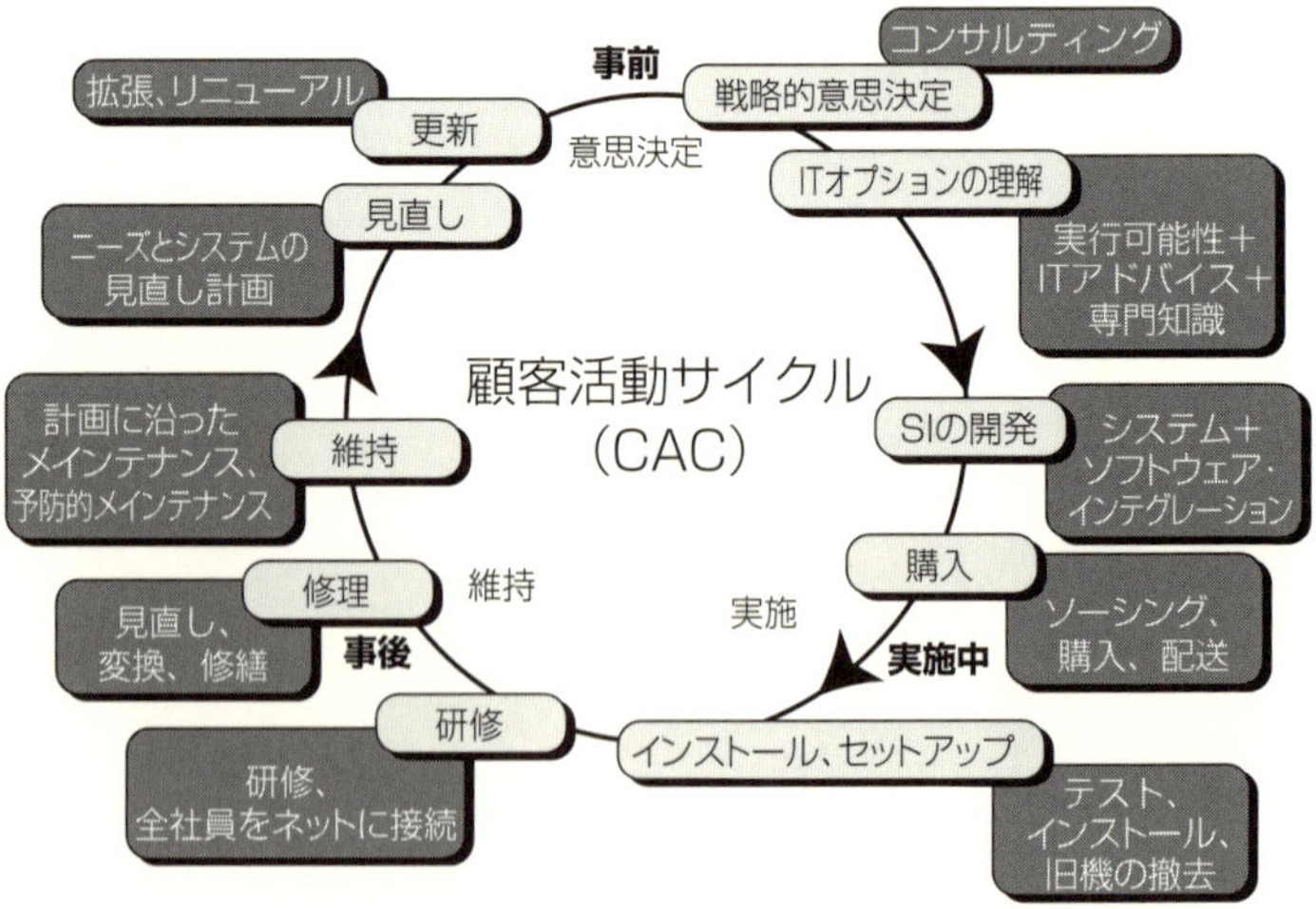


出典：Sandra Vandermerwe, *The Eleventh Commandment : Transforming to 'Own' Customers* (London : Wiley, 1996), pp.117and121.

たニーズの調査に依存している。しかし技術的ないし創造的ブレークスルーから新商品やサービスを想像する消費者の能力には限界がある。「ウォークマン」「ビデオカセット・レコーダー」「ビデオカメラ」を提案したのは、消費者ではなかったし、それどころか、消費者には想像することさえむずかしかっただろう。セロハン、ナイロン、オーロン、テフロン、ライクラ、ケブラーをはじめとするデュポンのブレークスルー製品も、顧客が求めたものではなかった。事実、これらは実験室の研究から生まれたものだった。

製品改良や新製品、新サービスのアイデアを手にすることができるのは、どういった企業なのだろうか。

## より有望な機会を見つけるために、企業をいかに組織すべきか？

企業は新しいアイデアを得るために、さまざまな情報源を利用している。たとえば、自社の営業マンが顧客のニーズを聞き出し、その情報を会社にもち帰ることを期待している。

しかし、それには三つの問題がある。一つは、営業マンは非常に忙しく、そのため新製品やサービスのアイデアを会社に報告する時間を惜しむことである。二つ目は、彼らは普通、営業マネジャー以外の誰にそうしたアイデアを伝えればいいのかわからないことである。三つ目は、営業マンが会社にアイデアをもち帰っても、ほとんど報酬を得られないことである。

企業はまた、新製品のアイデアがR＆Dグループから出てくることを望んでいる。しかしながら、そこには問題が二つある。一つは、R＆Dの人々は通常、自分のアイデアよりも、むしろ割り当てられた課題に従事しているということである。二つ目は、R&Dが新しいアイデアを提案したとしても、利益の点から不適当と判断されかねないことである。

われわれは企業に対して、新製品やサービスをもたらす良質なアイデアを数多く開発するために、二つのモデルを提案したい。一つはアイデア・マネジャー・モデルであり、もう一つは戦略的ブレークスルー・モデルである。

## アイデア・マネジャー・モデル

企業が新製品やサービスのアイデアを求めるならば、新しいアイデアを集め、検討し、評価するシステムの構築が必要である。さもなければ、たとえ名案であっても、さまざまな部門に散らばったまま消えてしまう。基本的には、企業は次のことをしなければならない。

❶周囲の尊敬を集めている役職の高い人物をアイデア・マネジャーとして任命する。
❷科学者、技術者、購買担当、製造担当、営業マン、マーケター、財務担当をメンバーとする部門をまたがる委員会を編成し、提案された新製品やサービスを定期的に評価する。
❸新しいアイデアをアイデア・マネジャーのもとに伝えたいと考える人たちのために、フリーダイヤルを設ける。
❹企業のすべてのステークホルダー（つまり従業員、納品業者、販売代理店、ディーラー）に対して、自分のアイデアをアイデア・マネジャーに伝えることを奨励する。
❺年間を通じて最高のアイデアを出した人たちに報いるための報酬プログラムを正式に設ける。

このシステムが社内で確立すれば、アイデアはより自由に流れるようになるだろう。せっかくのアイデアが、もって行く先がなかったり、その製品を支持する役職の高い人がいないために、消えてしまうことはなくなるだろう。アイデア管理委員会のメンバーが毎週集えば、検討すべきアイデアも多く集まる。

なかには不適当なもの、実現不可能なものもあるだろう。それらは、アイデア・マネジャーから発案者に伝えられることになる。また、利益があまり期待できないと判断されたアイデアについては、検討が後回しにされる。見込みのあるアイデアは、二、三件だろうが、それらは委員会のメンバーに割り当てられ、調査のうえ次回のミーティングで報告される。

次回の委員会では、いくつかのアイデアは期待されたほど有望ではないと判断され、捨てられるかもしれない。もちろん、委員会がいっそう確信を深め、さらに調査を進めるために予算がつくものもあるだろう。なかには、五万ドルの市場調査予算がつくものがあるかもしれないし、プロトタイプの製作に進むために、二五万ドルを与えられるものがあるかもしれない。

最も有望なアイデアへの投資結果は、その後開催される委員会で報告される。結果が思わしくなければ、そのプロジェクトは廃案となるだろう。アイデアはいくつものスクリーニングを経て、要所要所で「許可」か「不許可」の決定を受けなければならない。この組織的なアプローチは、最も革新的な米国企業の一つである3Mが使用しているものと非常によく似ている。

アイデア・マネジャーのアプローチは、二つの好ましい結果をもたらすに違いない。まず、誰によいアイデアを伝えればよいかが明確になることと報酬が与えられることから、革新志向の企業文化が生まれる。

**図表3-5　戦略的ギャップ・モデル**

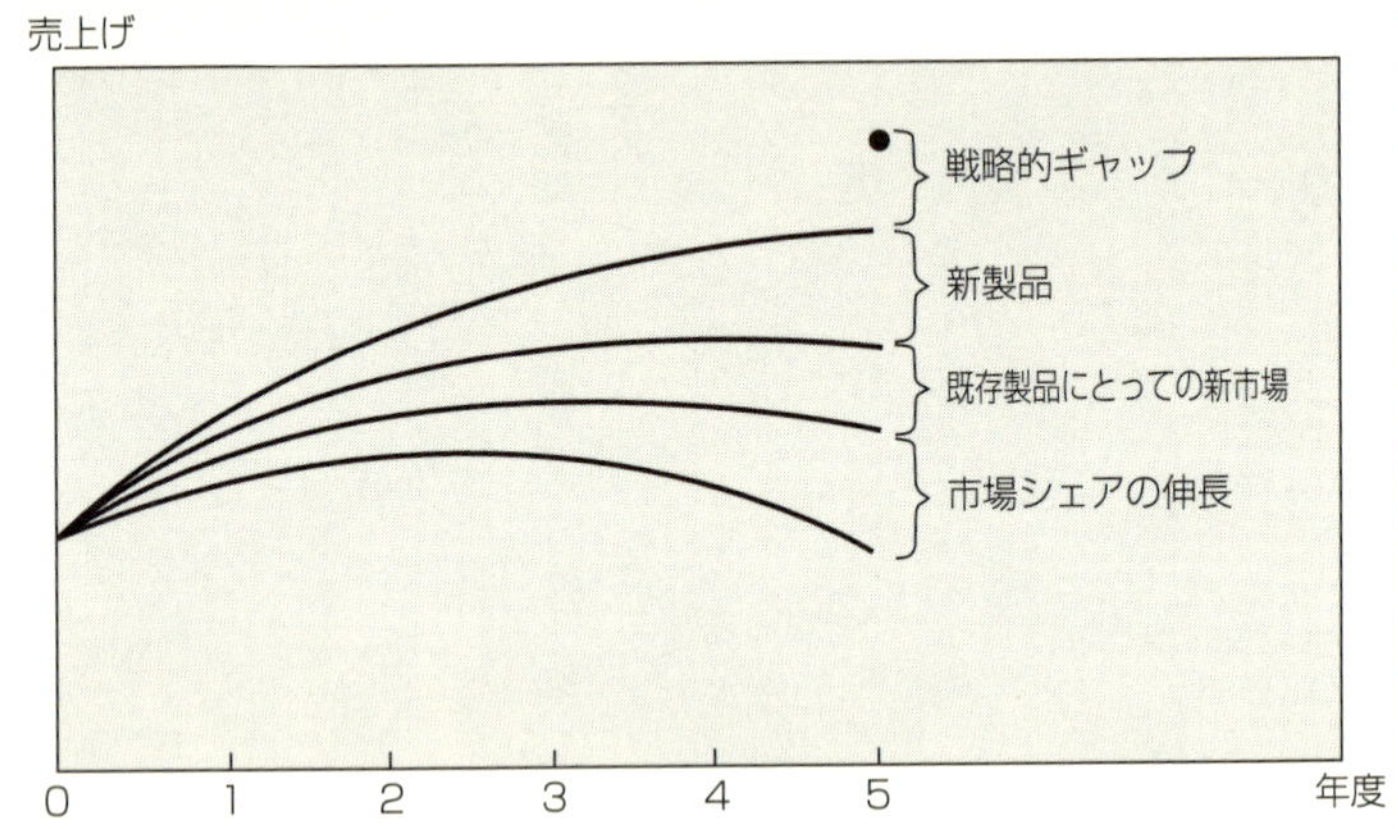


次に、このアプローチによって、組織にもたらされるアイデアの数は増えるだろう。そのなかには、光るアイデアがいくつか含まれているに違いない。一般には、数が多いほど、そのなかに素晴らしいアイデアが含まれている可能性は大きくなる。

## 戦略的ブレークスルー・モデル

企業は、販売目標を達成できない行き詰まった状況に陥っていることに、しばしば気づくことがある。図表3―5に示した状況を考えてほしい。

この企業は、五年後を目標とした高い販売目標を設定した。向こう五年間にわたる販売計画をいくつか立案した。市場シェアが変わらないと仮定すれば、既存市場での既存製品の売上げはベース・レベルにとどまる。売上げは、しばらく成長するが、やがて製品のライフサイクルに合わせて低下する。その市場シェアを増加させることができるならば、売上げは上がるだろう。

多くの場合、売上げは、既存製品を（地理上、セグメント上の）新規市場に導入することによって改善される。追加の売上げは、新製品の導入によってもたらされる。最終的には、他の企業やブランドを取得する方法もありうる。

しかし、そうやって戦略を追加しても、結局、経営者の期待する売上げを達成できないかもしれない。企業は、その売上げ（または利益）目標を下方修正するか、さもなければ残ったままの戦略ギャップを埋めるために、「ブレークスルー」アイデアを見つけなければならない。

ＧＥのＣＥＯであるジャック・ウェルチが、数年前に直面していた状況がまさにそうだった。ＧＥには、五年後の売上げと利益目標を達成できる見込みがなかった。その時、ウェルチはＧＥの各部門に対して、売上げと利益を格段に向上させる一つか二つの「ブレークスルー」アイデアを発見するよう命じた。彼は改良型のアイデアに満足しなかった。ブレークスルー思考を求めた。

私は、ＧＥの一部門であるミルウォーキーのＧＥメディカル・システムズに依頼され、そこの上級管理職がブレークスルー・アイデアを生み出す指導をしたことがある。その事業部はＣＡＴスキャナーなど、五〇万ドルから一〇〇万ドルもする高額医療機器を製造していた。病院にとって高額医療機器を購入することは、ますますむずかしい状況になっていた。地域の二、三の病院を除く残りすべての病院に対して、高額医療機器の購入を踏みとどまらせる政治的な動きもあった。ＧＥメディカル・システムズの経営者は、病院のぎりぎりの予算を相手に、なんとか一台でも多くのＣＡＴスキャナーを販売する方法を考えなければならなかった。

戦略的ブレークスルー・モデルは、次のような効果を発した。ＧＥメディカル・システムズは二〇名の上級管理者を集め、「ブレークスルー」セッションに一日がかりで取り組んだ。二〇名のマネジャーは四チームに分けられ、それぞれが違う課題を与えられた。各チームに与えられた課題は、次の通りだった。

●新しい顧客とセグメントを考えよ！
●新しい営業戦略を考えよ！
●新しい価格設定および機器のための融資解決策を考えよ！
●新しい製品特性を考えよ！

各チームは、午前中はグループ単位でブレーン・ストーミングを行い、午後の早い時間には全員が集合して、グループ全体に自分たちのアイデアをプレゼンテーションした。約一二のアイデアが発表された。そして、マネジャーはそれぞれのアイデアを批判し始めた。アイデアは、不適当か、あるいは実現不可能という理由で、相次いで却下された。

しかし、マネジャーたちはまったく失望することはなかった。最後まで残った二つのアイデアが、非常に有望なものに思われたからだ。その後、これら二つのアイデアは実行に移され、大成功を収めた。

戦略的ブレークスルー・モデルは、企業が方向性を見失い、革新的で不連続な思考を必要としている時には、きわめて有効である。ブレークスルー・セッションでは、経営幹部に対して、常識的な前提や日常の仕事を忘れ、重要な新しいイニシアティブについて集団で創造的に考えるプレッシャーが与えられる。

## 企業が成長するためには、どんな方法が考えられるか?

いままで見てきたように、マーケティングの主たる責任は、その企業の売上げを拡大することにある。マーケティングの主要な目的と技術は、需要の管理である。つまり、企業の目的の追求において、需要の水準やタイミング、その構成内容に影響を及ぼすことである。

マーケターは、その時間の大部分を一定の水準の需要をつくることに費やしている。したがって、ある種の状況下、たとえば需要過剰といった場合には、マーケターは需要そのものを抑制したり、需要のタイミングやその構成内容を変更するよう試みるだろう[3]。

ここで、需要の喚起に話を集中しよう。需要を喚起することは、次の三つのプロセスから成り立っていると見ることができる。すなわち、顧客の獲得、顧客の維持、顧客の育成である。各プロセスにはそれぞれ多くの段階があるが、それらは本書の第7章で扱うことにする。

需要を喚起する手法としては、図表3―6に示したように、イゴール・アンゾフが提案した市場・製品のマトリックスを拡張した方法がある[4]。図表中の九つのセルは、それぞれ異なる需要拡大法を示している。

マトリックスでははっきりしないが、図表3―6で紹介したリストには、さらに二つの成長法を付け加えることができる。それは、①新しいバリュー・デリバリー・システムの革新と、②新しい市場空間への侵攻である。

次に紹介するのは、ある企業が、既存の製品やサービスをもとに、新たなデリバリー・システム

**図表3-6　需要を創造するための9つの方法**

| | 製品 | | |
|---|---|---|---|
| | 既存 | 改良 | 新規 |
| 市場 | 既存製品を既存顧客へ販売する（市場浸透） | 改良を加えた製品を、より多くの既存顧客へ販売する（製品改良） | 既存顧客へ訴求することができる新製品を開発する（新製品開発） |
| | 新たな地域へ参入する（地理的拡大） | 新たな地域へ改良製品で参入する | 新たな地域のために新製品を開発する |
| | 既存製品を新たな顧客グループへ販売する（セグメント侵攻） | 改良製品を新たな顧客グループへ販売する | 新たな顧客グループへ販売するための新製品を開発する（多角化） |

の確立によって、めざましい成長を遂げた例である。

●当時テキサス大学の二四歳の学生だったマイケル・デルは、早くから郵便と電話を使ってパソコンを販売できると確信していた。特に返金保証をつければ、安心して電話注文をする買い手は十分にいると考えた。デルが広告で、コンピュータ・ユーザーのなかでデルのユーザーは最も満足度が高いことを打ち出した時、彼の自信は深まった。さらに最近、マイケル・デルは法人向けと個人向けのコンピュータをインターネットで販売するという革新的な流通方法を採用した。彼によれば、毎日の売上げの平均三〇〇万ドル以上がインターネット販売だという。

●ファースト・ダイレクトは、建物も支店ももたない英国の銀行である。しかし顧客のニーズに応えるために、昼夜を問わず週七日間サービスする態勢を整えている。現在、取引や情報の案内は電話で行われており、いずれコンピュータで行えるようになるだろう。

●ジェフリー・ベゾスは、一九九四年にwww.amazon.comというウェブサイトを立ち上げた。そこには二五〇万冊以上の本のタイトルが載っている。簡単に注文でき、しかもほとんどの書店よりも価格が安い。アマゾンは、顧客のこれまでの注文内容をもとに、おそらく彼らが興味をひくであろうと思われる関連書を提示したり、彼らの好きな著者の新刊を知らせたり、専門の批評家だけでなく、読者による書評をサイトの呼び物にしたりするなど、数々の革新的な特徴を備えている(5)。

成長のためのもう一つの方法は、既存の企業が新しい産業分野に展開することである。たとえば、ディズニーやメルク、ホンダ、ナイキなどの例がある。

●ウォルト・ディズニーは、アニメーションのフィルム・プロデューサーとしてスタートした。漫画を作るだけでは飽き足らず、彼とその会社は、キャラクターを商品化するための著作権ビジネスを始め、放送業に参入し、テーマパークを建設した。さらに最近では、休暇やリゾート用の不動産開発も行っている。ディズニーのポートフォリオの進展は、図表3―7に示した通りである。

●大手製薬会社のメルクは、処方薬の開発・販売だけで満足していない。一九九三年、メルクは通信販売を用いた調剤販売代理店のメドコを六六億ドルで買収。また、基礎研究の強化を目的として、

**図表3-7　ディズニー・ポートフォリオの進展**

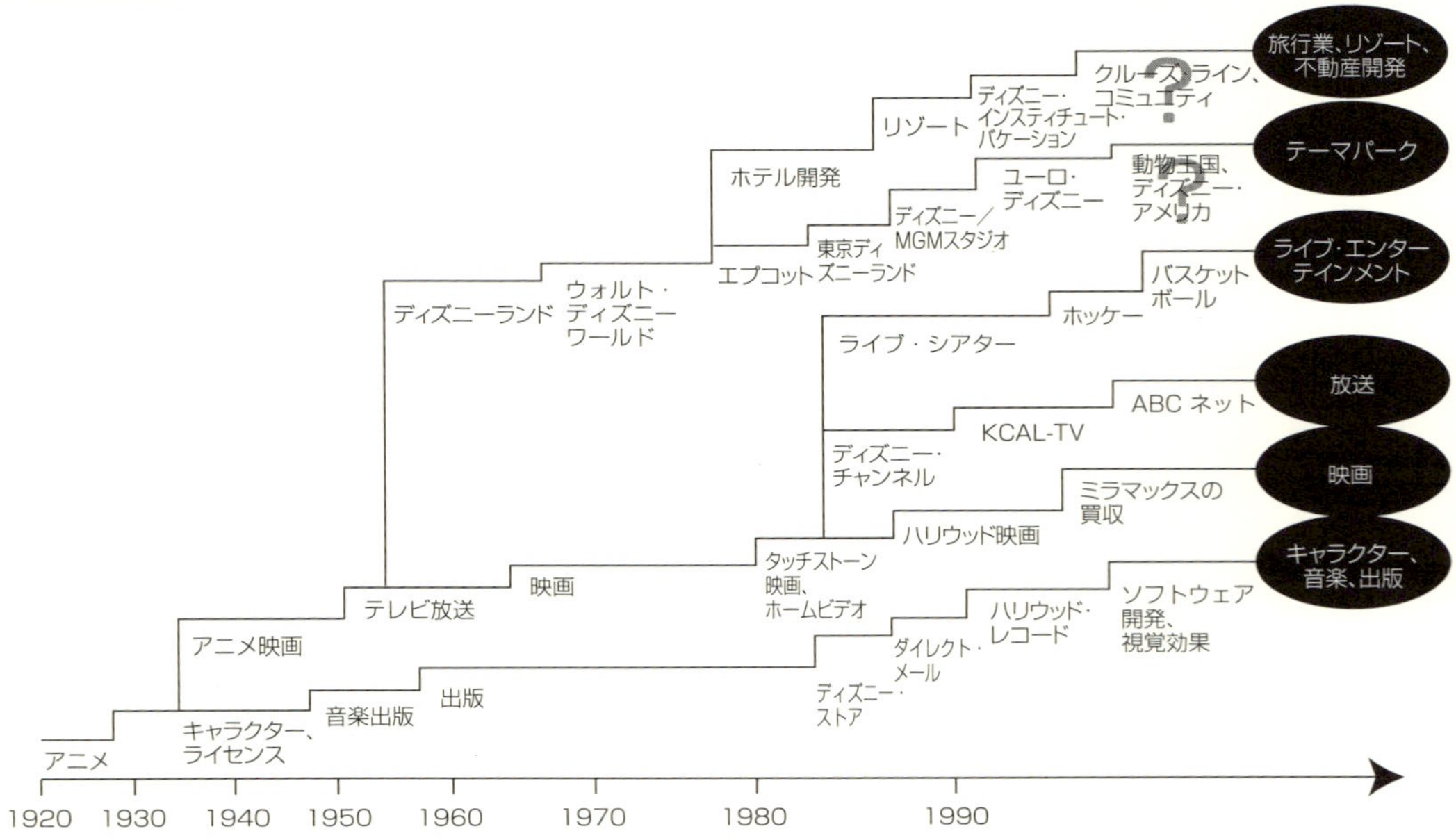


出典：From a McKinsey talk by Rajat Gupta, entitled "Kick Starting and Sustaining Growth," August 4, 1997, presented at the Kellogg Graduate School of Marketing, Northwestern University.

デュポンと合弁事業を開始。さらに、いくつかの処方薬を大衆薬市場に導入するため、ジョンソン＆ジョンソンと合弁事業を新たにスタートした。そのうえ、バイオテクノロジー企業と提携すると同時に、汎用合成薬品メーカーであるメルク・ジェネリクス社も経営している。

●日本の巨大企業であるホンダは、二台収容の車庫に六種類のホンダ製品を収納できることを誇りにしている。この意味が理解できないならば、ホンダがクルマの他に、オートバイや芝刈り機、船舶用エンジン、除雪車、スノーモービルをつくっていることを思い出してほしい。ホンダの主要製品はエンジンであり、彼らはエンジンの製造で独自のコア・コンピタンス（中核的な能力）をもっている。そこでホンダは、エンジンの必要な他の産業に参入し、最終製品を製造しているのである。

●靴のメーカーであるナイキは、一流の運動選手向けに高性能シューズをデザインすることからスタートした。その後ナイキは、自社のシューズを宣伝してくれる有名運動選手と契約した。続いて、スポーツ衣料を製品ラインに加えた。つい最近では、スポーツ衣料をダラス・カウボーイズなどのチームに供給した。最も新しい動きとしては、ナイキ主催のサッカー試合やゴルフ・トーナメントなどをプロデュースしている。

これらの事例はすべて、隣接の、あるいは異なる産業への参入を望む企業に機会の可能性があることを証明している。

## 一連の機会をもとに、どのように取捨選択を行えばよいか？

幸運にも、有り余るほどのマーケティング機会を見つけた企業にとって、新たな問題が発生する。すなわち、どの機会の追求が最も価値があるかを決定しなければならないのである。

必要なのはリンゴであって、レモン（無価値なもの）ではない。多くの企業では、価値のあるプロジェクトを調査し選択するための基準を設けている。たとえばグールド・コーポレーションでは、新製品開発の機会を評価するために、次のような評価基準を設けた。

- その製品は、五年以内に市場導入の準備が整うか？
- その製品は、少なくとも五〇〇〇万ドルの市場規模と一五％の成長率を期待できるか？
- その製品は、少なくとも三〇％の売上高利益率と四〇％の投資利益率をもたらすか？
- その製品は、技術的リーダーもしくは市場リーダーとなれるか？

グールドはこれらの評価基準によって、面白いが基準に満たないアイデアをふるい落とし、自社の事業領域と投資基準に最も適したアイデアに注力した。

いくつかのアイデアが決まると、企業はその潜在的リスクに対する潜在的利益を推定したいと考える。次に紹介するのは、五〇〇〇万ドルの生涯利益を生み出す可能性がある新製品の導入を検討していたある企業のＣＥＯの話だ。そのＣＥＯは、質問を投げ返した。「失敗した場合、われわれはどれくらいの損失を被るのか」。新任の製品開発マネジャーは、失敗した場合の損失は一〇〇〇万ドルだと答えた。CEOは即座に、そのリスクを理由に導入案を却下した。

しかし即断する前に、彼はもう一つ質問をするべきだった。「一〇〇〇万ドルを失う確率は、どのくらいなのかね」と。失敗の確率が一〇%ならば、おそらくプロジェクトを進行させるべきだろう。しかし、その確率が五〇%ならば、彼は博打をしないだろう。

市場導入に成功するかどうかの総合的判断は、通常、三つの個別の確率から見積もることができる。

全体的な成功の確率　＝　技術的完成の確率　×　技術的完成を前提にした場合の商品化の確率

×　商品化を前提にした場合の経済的成功の確率

たとえば三つの確率が、それぞれ〇・五、〇・六五、〇・七四であるならば、全体的な成功の確率は〇・二四となる。成功の確率が低いと見られる製品については、その開発を正当化する十分な潜在的利益があるかどうかを判断しなければならない。

## 新製品やサービスの導入の成功率をいかにして引き上げるか？

見かけのよい機会を見つけることと、それがうまく商業ベースに乗るかどうかは別問題である。新製品が失敗に終わる確率は、一般消費財で八〇から九〇%、生産財では二〇から三〇%である。

その違いはどこにあるのだろうか。変化の激しい消費財の新ブランドは、既存ブランドに非常に似通っていることが多い。つまり、それらは効果のはっきりしない広告で大々的に売り出され、しかも、顧客に既存ブランドの愛好をやめさせなければならない。

一方、生産財企業が新製品を市場導入する場合には、ニーズの存在を証明することが可能であり、関心をもつ企業に新製品を事前テストしてもらうことも可能であり、さらに見込み客企業のリストをすでにもっていることが多い。

新製品の開発と導入にあたっては、数々の問題が発生する。

●CEOが、アイデアの実行可能性を立証せず、自分の気に入ったアイデアだという理由だけでプロジェクトを始めてしまったかもしれない。
●当初は独創的だった製品コンセプトが、各部署を回るうちに手が加えられ、最後には原形がほとんど残っていなかったかもしれない。
●他部門からのコスト削減やトレードオフの要求をのんでしまったために、最終製品の訴求力が弱まってしまったかもしれない。
●適切な販売経路を十分に築けなかったため、良質な市場をつかみ損ねた。
●広告費を十分に投入しなかったため、必要な認知度とトライアル購入を獲得できなかった。
●価格設定が高すぎた。
●新製品の開発に多額の投資をしたため、その費用の回収を見込んで売り出してしまった。

市場導入に成功した製品に共通する要因を明らかにするため、マディークとザーガーは家電メーカー数社に対して、その成功例と各事例についての情報提供を要請した[6]。その結果、彼らは、市場導入に成功した製品には、いくつかの共通する要因があることを発見した。

●成功している製品はすべて、予想利益率がきわめて高かった。調査によって、プロジェクトの事前利益見積もりはきわめて楽観的であることがわかった。したがって、利益見積もりが非常に高ければ、たとえ実際にその水準に達しなくとも、収益はまだ十分にあるといえる。

●成功した企業は、新製品の存在を知らしめるために、十分な投資をしている。しかし、「もっと優れたネズミ取り」さえ開発すれば、客の方からやってくると考えて、広告にはほとんど投資しないという誤りを犯す企業もある。

●市場で成功した製品は、たいてい最初に登場したものであって、後発製品ではない。

●製品開発が、専門分野をまたがったチームの手でうまく進められている。

●CEOが、新製品のアイデアやその進め方を熱心に支持している。

## 検討課題

マーク・トウェインが、かつてこうもらしたことがある。「私がチャンスに気づいたのは、ほとんどの場合、それがもはやチャンスではなくなってからだった」

競合企業が何か新しい製品やサービスを発売するのを見て、自分たちこそ思いつくべきだったと悔しがるのは、多くの企業の宿命である。そのうえ、そのアイデアは、検討されることも導入されることもなく、社内で眠っていたのかもしれないのだ。

よいアイデアは宙を漂っている。名人と地道な努力家を分けるのは、アイデアをとらえ、評価し、開発に進ませ、うまく市場に参入させる一連の作業をうまく進められるかどうかである。ほとんどの企業は革新的な文化を欠いている。しかし、長続きする競争優位がほとんど存在しない超競争市場では、イノベーションこそ企業にとっての最良の防御である。イノベーションにはリスクが付き物だが、イノベーションを行わないことは破滅につながることがある。

以下の六項目は、あなたの会社において、事業単位で検討してほしい問題である。

❶あなたの会社が取り組んでいるおもな機会を五つあげなさい。それらを潜在的利益と成功の確率の観点から評価しなさい。
❷顧客があなたの会社の製品やサービスに対して感じている問題を、いくつかあげなさい。それぞれのケースについて、解決策を考えなさい。
❸顧客にとって、あなたの会社の製品やサービスをどのように入手し、利用することが理想的だと思いますか？　そのことは、どんな機会を示唆しますか？
❹顧客があなたの会社の製品を購入し、使用し、廃棄するまでの通常の顧客活動サイクルを詳しく記述しなさい。顧客活動サイクルの各ポイントで、どういった機会が見受けられますか？
❺あなたの会社は、新製品やサービスのアイデアを奨励し集めるために、どのように組織作りがなされていますか？　以下の評価から、あなたの会社を選びなさい。
不十分：アイデアを奨励したり、集めるための組織化された方法がない。

普通：営業マンとR&D部門からのアイデアに頼っている。
よい：アイデアを奨励したり、集めたりする担当者を任命しているが、そのシステムはさらに開発が必要である。
最高：多くの有益なアイデアを創造するアイデア管理システムがある。

❻あなたの会社は戦略的ギャップ分析を行っていますか？　ギャップが存在する時、どのように対処していますか？　目標の値を下げますか？　それともブレークスルー・セッションを設けますか？

# 第4章

# バリュー・プロポジションの創造とブランド・エクイティの構築

価値の時代が、われわれの目前に迫っている。世界最高品質の製品を、最も安い価格で提供できなければ、やがて競争から脱落していくだろう。（中略）顧客を維持する最良の方法は、どうすれば彼らによりよいものをより安く提供できるか、その方法を絶えず考えることである。……………………ジャック・ウェルチ（ＧＥ会長）

「薔薇は薔薇であり　薔薇であり　薔薇である」（金関寿夫訳「聖なるエミリー」『地理と戯曲　抄』収載、書肆山田刊）というガートルード・スタインの有名な言葉は、マーケターが用いる表現からはほど遠い。

対象をいかに認知するかは、その状況に大きく影響されるものである。たとえばエビアン社は、水を一オンス一五ドルで販売することができる。もちろん、一オンス当たり約二五セントで売られているボトル入りのミネラルウォーターのことをいっているのではない。エビアンは、カートリッジ式の小さなスプレー缶に入ったモイスチャーライザー（肌に潤いを与える化粧品）も生産しており、一つ一五ドルで販売している。なかに入っているのは水だが、暑い日に顔に吹きかけると壮快

**図表4-1　強いブランドを築くための主要なステップ**

| バリュー・プロポジションの創造 |
| --- |
| 1. 製品についての全体的なポジショニングを選択する。<br>2. 製品についての特定のポジショニングを選択する。<br>3. 製品についてのバリュー・ポジショニングを選択する。<br>4. 製品についてのトータル・バリュー・プロポジションを開発する |
| **ブランドの構築** |
| 1. ブランド名を選択する。<br>2. ブランド名からの価値ある連想と保証を創造する。<br>3. 顧客がブランドから連想する期待に応えられるよう、あるいはそれ以上のものを提供できるように、すべてのブランド・コンタクトを管理する。 |

な気分になる。

同じように、コカ・コーラとプレジデント・チョイス・コーラ（トロントにあるロブローズ・スーパーマーケットのプライベート・ブランド）を目隠しテストした人たちの多くは、その違いがわからなかった。それでも彼らは、コカ・コーラというブランドに多額のお金を払っている。一九八五年にコカ・コーラがコークの処方を変更しようとした時、全国からは激しい抗議の声があがった。「われわれ国民みんなの飲み物の味を変えるなんてとんでもない！」

ある種のブランドは、消費者にとって神聖な存在である。インターブランド社は、コカ・コーラのブランド名の価値を三五〇億ドルと試算しているが、その金額はコカ・コーラが保有する全工場を合わせた資産価値をはるかに上回っている。

言うまでもなく、マーケティングの腕の見せ所は、優れたブランド名を選び、それを広告によって広く知らしめ、それによって事業を成功させることである。強力なブランドを開発するためには多くの段階を踏まなければならない。それは、図表4―1において、リストアップした通りである。

## バリュー・プロポジションの創造

すべての領域で卓越した完璧な企業など存在しない。その理由の一つは、企業は使用可能な財源を定め、それらをどこに集中させるかを決定しなければならないからである。二つ目の理由は、一つのことに卓越することは同時に他の可能性を捨てることになるからである。たとえば、最低コストを達成するために標準化製品を大量生産しようとすれば、変更や調整を求める多くの顧客の要求に応えることはできない。

### 主要なポジショニングの選択

ポジショニングのおもな選択肢には、どういったものがあるだろうか。マイケル・ポーター教授は『競争の戦略』のなかで、三つの選択肢を提案している。企業の各事業部は、製品の差別化戦略、コスト・リーダーシップ戦略、あるいはニッチャー戦略のいずれかに集中すべきであるというのだ(1)。

ポーターは、もし企業がこれら三つの戦略すべてに秀でようとして、いずれも中途半端に終わるならば、その企業はどれか一つの戦略に優れた競合企業に敗れるだろうと警告した。中途半端は落とし穴である。企業は普通、すべての戦略を遂行できるほど資金に余裕はない。さらに、ポジショニング戦略が違えば、必要となる組織文化と経営システムも違ってくる。

しかしながら、製品差別化と低コストの両面で優れた企業もあると指摘する評論家もいる。たとえば、P&Gは、製品差別化に優れた偉大なマーケティング企業というだけでなく、低コスト構造も実現している。トヨタも、最高品質のクルマを生産するだけでなく、最も安い単位コストで生産を行っている。

その後、マイケル・トレーシーとフレッド・ウィアセーマの二人のコンサルタントが、入れ替え可能な三通りの枠組みを提案し、「価値の基準」と名づけた[2]。それによると、企業はその属する業界において、製品リーダーか、業務遂行に優れた会社か、顧客との関係が親密な会社か、のいずれかになることができるという。

この枠組みは、あらゆる市場には三種類の顧客がいるという考え方に基づいている。ある顧客グループは、最先端の技術を築く企業を好み（製品リーダー）、別の顧客グループは、最新の製品には関心がないが、信頼性が高く頼りになる性能を求めており（優れた業務活動）、もう一つの顧客グループは、顧客の個々のニーズを満たすことにおいて、最も反応が早く融通のきく企業を好んでいる（顧客親密度）。

トレーシーとウィアセーマの調査によれば、企業がこれら三つの戦略すべてにおいて一番になることは困難であり、そのうちの二つの戦略で抜きん出ることさえ容易ではない。何をやっても一番になれるほどの潤沢な資金をもつ企業など、ほとんど存在しない。そのうえ、これら三つの価値の基準は、しばしば相反する経営管理システムと経営の姿勢を必要とする。

マクドナルドやフェデラル・エクスプレスのような素晴らしい業務活動を実現している企業は、途中で変更がきかない高度に能率的なシステムによって運営されている。マクドナルドにハンバーガーの焼き時間をもう少し長くしてくれるよう頼むお客がいたり、フェデラル・エクスプレスにしばらく後で再度集荷してくれるよう頼むお客がいたら、企業システムの効率は低下してしまうだろう。

日々の業務遂行に優れた企業は、機械のように運営されている。そのことは、強みであるとともに弱みでもある。もし顧客との親密度を高めようとして、個々の顧客を満足させるために数多くの変更を行うならば、彼らは期待されたほどの効率性を実現することはできないだろう。

同様に、日常の業務遂行に優れた企業が製品リーダーになることは容易ではない。新製品の頻繁な導入は、運営システムのスムーズな活動を滞らせる。それぞれの価値の基準は、異なった経営システム、プロセス、組織、および文化を必要とする。

しかしながら、二人の著者は、同じ企業のなかの各事業部がそれぞれ異なった価値の基準を実践することは可能だと述べている。たとえば、GEの家電製品事業部は操作性の卓越を追求し、産業用プラスチック事業部は顧客との親密な関係の構築を目指し、ジェットエンジン事業部は製品の先進性を重視している。

トレーシーとウィアセーマは、企業が成功を収めるには次の四つのルールに従う必要があると述べている。

❶三つの価値基準のどれか一つで一番になる。
❷残り二つの基準において、まずまずの水準を達成する。
❸競合企業に負けないために、選択した基準においてポジションの向上を怠らない。

❹競合企業の活動によって顧客の期待値は常に高まっていくので、残り二つの基準においても、より妥当な水準を目指し続ける。

大まかなポジショニングの枠組みは、ポジショニングを考えるうえで有効な出発点になる。しかしそのために、他のポジショニングの可能性が見えなくなってしまうおそれがある。

## 特定のポジショニングの選択

企業は大まかなポジショニングのレベルにとどまらず、顧客に具体的なベネフィットや購入理由を明らかにする必要がある。多くの企業が広告で訴求しているベネフィット・ポジショニングは、その一つである。それらには、次のようなものがある。

- 最高の品質
- 最高の性能
- 最高の信頼性
- 最高の耐久性
- 最高の安全性
- 最高のスピード
- 最高のコスト・パフォーマンス
- 最もお買い得な価格

●最高級
●最高のデザイン、スタイル
●最もよい使い勝手
●最高の利便性

自動車市場でいえば、メルセデスは「最高級」のポジションにある。BMWは「最高の性能」のポジション、現代自動車は「最もお買い得な価格」のポジション、そしてボルボは「最高の安全性」のポジションである。

ボルボが、どの国においても、クルマの購入者のなかには安全を最優先する人たちがいることを理解していることは、たいそう興味深い。このグローバルなニッチを発見することによって、ボルボは世界中でクルマを販売している。

ボルボは自社のクルマに、安全性の他にもう一つベネフィット・ポジショニングを与えた。ボルボのクルマは最も耐久性が高いという謳い文句だ。ボルボは、メキシコのような国ではこのポジショニングを利用する。メキシコでは、安全性よりも耐久性の方により関心があるからである。

なかには、三重のベネフィット・ポジショニングを実践する企業さえある。スミスクライン・ビーチャム社は、歯磨きのアクアフレッシュを販売するに際して、虫歯予防、より爽やかな息、より白い歯という三つのベネフィットを提示した。チューブから絞り出される三色の歯磨きそれぞれが、異なったベネフィットを象徴している。ビーチャムは、アクアフレッシュ・ブランドにカウンター・セグメント（反細分化）の役割を求めている。つまり、一つだけでなく三つのセグメントを引きつけようとしているのである。

特定のポジショニングの設定に際して、その事業部は以下の要素を検討すべきである。

**●特質によるポジショニング**……企業は、何らかの特質や特徴によって、自らをポジショニングする。あるビール会社は自社を最も古いビール・メーカーだと主張し、あるホテルは自分のところを町一番の高層ホテルだとする。しかし特質によるポジショニングは、ベネフィットが明確でないため、一般的には根拠の弱い選択である。

**●ベネフィットによるポジショニング**……製品はベネフィットを約束する。タイドはより強力な洗浄力で訴求し、ボルボはより高い安全性を主張する。マーケターは、初めにベネフィット・ポジショニングに取り組む。

**●用途または適用によるポジショニング**……製品は、ある特定の用途において最適だとポジショニングされる。ナイキは、あるシューズについては競走に最適だとし、別のシューズについてはバスケットボールに最適だとしている。

**●ユーザーによるポジショニング**……製品は、対象とする顧客グループによってポジショニングされる。アップル・コンピュータは、自社のコンピュータとソフトウェアはグラフィック・デザイナーに最適だと説明している。サン・マイクロシステムズは、そのワークステーション・コンピュータは設計技師に最適だとしている。

**●競合企業によるポジショニング**……自社製品の優秀性や違いを、競合企業の製品と比較することによって示唆することができる。エイビスは自社を（暗に競合のハーツと比較したうえで）

「より一生懸命、顧客に尽くす」企業と語り、セブン・アップは自らをアンコーラと称している。
●**カテゴリーによるポジショニング**……企業は、自らをカテゴリー・リーダーと規定することもできる。たとえば、コダックはフィルムを意味するし、ゼロックスはコピー機を意味する。
●**品質または価格によるポジショニング**……製品は、一定の品質と価格水準でポジショニングされる。シャネルの五番は、高品質かつ高価な香水としてポジショニングされている。また、タコベルは、自社の製品をコスト・パフォーマンスの高いタコスとしている。

企業はブランドのポジショニングを考える際、以下のような間違いを犯さないようにしなければならない。

●**アンダー・ポジショニング**……顧客に対して訴求力のあるコア・ベネフィットや購入理由を訴え損ねる。
●**オーバー・ポジショニング**……ポジショニングを狭めすぎたため、潜在的な顧客を見過ごしてしまう。
●**混乱をきたしたポジショニング**……相反する複数のベネフィットを主張してしまう。
●**的外れなポジショニング**……顧客がほとんど気に止めないようなベネフィットを訴えてしまう。
●**疑わしいポジショニング**……そのブランドないし企業の実像と離れた疑わしいベネフィットを訴えてしまう。

## バリュー・ポジショニングの選択

われわれは、ブランドの価格設定をどのように行うべきかにまったく触れないまま、ブランドが訴求すべき具体的なベネフィットの選択について話題にしてきた。

しかし、購入者は金額に見合う価値を考える。すなわち、支払うべき対価として、何が得られるかということである。売り手は、ブランドをその価値の面からポジショニングしなければならない。バリュー・ポジションには五つの特徴がある。

### よいものをより高い価格で

最高級品に特化し、その高いコストをまかなうために高価格を設定している企業がある。贅沢品と呼ばれているそうした製品は、品質、完成度、耐久性、性能、あるいはスタイルの秀逸さを誇っている。メルセデス・ベンツの自動車、モンブランの文房具、グッチの洋服などがそうである。

こうした製品は、製品そのものがすばらしいだけでなく、買い手にプレステージを与える。それは裕福なライフスタイルのシンボルや、特定の人だけに許されたステイタスとなる。しばしばそれらの製品の価格は、実際の品質をはるかに超えて設定されている。

「よいものをより高い価格で」というポジショニングは、派手な消費に臆することがなく、高品質なものを提供する作り手を支持したいと感じる裕福な買い手がいる限り成立する。

製品にしろサービスのカテゴリーにしろ、あらゆる領域に「ベスト」を売り物にする企業が存在する。われわれの身のまわりにも、非常に高いレストランやホテル、コーヒー、ブランデーなどがある。たとえば、三万ドルという破格の値段がついた台所用コンロや、五〇〇ドルもする新しい銘柄のスコッチ・ウイスキーの新規参入に驚かされることもある。

ハーゲンダッツは、それまで存在しなかった高価格のプレミアム・アイスクリームとして登場した。スターバックスも、それまでは安く売られてきたコーヒーの市場に、高い価格で参入した。また、キューバ葉巻のなかには信じられないような高価格で売れるものがある。

一般に企業は、あまり開発が進んでいない製品やサービスのカテゴリーにおいて、「よいものをより高い価格で」というブランドを導入できないかどうか、注意を怠らないことが望ましい。

しかしながら、「よいものをより高い価格で」というブランドは、他社の攻撃を受けやすい。それらのブランドはしばしば、同じ品質を謳う、廉価な模倣品の市場参入を招きやすい。また高級品は、消費者が支出に敏感になる経済の後退期において、リスクが大きくなる。

## よいものを同じ価格で

「よいものをより高い価格で」というブランドは、遜色のない品質と性能のブランドをずっと安い価格で導入することによって攻撃することができる。トヨタは、「よいものを同じ価格で」というポジショニングによって新型レクサスを導入した。

そのキャッチ・コピーは、「七万二〇〇〇ドルのクルマを三万六〇〇〇ドルのクルマと交換することで、もっとよいクルマが手に入るなんて、おそらく歴史上初めてのこと」と謳っていた。

新しいレクサスの高品質は、さまざまな方法でデモンストレーションされていた。たとえば、自動車ジャーナリストによる好意的な新聞やクルマ雑誌の記事。メルセデス・ベンツとレクサスを比較することで、レクサスの品質の高さを示したビデオテープの大量配布。レクサスのディーラーで買った顧客の方が、メルセデスのディーラーで買った顧客より満足度が高いことを示すデータなどである。

その結果、米国の多くの都市でメルセデスのオーナーたちは、次のクルマとしてレクサスを選んだ。それ以来、レクサスの再購入率は六〇％である。この数字は、平均的なクルマの再購入率の二倍を示している。

## 同じものをより安い価格で

誰もが、代表的な製品やブランドを通常価格より安く手に入れられたら嬉しいと思っているようだ。アローのシャツ、グッドイヤーのタイヤ、パナソニックのテレビなど、ディスカウントストアなどで安く購入できないものはないらしい。

多くの連中が電気製品を買うために、ニューヨークにある四七番街フォトに電話して、順番を待ち、クレジットカード番号を告げていたのは、そう遠いむかしのことではない。たしかに、そこはどこよりも安かった。しかし今日では、われわれはインターネットで、クルマでもコンピュータでも本でもなんでも、安く買うことができる。

ディスカウントストアは、自分たちが優れた製品を扱っているとは言わない。しかし、強力な購買力をもとに、普通のブランド品を大幅値下げしている。多くのコンピュータ・メーカーが成功した秘訣は、ＩＢＭやアップルのような市場のリーダー・ブランドの互換機を製造し、オリジナルより二〇から三〇％も安く販売したことにある。

## そこそこのものをはるかに安い価格で

必要以上のものを提供し、その分高い金額を要求するメーカーやサービス提供者に不満をもつ顧客もいる。ホテルの宿泊客が、ホテルに対して「テレビはいらないから、そのぶん部屋代を引いてくれ」と言うことはできないし、飛行機の乗客が、航空会社に対して「機内食はいらないから、その分安くしてくれ」と言うこともできない。

われわれの購入するビデオデッキは、たいがいビデオテープを再生することも番組を録画することもできるが、多くの利用者は録画機能を使っていなかったり、録画のやり方を知らなかったりする。したがって、機能を絞り込んだ安いビデオデッキの市場が考えられるだろう。

売り手には、「そこそこのものをはるかに安い価格で」市場に導入するチャンスがある。東京には宿泊客に部屋ではなく一人用の寝台を、通常のホテルよりはるかに安い料金で提供するホテル（つまりカプセル・ホテル）がある。

アルディーズというドイツのスーパーマーケット・チェーンは、少ない品数だけを扱う小さなスーパーマーケットを運営している。しかもそのほとんどは棚に並ばず、箱に入ったまま売られている。また、買い物客は買い物袋を持参しなければならない。こうして、このスーパーマーケットは、顧客に「ずっと安くてシンプル」なサービスを提供している。

米国で最も利益率の高い航空会社であるサウスウエスト航空は、機内食を出さず、座席の予約もできず、旅行代理店も通さず、他の航空会社の飛行機に荷物の積み替えもしない代わりに、他社より格段に安い料金で座席を提供している。

## よいものをより安い価格で

もちろん、ポジショニングに成功するためには、見込み客と顧客に「よいものをより安い価格で」提供することが必要である。これは、非常に大きな成功を収めているカテゴリー・キラーの呼び物である。

たとえばトイザらスは、どこよりも品揃えの多い商品をどこよりも安い価格で販売している。またスポーツマートは、どこよりも多いスポーツ用品とスポーツ衣料を揃え、それらを格安で販売している。大規模小売店も同様のアプローチをしている。

ウォルマートの店内に入れば、まず親しみのこもった挨拶に迎えられ、次に有名ブランド製品がずらりと並んだ商品陳列を目にする。価格は「エブリデー・ロープライス」で、顧客本位の返品制度をとっている。顧客は店を出るころには、ウォルマートに来れば「よいものをより安い価格で」手に入れられるとの思いを抱く。

どのブランドも、自らのターゲット市場に合致したポジショニング戦略を採用しなければならない。「よいものをより高い価格で」というブランドには、それ特有のターゲット市場があり、「そこそこのものをはるかに安い価格で」というポジションにも別のターゲット市場がある。

失敗が避けられない唯一のポジショニングは、「悪かろう、高かろう」ブランドである。顧客はこのようなブランドには、自分たちが騙されたと感じる。そのことは口コミで広がり、まもなくそのブランドは市場から消えていく。

## トータル・バリュー・プロポジションの創造

どんな企業も、顧客の「なぜおたくから買った方がいいのか」という質問に答えられなければならない。たとえば、ボルボはその答えとして、車の安全性や耐久性だけでなく、保証制度やホットラインなど、さまざまなベネフィットや特徴をあげることができる。

このベネフィットと特徴の組み合わせは、ブランドのトータル・オファーと呼ばれる。今日、見込み顧客は購入を考えるうえで、製品の価格だけでなく、入手にかかるコストや、使用上のコスト、保管にかかるコスト、そして製品の処分にかかるコストを合わせた総コストを判断の材料にする。製品価格は、コストの一部にすぎない。他に、入手にかかる労力、時間、精神的なコストがある。

そこで見込み顧客は、あるブランドとその競合製品について、それぞれのブランドのトータル・オファーと総コストを比べて、その差（または比率）を検討するのである。そして、見込み顧客は、最も魅力的なトータル・バリュー・プロポジションを提供してくれる相手を選ぶのである。

図表4―2は、買い手による業者選択のプロセスを説明したものである。大企業の購買部長がコピー機を一〇台購入するために、三社からの販売提案を検討していると仮定しよう。この場合、購買部長は四種類の情報をもとに最終的な決定を下すだろう。

まず彼は、自社が購入しようとしているコピー機に、どんなベネフィットと特徴を求めるかを明確にするだろう。図表4―2に示したように、ある買い手が六つの属性を求めていると仮定しよう。二番目に、買い手はそれら六つの属性にそれぞれの重要度を割り当てるだろう。ここでは、買い手

図表4-2　顧客の選好度の測定

| 顧客の要求 | 重要度(a) | 企業の点数(b) | | | |
|---|---|---|---|---|---|
| | | コダック | ゼロックス | キヤノン | 理想 |
| 高品質のコピー | 10 | 8 | 7 | 8 | 10 |
| 耐用期間 | 9 | 9 | 7 | 7 | 10 |
| サービス・レベル | 8 | 8 | 7 | 4 | 10 |
| 問題発生時の対応 | 8 | 6 | 8 | 4 | 10 |
| 価格と支払い条件 | 8 | 6 | 8 | 7 | 10 |
| 使いやすさ | 7 | 9 | 8 | 7 | 10 |

(a) 重要度＝1（まったく重要ではない）〜10（極めて重要）
(b) 企業の成績＝0（危機的）〜10（傑出している）

CSI（完璧）　＝(10×10)＋(9×10)＋(8×10)＋(8×10)＋(8×10)＋(7×10)＝500（最高点）

CSI（コダック）＝ $\frac{(10\times8)+(9\times9)+(8\times8)+(8\times6)+(8\times6)+(7\times9)}{500}=\frac{384}{500}\times100=77$

CSI（ゼロックス）＝ $\frac{(10\times7)+(9\times7)+(8\times7)+(8\times8)+(8\times8)+(7\times8)}{500}=\frac{373}{500}\times100=75$

CSI（キヤノン）＝ $\frac{(10\times8)+(9\times7)+(8\times4)+(8\times4)+(8\times7)+(7\times7)}{500}=\frac{312}{500}\times100=62$

出典：Roger J. Best, *Market-Based Management* (Upper Saddle River, NJ: Prentice-Hall, 1997), p. 12.

が各属性の重要度を示すために、最大一〇点を割り当てると仮定しよう。

三番目に、買い手はすでに絞り込んだ売り手の検討にはいるだろう。それらの企業を、コダック、ゼロックス、およびキヤノンと仮定する。

四番目に、購買部長は各売り手がそれぞれのベネフィットを、どのように説明する可能性があるかをイメージするだろう。

図表4―2上のコダックの列を見れば、買い手が「高品質のコピー」に八点を、「耐用期間」に九点を与えているのがわかる。コダックの列に並んだ数字は、買い手が六つの属性についてコダックから受けるイメージの評価を表している。それは、コダックの顧客に対するトータル・オファーを、買い手がどう認識しているかを表しているとも考えられる。

もし価格と他のコストが売り手三社においてすべて同じであるならば、買い手はどの企業を選ぶだろうか。この場合、買い手は自分が求めるベネフィットを最大に叶えてくれる売り手を選ぶだろう。この結論に達するための方法の一つとして、すべての属性において満点の四番目の売り手があったと想像してほしい。その場合、買い手はすべての属性に一〇点を与える（図表4―2の最後の列を参照）。

このような完璧な売り手が実際に存在するならば、買い手は間違いなくそこからコピー機を購入するだろう。完璧なベンダーが得るポイントは五〇〇点である（それぞれの重要度に、各属性ごとの最高点をかければ算出される）。

同様のかけ算を他の売り手に対してもやってみよう。すると、コダックは三八四点（完全な売り手の七七％）、ゼロックスは三七三点（同じく七五％）、キヤノンは三一二点（同じく六二％）を獲得することがわかる。実際には完璧な売り手など存在しないから、買い手は自分の理想的な条件の七七％を満足させるコダックを選択する。

各売り手が提供する製品の価格とコストが同一であるという仮定を外すと、買い手はそれぞれのコピー機の総コストを算定するだろう。そして、そのポイントをトータル・オファーから差し引き、その差の最も大きな（または比率の大きな）ブランドを選択することだろう。

したがって、われわれの導く結論は次のようになる。企業は自社のコア・ポジション、バリュー・ポジション、およびトータル・バリュー・プロポジションを見出す作業を行うことによって、自社が顧客に提供するトータル・オファーが、なぜ競合より勝っているかを示すことができるのである。

次の段階では、これらの結果を強力なブランド・アイデンティティを構築するために活用する。それによって、企業は潜在的な顧客が求める価値そのものを与えることができる。

## ブランドの構築

マーケティングの技能において、ブランド構築の巧拙は大きな位置を占めている。ブランド化がなされていないならば、その商品はコモディティにすぎない。その場合は、価格が決定要因になる。価格が唯一の重要なものさしである時、低コストで生産できる企業のみが勝者となる。

しかしだからといって、ブランド名がありさえすれば大丈夫というわけではない。ブランド名は何を意味しているか。それはどんな連想や性能、および期待を顧客に喚起させるか。それはどの程度、競合製品よりも優先されているか。単なるブランド名というだけならば、ブランドとしては失敗する。

### ブランド名の選択

最初にブランド名が選択されなければならない。そのさまざまな意味づけやベネフィットの裏づけをブランド・アイデンティティ作業を通して行うのは、次の段階である。

ブランド名の選択に際しては、そのブランドのもつ価値のポジションと一致していなければならない。「よいものをより高い価格で」提供するためには、高品質を想起させるブランド名をもっていなければならない。少なくとも、低品質を連想させるブランド名であってはならない。

最近、男性の被験者グループに二人の美女の写真を見せ、どちらがより美人かを尋ねる実験が行われた。結果、票は等しく分かれた。その後、その調査の実施者が、二人のうち最初の女性にエリザベス、二番目の女性にガートルードという名前を書き加えた。その結果、エリザベスを支持する票が八〇％になった。このことからも名前の重要性がわかる。

製品やサービスにブランド名をつけるためには、いくつものアプローチが考えられる。たとえば、人の名前からつけるやり方（ホンダやカルヴァン・クラインなど）や、地名を用いるやり方（アメリカン航空やケンタッキー・フライド・チキン）、品質を連想させるやり方（小売りのセーフウェイやデュラセル・バッテリー）。ライフスタイルを連想させるやり方（ウエイト・ウォッチャやヘルシー・チョイス）、造語を用いる方法（エクソンやコダック）がある。

ブランド名の望ましい品質としては、次のようなものをあげることができる。

❶ブランド名は、製品のベネフィットに関する重要な何かを示すべきである。たとえば、マットレスのビューティーレスト（Beautyrest）、道具類のクラフツマン（Craftsman）、時計のアキュトロン（Accutron）がある。

❷ブランド名は、機能や色などの品質を示すべきである。たとえば、サンキスト（Sunkist）・オレンジ、クレンザーのスピック・アンド・スパン（訳注：「清潔な」の意）、自動車のファイヤーバード（Firebird）がある。

❸ブランド名は、発音しやすく、認識しやすく、そして覚えやすいことが重要である。その意味で、短い名前が有効である。たとえば、タイド、クレスト、パフスがある。

❹ブランド名は、独特なものであるべきである。たとえば、ムスタング、コダック、エクソンがある。

❺ブランド名は、他の国や言語において否定的な意味をもつものであってはならない。たとえばノバ（Nova）という名前は、スペインではクルマのブランド名としてはふさわしくない。なぜなら、それは「走らない」ことを意味するからだ。

## 好意的な連想を生む

最もよく知られているブランド名は、いろいろな連想をさせる。たとえば次の単語は、人々がマクドナルドから連想すると述べた言葉である。

ゴールデン・アーチ
ビッグ・マック
ロナルド・マクドナルド
高カロリー
子どもたち
楽しさ
一貫性
紙の浪費
品質
満足な食事
価値のある食事

マクドナルドは、これらの連想について三つの問題を検討することが望ましい。

**1 どの連想が好意的で、どれが好意的でないか？**

最も好意的な連想は楽しさ、品質、満足な食事、および価値のある食事である。高いカロリーと紙の浪費という二つの非好意的な連想も含まれている。

以上のことは、マクドナルドに、ハンバーガーに代わる脂肪分をほとんど含まない商品やサラダ・バーを提供したり、ハンバーガーを包む紙の量を減らす必要があることを示唆している。

**2 それぞれの連想がどれくらい強いか？**

マクドナルドは、すべての好意的な連想を強化したいと考えるだろう。たとえば、慈善事業は好意的な連想であるが、マクドナルドが積極的に慈善事業を推し進めていることを知っている人は多くない。

そこでマクドナルドは、世間に対して自社が慈善事業のために気前のよい支出をしていることを、もっと広く知らしめようとするかもしれない。

**3 マクドナルドならではの連想はあるか？**

もし競合企業のブランド名が同様の連想を喚起するならば、マクドナルドは差別化のベネフィットを得ることはない。金色のアーチとロナルド・マクドナルドの二つの連想は、マクドナルドならではのものである。

ブランドにとっての好意的な連想をいくつも想起させるために、ブランド開発者は意味を伝える次の五つの特徴に注意を払わねばならない(3)。

●**特質**……強いブランドは、買い手の心に、ある種の特性を思い起こさせる。たとえばメルセデス・ベンツは、耐久性に優れ、頑丈で、高価で、設計の優れたクルマのイメージを喚起させる。もしあるクルマのブランドが、どんな特性もイメージさせなければ、それはブランドとしては弱いだろう。

●**ベネフィット**……強いブランドは、特徴だけでなく、ベネフィットを暗示する。たとえばメルセデスは、運転が楽しくて、所有することにプレステージを感じさせる、プレステージの高いクルマをイメージさせる。

●**企業価値**……そのブランドの名前を聞いた時に、その企業が大切にしている価値観を連想させるブランドが、強力なブランドである。それゆえ、メルセデス社はその技術者とイノベーションを誇りにしており、また高度に組織化され、効率的な業務活動を行っている。また、メルセデスがドイツ企業であるという事実は、そのブランドがもつ性格と文化について、買い手の心にさらにイメージを付加する。

●**個性**……強力なブランドは、個性的な特質を暗示する。たとえば、メルセデスを人間にたとえれば、われわれが連想するのは、真面目できちんとした、いくぶん権威主義的な初老の人物だろう。また動物にたとえれば、われわれはライオンとそれに相応しい個性を思い浮かべるだろう。

●**ユーザー**……強力なブランドは、そのブランドを購入する人々の種類を暗示する。たとえばわれわれは、メルセデスが想定している買い手は、年輩の裕福な専門職の人たちだと思っている。

要するに、そのブランドの名前を聞いた時、買い手が、好意的な特質、ベネフィット、企業の価値観、個性、およびユーザーを連想するようであれば、そのブランドは強力なのである。ブランド開発者の仕事は、それらの特徴をもとにブランド・アイデンティティを創造することである。

## ブランド・アイデンティティの開発ツール

ブランドの開発者は、ブランド・イメージを強化し、その特徴を明確に表現するために、一組のツールを用いている。強力なブランドには通常、特有の言葉、スローガン、色、シンボル、および物語がある。

### 特有の言葉

強力なブランド名は、ターゲット市場の人々に向けて語られる時、他の言葉を連想させる。もちろん、それは好意的な言葉に越したことはない。次に示すものは、そうしたブランドとその特有の言葉をリストにしたものである。

| **企業名** | **言葉** |
| --- | --- |
| ボルボ | 「安全性」 |
| BMW | 「走行性能」 |
| メルセデス・ベンツ | 「エンジニアリング」 |
| フェデラル・エクスプレス | 「翌日配達」 |
| アップル・コンピュータ | 「グラフィックス」 |
| ロータス | 「表計算」 |
| コダック | 「フィルム」 |

## スローガン

多くの企業は、スローガンやキャッチフレーズをうまく企業名やブランド名に付加し、それをあらゆる広告活動で繰り返し使っている。同じスローガンを何度も繰り返して使うことは、ほとんど催眠術と同じで、潜在意識にブランド・イメージを形成させる効果がある。

以下に示したものは、よく知られたブランド・スローガンの例である。いずれも、多くの人々が街中で気づいたり思い出したりするものである。

| | |
| --- | --- |
| ブリティッシュ・エアウェイズ | 「世界が愛する航空会社」 |
| AT&T | 「正しい選択」 |

バドワイザー　「ビールの王様」
フォード　「品質は、われわれが最優先する仕事である」
ゼネラル・エレクトリック　「われわれはよいものをお届けします」
ミール　「常によいものを」

顧客の心に響く魅力的なスローガンを開発することは、それほど容易なことではない。オランダの照明と家電の大企業であるフィリップス社は、何度かそのスローガンの変更を行い、いまだ満足するものをもっていない。

フィリップスのもともとのスローガンは、「砂からチップまで」だった。それはフィリップスが、砂を電球（ガラスは砂から作られている）の開発と、高度なコンピュータ・チップの開発に用いたことを示していた（砂はシリコンである）。

しかしながら、このスローガンは消費者の心をとらえず、何らベネフィットを提供することができなかった。フィリップスが何を作っている会社かということしか表現しなかったのである。

そこでフィリップスは、そのスローガンを「フィリップス社はあなたのために発明します」と変えた。しかし、「誰がそうしてくれと頼んだ」という声が後を絶たなかった。そこで、フィリップス社は新しいスローガンを採用した。「よりよくしよう」

しかし、またもや「いままでそんなにできが悪かったとは知らなかった」という声があがった。その結果、強力なスローガンを求めるフィリップスの努力は、いまなお続いている。

## 色

首尾一貫した色を用いることは、顧客が企業もしくはブランドを認識する際の助けとなる。キャタピラー社は、その建設用機器をすべて黄色に塗装している。黄色は、コダックのコーポレート・カラーでもある。ＩＢＭは印刷物に青色を使っており、ＩＢＭが「ビッグ・ブルー」と呼ばれることは驚くにあたらない。

## シンボルとロゴマーク

企業が、シンボルやロゴマークを自社のコミュニケーション活動に採用するのは賢明なやり方である。多くの企業が有名なスポークスマンを雇い、彼あるいは彼女の「品質」がブランドに転化することを望む。

ナイキは、世界的な認知度と好感度をもつマイケル・ジョーダンをシューズ広告に用いている。シャネルの五番は、世界最高の美女のひとりであるカトリーヌ・ドヌーヴをそのシンボルに用いている。女優のキャンディス・バーゲンは、電気通信企業のスプリント社の広告に出ている。スポーツ用品メーカーは、トップクラスのスポーツ選手と契約を結び、自社のシンボルとして使用している。なかには、彼らにちなんだ製品名をつけているところすらある。

スポークスマンにかかる費用はもちろん安くない。さらに、彼らはスキャンダルにかかわることがある。ハーツ社は、Ｏ・Ｊ・シンプソンをレンタカー・サービスの広告キャラクターとして使うために、巨額の契約金を支払った。しかし、彼の妻が殺されて発見され、Ｏ・Ｊがロサンゼルスから逃げる途中で逮捕された時、ハーツ社は急いでその契約を破棄した。

いくぶん経済的なアプローチとして行われているのは、アニメーションなどのキャラクターを開発して、ブランド・イメージを消費者の心に刻み込む方法である。広告代理店のレオ・バーネットはこれまで、「ジョリー・グリーン・ジャイアント」「トニー・ザ・タイガー」「チャーリー・ザ・ツナ」など多くの印象的なアニメ・キャラクターを生み出してきた。

バーネットは、マールボロ・マンも生み出した。このキャラクターはアニメーションではないが、契約料の高い俳優でも、特定の決まった人物でもない。

さらに行われているのは、企業やブランドを象徴する「もの」を選ぶやり方である。保険会社のトラベラーズ社は、傘をシンボルにしている。保険に加入することは、雨の日に傘をもっているのと同じだと暗示しているのである。

保険会社のプルーデンシャル社は、ジブラルタルの岩をシンボルに用いている。保険加入は「ジブラルタルの岩の一部」を保有するようなものとの含意があり、それは強固な信頼性を表している。

また人々の間で親しまれているさまざまなロゴや抽象的なデザインを開発した企業も多い。ブランド名の表記の仕方でさえ、そのブランドの認識度と想起性において重要である。

## 物語性

ブランドのなかには、物語を連想させるものがある。それが企業やブランドに対して好意的で興味深いものであれば、利益をもたらす。その物語は、企業の創業者にまつわる話や、その設立にまつわる苦労話の場合がある。われわれはヘンリー・フォードがフォードを設立する際に果たした役割や、アルフレッド・スローンがGMを成功に導いた経緯について思いを巡らせる。

よく知られた物語の一つは、コカ・コーラ社をつくった二人の創業者の話である。それによれば、二人は毎晩必ずその処方を金庫にしまいこみ、他人に秘密を知られまいとあらゆる手を尽くしたという。また、アイスクリームの有名ブランドであるベン&ジェリーを創業したベン・コーエンとジェリー・グリーンフィールドは、人好きのする人たちであり、利益の七%を慈善事業に寄付している。

同様に、現在世界に一一〇〇店以上の店舗を展開するボディ・ショップは、その創業者アニタ・ロディックについて多くの逸話をもっている。アニタは社会的、政治的なテーマについて明確な意見をもっており、そのことが彼女の会社であるボディ・ショップに個性を与えている。

どこよりも高い顧客ロイヤルティを獲得し、それゆえに米国で最も成功しているデパートの一つといわれるノードストロームは、その顧客に広く知られた物語がたくさんある。ノードストロームに自動車タイヤを返しにきた男の話は有名である。ノードストロームは彼に代金を返した。ポイントは、ノードストロームはタイヤを販売していないことにある。いまや、これこそがサービスなのだ。ノードストロームで靴を買おうとする時、足のサイズが左右で異なっていたら、販売員は二つのサイズの商品を用いて両足に合うようにしてくれる。もちろん代金は、一足分で。

あなたが広告を見て買いにきたカシミヤの青いセーターが売り切れていたとしよう。ノードストロームの販売員はそれと同じか、もしくは似た商品を他のデパートで探してお送りしましょうかと、顧客に申し出ることだろう(4)。

他にもわれわれが手本とすべき顧客志向の姿勢がある。大切なお客がブリーフケースを置き忘れたまま空港に向けて発ってしまったのに気づいたリッツ・カールトン・ホテルのベルボーイは、それを自分で抱えて空港へと急いだ。しかし、空港に到着した時には、そのお客の飛行機はすでに出発していた。彼は次の飛行機に飛び乗り、無事そのお客にブリーフケースを手渡した。

フェデラル・エクスプレスのあるドライバーは、自分の運転するトラックが故障した時、時間内に届けるため、タクシーを呼んで積める限りの荷物を載せて空港に急いだ。そのような話は、ブランドに対する消費者の評価を実証し、また高めるのに役立つ。

ブランドは、製品と顧客との結びつきを暗示している。ブランドは、顧客が期待する一組の品質とサービスをもっている。ブランド・ロイヤルティが醸成されるのは、顧客の期待にうまく応えた時である。さらに、その期待を超えたものを提供できるならば、そのブランドは「顧客の喜び」を獲得することができるのである。

## ブランド効果の測定

世界的な広告代理店の一つであるヤング&ルビカム（Y&R）によれば、成功しているブランドには二つの特徴があるという。それは、ブランドとしての活力と、ブランドとしての偉大さである。

さらに、それぞれはまた二つの特徴によって成り立っている。ブランドが活力をもち得るのは、それが①消費者の心のなかで他ブランドと差別化され、②差別化の内容が消費者のニーズをうまくとらえた時である。またブランドが偉大さをもち得るのは、そのブランドが①尊敬を集め、②ターゲット市場のなかで親しまれている時である。

こうした観点から、Y&Rはブランド評価について、次のような結論に達した。

❶多くの人が親しみを感じているが、あまり尊敬をしていないブランドには問題がある。広告を行う前に、ブランドの品質あるいは特徴を改善する必要がある。実際、消費者が尊敬していないブランドは、広告をすればするほど、その消滅が早まることになる。

❷消費者からの好感度に比べ親しみやすさに劣るブランドは、広告を厚くすることで成功に導くことができる。

❸消費者が感じる活力に比べ偉大さに劣るブランドもまた、広告を増すことで成功に導くことができる。

❹差別化と消費者にとっての意義を欠いているブランドは、消費者からの尊敬を失い、やがては親しみすら失い始めるだろう。

ブランド・マネジャーの仕事の多くは、ブランド・イメージを築くことである。しかし、ブランド・マネジャーの仕事はそれにとどまってはならない。彼らは、消費者のブランド経験が製品のブランド・イメージに合致するように、すべてを確実に取り計らわねばならない。

間違いは、あらゆるところで起こりうる。新聞でカラー全面広告されている名の知れた缶入りスープが、スーパーの店頭では缶がへこみ、埃まみれのまま棚のいちばん下に置かれていたりする。上品さを謳うホテル・チェーンの広告が、無愛想な接客係の応対と矛盾しているかもしれない。評判を徐々に勝ち得てきた小さな部品メーカーのイメージも、発送係の不注意な包装がもとで顧客が不良品を受け取るならば、顧客に背くことになる。

したがって、ブランドを構築することは、ブランド・イメージの構築以上の注意を必要とする。企業には顧客がブランドと接触する、すべてのブランド・コンタクトへの適切な管理が求められる。すべての従業員、卸売業者、小売業者が消費者のブランド経験に影響を及ぼす。それらすべてのブランド・コンタクトを適切に管理することが、ブランドの挑戦すべき目標になる。

スカンジナビア航空（ＳＡＳ）の元最高経営責任者であるヤン・カールソンは、この事実を『真実の瞬間』のなかで描いている[5]。ＳＡＳの経営に携わっていた間、彼の課題は、ＳＡＳの年間五〇〇万人の利用客が、自社のスタッフとの個々の対応に対して好意を抱いてくれるようにすることだった。

このことは、ひとりの乗客が平均五人のＳＡＳ従業員と接触することを考えれば、合計で二五〇〇万回に上るブランド・コンタクトがなされ、それぞれが真実の瞬間だということを意味した。ＳＡＳのひとりひとりの従業員は、彼らが出会うひとりひとりの乗客に、自社ブランドに対する適切な印象を与えるようにしなければならなかった。

## 検討課題

あなたの会社のバリュー・プロポジションとブランドの強さを評価するよい機会である。あなたの会社の事業部、もしくは製品ラインの一つに関する次の質問に答えなさい。

❶三つの価値の基準について、それぞれあなたの会社はどこに位置するか、〇点～一〇〇点までの点数をつけなさい。少なくとも一つの価値の基準において八〇点を超えていますか？　残り二つの価値基準のうち、どちらかが少なくとも五〇点に達していますか？　もしそうだとすれば、あなたの会社は成功に向けて素晴らしい位置にいます。もしそうでないとすれば、あなたの会社はいますぐ改革を必要としています。

❷あなたの会社ならではのポジショニングはどういったものですか？

❸消費者へのオファーにはどのようなものが含まれていますか？

❹顧客が、あなたの会社の製品を買おうかどうか考える時に考慮する特定のコストは何ですか？

❺❸と❹の質問の答えをもとに、あなたの企業のトータル・バリュー・プロポジションを述べなさい。

❻図表4―2を参考にしながら、平均的な顧客または特定の顧客が、自社ブランドに対して感じる特質、重要度、競合、それらの位置づけを書き出しなさい。

❼あなたのブランドが所有しているかもしれない言葉をリストアップしなさい。他に思い浮かぶ言葉があればリストに書き出しなさい。どれが好ましくて、どれが好ましくないと思いますか？　それぞれの連想は、どれくらい幅広く伝えられるでしょうか？　あなたのブランドにとって、どの連想が個性的ですか？　これらの質問に対するあなたの答えは、どのような行動を示唆していますか？

❽あなたの会社にスローガンはありますか？　それは役に立っていますか？　いまよりももっとよいスローガンはありませんか？

❾ブランドを支援しているシンボルは何ですか?　どんな改善が可能ですか?
❿あなたの会社について、人々はどんな物語を知っていますか、あるいは語ることができますか?　もっと広まっていくような物語はありますか?

# 第Ⅱ部

# 戦術的マーケティング

# 第5章

# マーケティング情報の開発と利用

偵察にかけた時間が無駄になることなど、めったにない。…………孫子

データを集めずに理論を組み立てることは、とんでもない過ちである。…………アーサー・コナン・ドイル

今日のマーケティングは、他のいかなる経営資源にも増して、情報の所有をベースにした戦いになっている。競合企業たちは、設備や製品、および仕事の手順をコピーすることはできるが、企業の情報や知的資本をまねすることはできない。企業の情報の中身が、競争優位の主たる源泉になっているのである。

最近、知識や学習、あるいは知的資本を担当する副社長が誕生していることからも、企業がこのことを認識していることは明らかである。どんな企業でも、個々のマネジャーがもち得る情報量よりも多くの情報が組織に蓄積している。それらの情報は、無数のデータベースや計画書、記録、さらには古参のマネジャーの頭のなかに散在している。

それゆえ企業は、マネジャーたちが直面している課題の解決策をもっと容易に見出し、効果的な意思決定が下せるよう、情報という黄金の鉱脈をきちんと整理しなければならないのである。

企業はまた、最新の情報を収集するための効率的な日常の業務遂行プロセスを築かなければならない。情報の収集、管理、伝達には金も時間もかかる。マーケティング・リサーチの専門家たちは、既存情報の管理だけでなく、新規の情報を収集するために高度な技術を開発している。以下、情報に関する三つの問いについて検討したい。

●企業が効果的なマーケティング意思決定をするためには、どんな種類の情報が必要か。
●適切な関連情報を収集するための主たる方法は何か。
●意思決定者たちが、有用な情報に手軽に、かつすばやくアクセスできるように企業情報を管理するための最善の方法は何か。

## 役に立つ情報の種類

企業は、情報に関して二つの間違いを起こすことがある。つまり、集める情報が多すぎるか、少なすぎるかである。この問題を解決するためには、売上げや費用、あるいは利益の最初の決定要因となる、企業を取り巻くマクロ環境ならびにビジネス環境における情報収集のモデルを開発しなければならない。

組織内のさまざまなマネジャーに、通常の業務で行っている意思決定がどのようなものか、その

**図表5-1　マネジャーたちの情報収集ニーズを知るための質問**

1. 定期的に入手している情報には何があるか？
2. どういった特別な調査を定期的に依頼しているか？
3. 現在入手していない情報で、どういったものを希望するか？
4. 毎日必要とする情報には何があるか？ 週ごと、月ごと、年度ごとでは？
5. どんな雑誌や業界関連レポートを回覧してほしいか？
6. どういったトピックスについて、つねに最新情報を得ていたいか？
7. どんなデータ分析プログラムを利用したいか？
8. マーケティング情報システムについて、希望する改善点を4つあげるとしたら何か？

ために必要な情報はどのようなものがあるかを尋ねてみるとよい。こうして集められた情報のひな形は、マネジャーたちが必要としている情報でも、収集コストに見合った情報でもなくなっているに違いない。図表5—1に示したものは、企業が収集しなければならない情報を決定するために、さまざまな部門のマネジャーたちになされた質問である。

その質問から、彼らの意思決定に最も関係のある情報の種類が明らかになる。図表5—2には、ほとんどの企業が必要とする主要な三つのタイプの情報がまとめられている。次に、それぞれのタイプの情報が果たす役割について見ていきたい。

## マクロ環境

マクロ環境の絶え間ない変化によって、無数の市場機会が誕生する。それゆえ企業は、時代の流れを読むことに巧みでなければならない。

最近の例として、ある投資家は、オフィスで働

| 図表5-2 | 情報ニーズの種類 |
|---|---|

| マクロ環境 |
|---|
| 人口統計的トレンド<br>経済動向<br>ライフスタイルの傾向<br>イノベーションの動向<br>法規・規制の動向 |
| ビジネス環境 |
| 消費者情報<br>協力企業情報<br>競合企業情報 |
| 企業環境 |
| 売上げおよび市場シェア<br>注文と繰越し注文（バックオーダー）<br>コスト<br>顧客、製品、セグメント、流通チャネル、発注サイズ、そして地域ごとの顧客利益率<br>その他 |

く人々の服装が以前よりもカジュアルになってきたことに気づき、フォーマル・ウェアを作っている企業の株を空売りした。また、銀行業務がコンピュータ中心になってきていることに気づき、支店や不動産を多数抱える銀行の株を空売りした。この投資家は、世の中の新しい流れに応じて、ある種の企業群に投資をすることもあれば、資金を引き揚げることもある。

投資家は株式市場において容易に資金を投資したり回収したりできるが、企業は、どのような事業分野に参入するのか、あるいは投資するのか、どの事業から撤退もしくは売却するのかについて、長期的な視点で入念に検討しなければならない。しかし、投資家も企業も、マクロ環境を構成する五つの要素がいかに変化しているかを、絶えず注視し続けなければならない。

### 人口統計的トレンド

人口統計的トレンドの最たるメリットの一つは、

将来のすがたを予測できる点にある。年代別に分布した人口構成と安定的な出生率、婚姻率、死亡率がわかれば、数年後の人口構成比をかなりの精度で推測することはむずかしくない。

たとえば、今日の高齢者層がそうであるように、ある特定の年齢層が急激に増大しているとすれば、医療やレジャー活動といった高齢者に特化した分野の製品やサービスに、企業のビジネスは向かうことができる。

人口統計データのもう一つの利点は、人口の移出入がわかることである。人口の減少するところがある一方で、人が集まる人気の地域もある。多くの商品の消費量は、その市場を構成する人口、年齢、教育レベル、民族および人種的、宗教的特徴に密接に関係していることから、人口の移出入に関する情報はきわめて重要である。二つの例を見てみたい。

レストラン経営者は、顧客の料理に対する好みの移り変わりに目を配らなければならない。一九七〇年代、若者たちは赤身の肉を好んだ。一九八〇年代になると、彼らはチキンや魚料理に関心を向けるようになった。さらに一九九〇年代初頭には、低カロリー・低コレステロールのメニューとベジタリアンのための料理に注目が集まった。

一九九〇年代の半ばまで、ジェネレーションX世代の若者は、ナチョ（チーズとチリソースや揚げた豆などをのせて焼いた薄切りのトルティーヤ）やフライド・オニオンリングのような指でつまめる食べ物を好み、（一九四六年から六四年の間に生まれた）ベビーブーマーたちほど健康食には興味を示さなかった。

超優良企業のマクドナルドでさえ、それまでのようにハンバーガーを売っていればよいというわけにはいかない。彼らは店のメニューにチキンの料理を加え、ピザやサラダ・バーを試してみた。

企業は、米国国民のなかに見られる、民族的な人種構成の変化を見逃してはならない。（ヒスパニック系でない）白人は、米国国内では二〇五〇年までに少数派となる。一方、アフリカ系米国人の人口は、一九九二年の三二〇〇万人から、二〇五〇年には二倍近い六二〇〇万人に達すると予測されている。また同時期に、ヒスパニック系住民は二四〇〇万人から八八〇〇万人へと約三・五倍に増加し、アジア系住民は一三〇〇万人から四一〇〇万人へと約三倍になると見込まれている。

多くの企業が、これらの変化を有利に展開しようとしている。オハイオ州コロンバスに本拠地を置く銀行のバンク・ワンは、成長著しいラテンアメリカ系市場への参入を狙って、ヒスパニック系のマーケティング担当副社長を任命した。最近バンク・ワンは、殺されたラテンアメリカ系人気歌手のセレナをキャラクターに用いた小切手を製作した。

ニュージャージー州にある食品会社のゴヤ社は、ラテンアメリカ系住民にターゲットを絞ったビジネスを展開しており、七〇〇種類を超える本格的なメキシコ料理と前菜を、スペイン系のパパママ・ストア（零細小売商）に卸している。

エイボンは、世界最大の直販専門会社であるが、アフリカ系米国人への販売を狙って、同じアフリカ系米国人の営業部員を何千人も雇用している。そのため、『ブラック・エンタープライズ』誌において、エイボンは「黒人が働きやすい職場、ベスト二五社」に選ばれた。

以上のことから、米国にとどまらず、各国のそれぞれの人口特性について調べることの重要性がわかるだろう。市場がグローバル化するにしたがって、企業は、人口が多く、政情が安定し、購買力のある国を魅力に感じるだろう。人口統計は、そうした国々を評価する際の、最初の取っかかりになる。

## 経済動向

市場を構成しているのは人口だけではない。国民もまた、購買力をもち、消費する存在である。しかも購買力は、消費者においても、顧客企業においても、常に同じではない。

消費者に関して言えば、企業は消費者をその所得水準で上流、中流、低所得者のグループに分ける。なかには、コカ・コーラやハーシーのように、三つのグループすべてを対象にする企業もある。なぜなら、彼らが市場に供給する製品は安価で、多くの人々に対し訴求力をもっているからだ。

しかしながら、ほとんどの消費財メーカーは、特定の顧客グループを対象にするか、対象グループごとにそのアプローチを変えている。フェラーリのクルマは「スーパー・リッチ」のためのものだし、現代自動車のクルマは低所得者が対象である。GMは、消費者の個々の「財布の中身、目的、個性」に合わせ、それぞれのニーズに応える多数の車種を用意している。

ある国において、中流階級が拡大している時、メーカー各社は中流階級の消費者に合わせたものづくりを行う。近年の米国内での所得分布を眺めれば、富裕層と貧困層に二極化してきていることがわかる。その結果、メーカーも小売業者も「ティファニー戦略」、もしくは「ウォルマート戦略」に焦点を合わせるか、場合によってはその両方の戦略を用いるようになった。所得階層が二極化するにつれ、企業は中流階級にねらいを定めるのは得策ではないと判断しつつある。

企業は景気動向の検討を絶えず行い、経済予測にも注意を払っている。景気がよくないと報道されれば、消費者も企業も支出を減らす。そして消費の買い控え意識により、景気の状態はさらに悪化する。反対に、消費者と企業が楽観的であれば、彼らは気前よく支出を行い、いっそうの景気上昇をつくり出す。

企業は、雇用水準、金利、消費者の債務水準、在庫水準、工業生産、および住宅着工件数などの特定の景気指標を定期的にモニターし、次年度の事業計画を現在の経済見通しをもとに作成する。

**ライフスタイル**

同じ所得階層でも、まったく異なったライフスタイルを求める人たちがいる。ある富豪は、フェラーリやロレックス、ヴァレンチノのスーツ、それに頻繁な観光旅行で象徴されるジェット族のライフスタイルを守っているかもしれないが、同じように富があっても、忙しく働き、貯蓄に熱心で、支出に慎重な保守的ライフスタイルの人もいるかもしれないのだ。

ライフスタイルは、人々の活動、関心および意見によって示される。いくつかのライフスタイルには、ヒッピーやヤッピー、伝統主義者など、名前が付与されている。ライフスタイルの正式な分類は、地理人口統計分析によってもたらされた。

クラリタス社が開発したプリズム（Potential Rating Index by Zip Markets）は、郵便番号で分割した各地域の潜在的購買力を示す指標である。それは、米国内の五〇万以上の住宅区域を、プリズム・クラスターと呼ばれる六二個の異なったライフスタイルのグループに分類している(1)。

クラスターは、三九の因子をグループ化した主要な五つのカテゴリーを考慮して決定されている。それらは、①教育水準と経済的な豊かさ、②家族のライフサイクル、③生活の都市化の度合い、④人種と民族性、および⑤移動性の五つである。

それぞれのクラスターは、Blue Blood Estates（名門の出）、Winner's Circle（勝利者の集まり）、Hometown Retired（悠々自適の引退者）、Shotguns and Pickups（上昇志向者）、Back Country Folks（Uターン族）など、観察に基づいた説明的な名前がつけられている。次に述べるのは、三つのプリズム・クラスターである。

**アメリカン・ドリーム**……このセグメントは、大都市に現れた高級志向の少数民族の集まりである。彼らは輸入車、雑誌の『エル』、シリアルのミューズリックス、週末のテニス、およびデザイナー・ブランドのジーンズを好む傾向がある。彼らの世帯所得の中央値は四万六〇〇〇ドルである。

**田園生活を好む産業労働者**……このクラスターには、中心街のオフィスや工場に勤める若い家族が含まれる。彼らのライフスタイルは、トラック、雑誌の『トゥルー・ストーリー』、シェイクン・ベイク（即席のケーキの素）、熱帯魚によって代表される。彼らの世帯所得の中央値は二万二九〇〇ドルである。

**カシミヤとカントリークラブ**……これらの年輩のベビーブーマーたちは、郊外で豊かな生活を送っている。彼らが購入するのはメルセデス・ベンツ、『ゴルフ・ダイジェスト』誌、塩の代替製品、ヨーロッパ旅行、そして最新型のテレビである。彼らの世帯所得の中央値は六万八六〇〇ドルである。

マーケターは、自分たちにとっての最良の見込み顧客がどのクラスター（どの地域あるいはどの郵便番号区域）に住んでいるかを知るために、プリズムを用いる。自分たちにとっての最良の市場機会は、どの地域から得られるのか。どのようなメディア戦略と訴求表現が、そうした見込み顧客に最も合致するのか。

シュピーゲルなどのダイレクト・マーケティング会社は、カタログの郵送先を決めるのに地理的なクラスター情報を使用する。ヘレン・カーチス社はスワーブ・シャンプーの販売先として、プリズムを利用して働く若い女性が多く住む地域を選んでいる。彼女たちほど、スワーブが高価でなく、それでいて髪を「素晴らしく輝かせる」という広告メッセージに反応してくれる層はいないからだ。大手書店チェーンのバーンズ&ノーブルは、本を頻繁に購入する知的で経済力のある人々が多く住む地域に出店している。

マーケターはライフスタイルの変化を見つけようとする。市場調査会社のヤンケロヴィッチは、健康や運動、食習慣、好み、宗教とのかかわり合いなど、人々の態度と行動に関する調査を定期的に実施している。たとえば、人々はまだ赤みの肉を好む傾向があるという報告によって、メリットを受ける企業もあれば、そうでない企業もある。

今日の有力な未来予測機関として、かつて『ポップコーン・レポート』を発行し、現在はその継続誌である『クリッキング』を出しているフェイス・ポップコーン社がある。[2] 図表5―3は、ポップコーンが発表したライフスタイルに関する一〇のトレンドである。

## 技術

製品の衰退までいかなくとも、すべての企業は技術上の混乱に直面する。そろばんは加算器に変

6．**99の命**：99の命とは、絶望的な状態にいる人々のことを指す。彼らは、多くの役割や責任を巧みに処理しなければならない——たとえば、スーパーマザーはフルタイムで働いて、家庭や子どもの面倒を見なければならず、買い物などもしなければならない。人々は時間がないと感じ、ファックスや自動車電話を使ったり、ファーストフードのレストランで食事をしたりして、時間を節約しようとする。こうしたニーズに対し、マーケターはクラスター・マーケティング事業を創造することによって取り組むことができる。——たとえばそれは、コインランドリーや日焼けサロン、エアロバイク、コピー機、ファックス機が使え、6000タイトルのビデオを借りることができる「ビデオ・タウン・ローンドレット」のような、多くのサービスがひとつにまとまった店を作ることである。

7．**S.O.S.(Save Our Society)**：S.O.S.は、重大な意味をもつ3つの「E」に沿って世の中をもっと社会的に責任のあるものにしようとする人々の衝動的な感情であり、その数は増えている。3つのEは、環境（Environment）、教育（Education）、倫理（Ethics）である。こうした個人は、会社や市民の社会的責任をさらに促進する団体に参加している。ボディ・ショップやベン＆ジェリー、リーバイ・ストラウスをはじめとする社会的な関心の強い企業の方針に倣って、マーケターは自らの会社を促して、一層社会的に責任のあるマーケティングを実践しようとしている。

8．**小さな楽しみ**：ストレスをかかえた消費者は、それを感情的に処理する必要もある。彼らはBMWの車を買う余裕はないかもしれないが、BMWの自転車なら買えるかもしれない。平日は健康的な食生活をするかもしれないが、週末には最高級アイスクリームのハーゲンダッツを一箱平らげるかもしれない。彼らは2週間のヨーロッパ休暇は取らないが、そのかわりにカリブで3日間のミニ・クルーズを楽しむかもしれない。マーケターたちは、多くの消費者たちが感じている喪失感や、感情的な高揚のために小さな楽しみを消費者たちに提供する機会に気づくべきである。

9．**いつまでも生き生きと生きること**：いつまでも生き生きと生きることは、長生きし、よりよい人生を生きようとする人々の本能的欲求である。彼らは、今では自分のライフスタイルによって死ぬ可能性があることを知っている——よくない食物を食べ、煙草を吸い、悪い空気を吸い、強い薬を服用している。人々は自らの健康に責任を持ち、よりよい食物を選び、定期的に運動をし、もっとリラックスする用意がある。マーケターは、より健康によい製品やサービスを消費者のために開発することによって、こうしたニーズを満たすことができる。

10．**自警団員消費者**：自警団員消費者は、見かけ倒しの製品や不適当なサービスにもはや耐えられない人たちである。彼らは、企業にもっと人間的になってほしいと思っている。自動車会社に「欠陥車」を引き取ってもらい、お金をすべて返金してもらいたいと思っている。彼らは『ナショナル・ボイコット・ニュース』や、『コンシューマー・レポート』を購読し、MADD（酒酔い運転に反対する母親の会）に参加し、良い企業と悪い企業のリストを求めている。マーケターは、企業が提供する商品やサービスの高い基準を達成することによって、企業の良心とならなければならない。

**図表5-3　フェイス・ポップコーンによる10のライフスタイル傾向**

1．**キャッシング・アウト**：キャッシング・アウトは、自分の人生をゆっくりではあるが、もっと価値のあるペースに変えようとする衝動的な感情である。そうした感情はキャリアのある人々によって明らかにされるものだが、そうした人々は突然、忙しい都会の仕事を捨てて、ヴァーモント州やモンタナ州にやってきて、小さな新聞社を経営したり、民宿を始めたり、バンドに参加したりする。彼らは会社でのストレスには価値がないと考えている。そこには、きれいな空気と安全な学校と腹蔵なく話ができる住民という、小さな町がもつ価値へのノスタルジックな回帰がある。

2．**コクーニング（繭化）**：コクーニングは、外部が困難で恐ろしくなったときに内部にとどまろうとする衝動的な感情である。人々はますます、自分の家を自らの巣に変えようとしている。彼らは「カウチ・ポテト」族になり、テレビに熱中し、映画を見て、カタログから商品を注文したり、家の模様替えをしたり、留守番電話を使って外部の世界を遮断したりする。武装したコクーン（繭）人間は、増大する犯罪などの社会問題に反応して、穴を掘り、陣地を作る。自己保存こそが、根本的なテーマである。その他に、さまようコクーンたちも見受けられる。彼らは自分の車のなかで食事をし、車のなかから電話をかける。社会化したコクーニングは、「サロン化」のため、ひんぱんにおしゃべりする小さな友達グループを形成する。

3．**低年齢化**：低年齢化は、自分の年齢よりも若く行動したり、感じたりする傾向を指す。今日そうしたセクシーな人たちには、シェール（45歳以上）、ポール・ニューマン（65歳以上）、エリザベス・テイラー（60歳以上）がいる。年配者たちは、若く見える服や、ヘアカラーや、整形手術にお金をかける。彼らの行為は陽気で、同年代の人たちとは違う行動をしようとする。彼らは、大人向けの玩具を買ったり、大人向けのキャンプに参加したり、冒険に富んだ休暇プログラムに申し込んだりする。

4．**エゴノミクス**：エゴノミクスとは、個性をのばし、ほかのひととは違ってみられたい、扱われたいという人々の欲望を指す。それは自己中心癖ではなく、単に自分の所有物や経験を通して、自分の個性をはっきりさせたいという望みである。人々は、狭量なテーマを扱った雑誌をますます購読するようになっている。また、偏狭な使命感をもって小さなグループに参加するようになっている。さらに、特注した服やクルマや化粧品を購入するようになっている。エゴノミクスはマーケターに、特注の商品やサービス、経験を提供することで成功の機会を与えている。

5．**空想冒険**：空想冒険は、日常の決まりきった仕事を相殺するために感情的に逃げ出そうとする人々の増大するニーズを満たす。人々はこうしたニーズを、休暇をとったり、異国情緒豊かな食物を食べたり、ディズニーランドなどのファンタジーあふれる遊園地へ行ったり、自宅をサンタフェ風に模様替えしたりして表現する。マーケターにとって冒険への欲望とは、新しい幻想的な製品やサービスを生み出したり、現在の製品やサービスに幻想的な感触を加える機会である。

出典：この要約はフェイス・ポップコーン著『ポップコーン・リポート』からの引用である。

わり、さらに手動の計算機になり、コンピュータになった。七八回転のレコードは三三回転のレコードになり、さらに音楽テープやCDに変わった。切開手術が行われていたヘルニアの治療は、腹腔鏡検査法による手術に変わった。

こうした変化によって、現在の技術水準の構築に多額の投資を行っている既存の市場リーダー企業は、深刻な影響を受けている。既存の技術は、イノベーションこそが市場を獲得する足がかりだと考える新規の企業によって、常に挑戦にさらされている。原則として、市場リーダーもイノベーションを起こさなければならないし、場合によっては、「自己カニバリゼーション（共食い）」すら実施しなければならない。

競争相手をうち負かす最初のステップは、まず自らを攻撃することである。おそらく自己カニバリゼーションの最も優れた実践者は、ソニーやカシオ、それにキヤノンといった日本の企業である。たとえばカシオは、小さな計算機を搭載したデジタル腕時計を市場に導入した。次に、五〇人分の電話番号記録機能を備えた新型を登場させ、続いて一〇〇人分の電話番号を記録できる新型を発売した。さらに、その後のモデルには世界時計が組み込まれた。競合企業にすれば、カシオの急速な自己カニバリゼーションのペースに追いつくことは容易ではなかった。

ソニーは自由奔放に自己カニバリゼーションを実践している。ソニーの元会長である盛田昭夫は、ウォークマンなどの新製品を立ち上げた後に、ときどき三つのチームを編成することがあった。最初のチームの使命は、ウォークマンの次のモデルを開発するために短期的な改良を行うことだった。二番目のチームには中期的視点からの改良が目的として与えられ、三番目のチームにはウォークマンを時代遅れの製品にするような開発が期待されていた。

企業は、考え得る技術的発展の道筋をすべて想定しておく必要がある。いくつもの代替案が存在する時、企業はどの技術が成功につながるか賭けに出なければならない。こうした場合、市場調査はほとんど役に立たない。

このことは、イノベーションを行おうと行うまいと、どちらにしても企業がリスクを負うことを意味する。製品の先駆性というものは、絶え間なくイノベーションする方法を身につけ成功してきた二、三の企業にのみ実現可能である。たとえば、3Mやメルク、ソニー、ジレットはそのよい例である。これらの企業はプロセス・イノベーションをしっかり組織化しており、それによって、潜在的敗者を最小限に抑えるとともに、潜在的勝者を支持する仕組みができている。

先進的な企業にすばやく追いつくことで成長している企業もある。彼らは競合がうみ出す新しい製品やサービスをモニターし、模倣することでリスクと費用をはるかに軽減している。それらの企業にとっての主要課題は、常に二番手に甘んじており、決してシェア・リーダーにはなれないことだ。市場のリーダーシップを握るのは、たいてい市場を創造したパイオニア企業である。

ただし例外がないわけではない。スティーヴン・シュナールズは、製品を模倣した企業が先駆者を凌駕したケースがあるかどうか、二八の業種にわたって調査を行った[3]。その結果、すばやく追いつけば勝つ可能性はあるが、そうでなければまず無理だろうということがわかった。

## 政治または規制

企業はまた、政治、法律、および規制の制定の動きを注視する必要がある。というのも、それらがビジネスを推進することもあれば、抑制することもあるからだ。

新規の規制の法制化を強力に推し進める上院議員の存在や、前任者より規則の施行に熱心な食品医薬品局（ＦＤＡ）の新長官の就任は、製薬会社に大きな影響を及ぼすことがある。政治の領域での展開が、企業の未来を一夜にして変貌させることがある。したがって、ほとんどの企業は、政治や法律、規則にまつわる動きを注視している。

多くの企業は、政治のプロセスに影響を与えようとしている。政党や立法者に寄付をしたり、ロビイストを雇ったりしている。また、自らのポジションを向上させるために広告を打ったり、特集記事を提供したりしている。

## ビジネス環境

企業は、市場で相互に影響を与え合う主要な関係者についての情報を、継続して収集しなければならない。主要な関係者は、Ｃを頭文字とする三者である。すなわち、消費者（Consumer）、協力企業（Collaborator）、および競合企業（Competitor）である。

### 消費者

消費者とは、製品を自分で使用したり、他の製品に組み込むために購入する個人あるいは組織である。転売の目的で製品を入手するものは、消費者とは呼ばない。

マーケティング戦略の存在理由は、当然のことながら、消費者の役に立ち、彼らに満足を与えることである。それを巧みに行うには、ターゲットとする消費者について多くの情報を得ていなければばならない。そのためのおもな質問は、頭文字がOで始まる以下の七つの枠組みにまとめられる。

消費者は誰か？　　所有者（Occupants）
彼らは何を必要とし、何を欲しているか？　　対象物（Objects）
それによって何を満足させようとするのか？　　目的（Objectives）
購入決定に参加しているのは誰か？　　組織（Organizations）
消費者はどのようにして購入を決定するか？　　業務活動（Operations）
消費者はいつ購入する準備ができているように見えるか？　　時（Occasions）
消費者はどこで購入したいか？　　販売店（Outlets）

これらの質問に対する明確な回答を得るために、企業はマーケティング・リサーチャーや営業マンに頼っている。彼らの答えから、消費者行動を説明する主要な要素をベースにしたモデルが構築される。このモデルは市場戦略策定のたたき台として用いられる。もちろん、消費者は時間とともに変化するので、企業は定期的にモデルを更新しなければならない。

## 協力企業

協力企業とは、企業の業務活動や、消費者を対象とする企業目標の達成を支援するすべての関係者を指す。それらには、中間業者、納入業者、マーケティング会社、および物流管理会社がある。

## 中間業者

中間業者とは、生産者と消費者の取引の間に存在する個人もしくは組織であり、具体的にはディストリビューター、ディーラー、代理人、および仲介人などを指す。ディストリビューターとディーラーは商品を買い取り、転売する。彼らは再販売業者とも呼ばれる。ディストリビューター（多くの業種で、卸売業者と呼ばれる）は、大量に商品を仕入れ、ディーラー（小売業者と呼ばれる）に転売する。対照的に、代理人と仲介人は商品の所有権をもたず、顧客を見つけることでコミッションを得る。

生産者は、消費者に直接販売することも、中間業者を通じて売ることもできる。生産者は、後者の場合の方がより効率的にターゲットとする消費者に到達できる場合、中間業者を利用する。ただし、中間業者を廃したからといって、流通の業務を省略できるわけではない。生産者は、中間業者が自分たちより効率的な流通業務を行えるかどうかを見極める必要がある。ときおり、中間業者が相対的な効率性を失い、そのため生産者が直接消費者に働きかけることがある。今日、われわれは銀行業と保険サービスの分野で、直接販売がかなり増加しているのを目の当たりにしている。

中間業者を使うかどうかを決めるにあたっては、生産者は彼らを自社の消費者とパートナーの両面から検討しなければならない。生産者は中間業者のニーズ、目的、業務活動を理解したうえで、彼らにやる気を起こさせ、ロイヤルティがもてるような取引条件とリセール・サポートを施さなければならない。中間業者は、そのビジネスが他と比べて多くの利益を享受でき、生産者と良好な関係を築くことができる限り、その生産者の製品を積極的に販売しようとするだろう。

中間業者との関係をさらに深めるべきだと考える生産者もいる。彼らは中間業者を製品の改良や流通効率化を図るためのパートナーとして扱うことを主張している。ミリケン・アンド・カンパニーは、彼らの再販売業者を「利益を生むパートナー」と呼び、彼らを支援するために、数々の販売ツールを供給し続けている。

**納入業者**

マーケターは、ともすれば、ビジネスの供給面ではなく、需要面に注意を向けがちである。しかし、供給面で期待を裏切られることはしばしばある。できの悪いクルマを、どうやって販売できるというのか。納品まで六カ月かかる事務用什器を、どうやって顧客に納得して買ってもらえるだろうか。

納入業者の水準とその協力姿勢は、企業の成功に大きな影響力をもっている。納入業者が粗悪品を送ったり、納品に時間がかかったり、担当者がなかなかつかまらなかったり、あるいは組合がよくストライキを打ったりする場合、そのような業者との付き合いは企業の命取りになる。

しかし多くの業者は、そのような業者である。というのは、発注企業が取引をするのは、最低入札価格の企業であることに加え、長期的な協力関係を構築しようという意欲を欠いているからである。そのような生産者は、「安物買いの銭失い」になる。「安い」供給者は、しばしば最も高くつくからだ。

良質な納入業者の数は限られている。そうした企業は、たいていはすでに競合企業と取引関係にあったり、新規顧客の注文をこなせるほど規模が大きくなかったりする。リバース・マーケティングという用語があるが、これはあまり乗り気でない納入業者を説得して、自社の供給元にする試みを意味する[4]。工事設備メーカーのなかには、スウェーデンの水力ポンプ・メーカーを探し出し、非常な好条件を提示して、自社の納入業者として取り込もうとする企業がある。

多くの企業は、少数の良質な納入業者とだけ付き合っていこうとしている。フォードやモトローラ、アライド・シグナルなどの企業はどこも、納入業者の数を二〇％から八〇％削減した。これらの企業は、選別した納入業者からより大量の部品の提供を期待している。品質および生産性の改善を継続して行うことを納入業者に求める一方で、毎年決まった率の供給価格の引き下げも要求している。

企業は製品開発をする際、納入業者と密着して作業に取り組んでいる。クライスラー社は、まさにそうした企業の代表である。クライスラーは、その納入業者たちと親密なパートナーシップを築き、生産や物流面での改善に協力して取り組んでいる[5]。

ワールプール社の事例は、納入業者との非常に進んだ付き合い方を示している。ワールプールの技術者とマーケターは、それに購買担当者は、新しい洗濯機を設計する前に、洗濯機に用いるスチール部品、モーター、およびその他部品の品質と予算水準を明記する。

購買担当者は、自社に提供される品質、技術、サービス、価格の観点から「最も優れた戦略的パートナー」になりうる納入業者を見つけだす。そこで選ばれた納入業者は、ワールプールと協力して、今後の製品のデザイン開発や効率向上の取り組みに参加する。そうすることによって、ターゲット顧客のニーズに競合よりも的確に応え、自社と納入業者を一つの「価値の供給システム」とみなすことができる。

企業は、納入業者の能力、業績および問題点について、常に最新の情報をつかんでおかなければならない。それについては、業者が供給する部品の品質や、納入上起こりうる問題について早めに警告を出すことによって、マーケティング上の障害に陥るのを避けることができる。

**マーケティング関連会社**

企業はその目標達成のために、広告代理店やSP（セールス・プロモーション）会社、DM（ダイレクト・メール）専門会社、PR会社などを用いる。これらの会社はレベルが実にさまざまであるため、選ぶ相手次第で、苦労することもあれば、成功することもある。そこで、マーケティング関連会社を使用する企業は、それらを評価するためのシステムを作成し、提供されるサービス内容が期待のレベルに達しているかどうかを定期的に確認する必要がある。

**物流管理会社**

企業は、原料の供給や完成品の配送を効率的に実施するために、運輸会社、倉庫会社、荷物の発送会社などの物流管理会社に依存している。物流管理にかかる費用は、多くの企業で総費用の一〇%から一五%に達している。企業は、物流管理の手法を改善したり、納入業者のサービスを向上させることで、相当な費用を削減することができる。

## 競合企業

企業は競争相手に関する正確な情報を必要としている。企業の最も直接的な競合相手は、同じターゲット市場をねらい、同じマーケティング・ミックスを展開している企業である。両社が同じ事業に入札し、競合相手の提案の方が圧倒的に多くのビジネスを得たならば、その相手が最も手強い競争相手である。しかし、競争相手が共同入札の多くで敗退すれば、追随的な競合企業にすぎなくなる。どの企業も、入札で圧倒的な強さを誇る企業に対して警戒しなければならない。

企業はまた、現在は直接的な脅威ではないが、将来的に恐ろしい存在となりうる危険性のある競合企業に注意を払っておく必要がある。企業は、既存の競争相手にも増して、新しい技術をもって市場に登場する新規の競合に打ち負かされる恐れが十分にあるからだ。

U・S・スチールなどの大手製鉄所は、ベツレヘムなど他の大手企業に注意するだけでなく、ナコールのような小製鉄所やレイノルズのようなアルミニウム・メーカー、さらにはGEなどの工業樹脂メーカーとの競争の可能性を無視してはならない。これらの素材は、すでにいくつかの分野で鉄に取って代わりつつある。企業が最も注意しなければならない脅威は、現在の競合ではなく、今後現れてくる可能性のある新規参入者だと指摘する人も多い。

そうした競争相手について、企業は何を知っておく必要があるだろうか。答えは、競合各社の目的、戦略、強み、弱み、およびその対応パターンである。図表5―4に、企業が競合について知らなければならないポイントをまとめた。

図表5―4の各質問にある競合企業情報は、いかにして収集することができるか。それには次のようないくつかの方法が考えられる。

❶競合企業についての記事が載っている新聞雑誌など印刷メディアからの情報収集。競合の広告、パッケージ、経営者の発言も有益である。そうした作業は通常、専門の切り抜きサービス業者を

**図表5-4　競合に関する質問**

目的

- 競合企業が基本的に達成しようしているのは現行の利益率か？　市場シェアか？　それとも技術面でのリーダーシップか？
- 競合企業の関心は、攻撃的な拡大か？　それとも共存か？

戦略

- 競合企業はどうやって勝利しようとしているか。低価格か？　よりよいサービスか？　それとも低コストか？
- 競合企業の活動は、本質的に短期的なものか？　それとも長期的なものか？

強みと弱み

- 自社と比較して、競合企業がもっている並はずれた強みは何か？
- 自社がそこを突くことができる、競合企業の重大な弱点はどこか？

反応パターン

- われわれが価格を上げた場合、また下げた場合、競合企業はどのように反応するか？
- われわれがプロモーション費用を格段に増やした場合、また営業マンを増員した場合、どのように対応してくるか？

用いて行われている。

❷競合企業のインターネットのウェブページからの情報収集。そこには競合の詳細な製品情報や価格情報、新製品情報、企業方針や経営理念、業務拡大に伴う求人情報、会社の組織図、所在地、各地方への営業展開、流通、サービスセンターなどの情報が記載されている。

❸競合企業に以前勤めていた社員からの情報。彼らを通じて、その競合企業の考え方、将来のビジネス展開の可能性、対応の仕方を知ることができる。

❹競合企業についての印象や経験を、自社の営業マンや流通業者から聞き取り調査する。

❺顧客や小売店、納入業者、コンサルタントから継続的に話を聞くことで、競合企業の実績をベンチマーキングする。競合企業の一般顧客を装い、その製品やサービス内容を知ることもある。また、競合製品を購入して、リ

バース・エンジニアリングにかけることも考えられる。

主たる問題は、競合に関する情報が、社内のあちこちに散らばっていることである。そのため、企業によっては競合情報を統合する部署を設け、今後の企業間競争に必要な競合情報をまとめ、社内に助言を与えているところもある。また、社内の人材のなかから競合企業に精通した専門家を指名し、社内アドバイザーとしている企業もある。

## 企業環境

企業組織のなかには、注文、販売、価格、コスト、在庫水準、売掛金、買掛金、およびその他のデータを含む豊富な内部記録が存在している。マネジャーたちはこうした情報を用いて、売上げ予測、予算の設定、損益計算書や貸借対照表、キャッシュフロー計算書などを作成する。

なかでも重要なのは、顧客データベースに含まれている情報である。そこには各顧客との取引履歴や顧客の特性、およびこちらの働きかけに対する反応についての詳細な情報が収められている。しかし多くの場合、顧客別情報は、営業マンの頭のなかか、もしくは彼らのノートパソコンにしまい込まれている。したがって、その営業マンが転職したり退職したならば、そうした情報は消えてしまう可能性がある。それを防ぐ手だてとして、多くの企業は、先進的なセールス・オートメーション・システムを導入し、各営業マンのコンピュータのデータが毎日会社のサーバーにダウンロードされるようにしている。

企業が構築した製品データベースからは、各営業マンが自社製品の特性やベネフィット、相手を説得するためのやりとりに関するデータをダウンロードすることができる。

高度な情報システムがあれば、営業マンはノートパソコンのディスプレイを使って自社製品をデモンストレーションしてみせたり、顧客の要望に応じて製品の仕様変更を提示することさえ可能である。彼らは商談の現場で価格を顧客に提示し、相手に購入の意思があれば、必要な売買契約書をプリントアウトすることができる。(6)

## 情報収集の方法

企業が必要としている情報の種類がわかったならば、次の問題はその情報をどうやって効率的に集めるかである。情報には費用と価値の両面がある。情報の収集に膨大な費用を費やしてしまった企業からは、次のようなコメントさえ聞かれる。「われわれは情報の海で溺れながら、知識に飢えている」

データ、情報、知識と知恵の間には、大きな相違がある。データは、情報として処理され、知識に変換され、さらに市場に関する知恵に昇華されない限り、大半は無駄に終わる。マーケティング・リサーチャーは、それぞれ費用と価値の面で異なる三つの情報収集アプローチを区別している。費用の小さい順に観察法、二次データ、一次データがある。

## 観察法

企業のマネジャーは、観察によって多くのことを学ぶことができる。「客の言うことではなく、その足下を見よ」という日本の金言がある。

一九七〇年代に、トヨタのマーケティング・リサーチャーたちは、大型駐車場をもつスーパーマーケットで、買い物客たちがどうやってクルマのトランクへ食料品を積み込むかを観察した。この観察がもとになって、トヨタはトランクの収納スペースを拡大して、荷物をより簡単に積み下ろしできるようにデザインを改善した。また、ある日本の大手製薬会社のCEOが、医師や看護婦が患者をどのように治療しているかを観察するために、実際に患者として病院に入院した事例もある。

ソフトウェア会社は、自社の先進的ユーザーたちがどのようにソフトウェアを使用し、変更を加えるかを観察することで、多くの知見を得ることができる。そうした情報は、次の新製品導入に際して、いかにソフトウェアを改善すればいいかその手がかりを提供してくれる(7)。

企業で働くものは、競合企業の店をたずね、顧客の購買行動を観察したり、顧客と普段着の会話を交わすことによって、きわめて多くの知見を得ることができる。観察という行為は、常に系統だった証拠を提供してくれるわけではないが、多くの示唆を与えてくれ、予備調査として有効な手段となることは間違いない。

## 二次データ

二次データとは、別の目的で集められている既存のデータである。通常、マーケティング・リサーチャーたちは、費用のかかる一次データの収集を行わずとも、問題の一部もしくはその全体を解決できるかどうかを見極めるため、最初に二次データの探索から調査をスタートさせる。

二次データは、無数の政府刊行物、百科事典、および定期刊行物から得ることができるし、またA・C・ニールセン、インフォメーション・リソース、シモンズ、ダン&ブラッドストリートなどの調査会社からデータを購入することもできる。

## 一次データ

必要なデータがなかったり、あっても古くて使用できなかったり、データが不正確、不完全、さらに信頼性に劣るような場合には、マーケティング・リサーチャーは、費用はかかっても一次データを集めなければならない。その方法としては、個別インタビュー、フォーカス・グループ・インタビュー、郵便または電話による調査法、もしくは実験法といったリサーチ手法がある。

### 個別インタビュー

企業が個人を対象として詳細なインタビューを行わねばならない状況は珍しくない。マーケティング・リサーチャーはしばしばこの手法で、プロジェクト案件や課題に関する情報の収集を行う。

インタビューは通常、自由回答方式のものといくつかの項目から選択する方式のものがある。個別インタビューは高額な費用がかかる。というのは、個々のインタビューを準備し実行しなければならないからであり、さらには医師や弁護士、コンサルタントといった専門職へのインタビューには、それなりの謝礼をしなければならないからだ。

## フォーカス・グループ・インタビュー

フォーカス・グループでは、六から一〇人が集められ、手慣れた進行役のもと、製品もしくはサービス、対象企業、またはそれ以外のマーケティング関連テーマについて、数時間にわたって議論が行われる。参加者には、たいていいくらかの謝礼が支払われる。

進行役は、客観的な判断ができると同時に、問題の所在を明確に把握し、さらにグループ・ダイナミクスに精通していることが必要である。進行役は、自由で気ままな議論が展開されるように心がけ、グループ・ダイナミクスによって深層心理を引き出そうと試みる。同時に、進行役は議論がうまく進むように調整する。

グループの議論はノートやカセットテープ、ビデオテープに記録され、マネジャーが消費者の考えや態度、行動を分析するのに用いられる。

私はかつて、中所得者のグループを対象にし行ったインタビューを観察したことがある。彼らは、数分前に試乗した新型の小型車を購入するかどうかについて議論していた。そのなかに次のような意見があった。「車内が狭いので、事故の時、安全性が心配」「値段が高すぎる」「近所への買い物用にならいいかも」。また、女性の方が好意的な反応だった。これらの意見は、クルマのデザインに関して大いなる問題提起を引き出した。

フォーカス・グループ・インタビューは、新しいアイデアを探索し、消費者の意見や気持ちを知るうえで素晴らしい方法である。しかしながら、調査の標本数は限られており、無作為に抽出されたものではないので、調査者はその結果から一般法則を求めようとしてはならない。

## 郵便調査法および電話調査法

予備調査には観察法やフォーカス・グループ・インタビューが向いているが、記述調査には標本調査が最適である。標本調査は、人々の知識、考え、好み、満足度を知り、それらのターゲット顧客におけるインパクトを測定するために行われる。調査が適切に行われ、有効回答率が高ければ、調査結果は、ある有意水準においてその母集団を代表していると判断することができる。

しかし残念ながら、それらの状態が標本抽出で満たされることはめったにない。考えられる統計上の偏りは、お粗末な質問票、未熟で不正直な調査員、そして正確に質問に答えなかったり、嘘の回答をする被験者が原因である。

調査が抱えている大きな問題としては、無作為に抽出した標本からの回答率がしだいに低下してきていることがあげられる。リサーチャーにとっては、郵送調査で三〇%の回答率があれば成功であり、また電話調査で六〇%の回答率があれば、調査のスポンサーは喜ぶに違いない。

今日では、多くの被験者が標本調査への協力をためらう。人々は以前にも増して忙しいし、調査活動が調査を装った販売行為ではないかと警戒する傾向にあるからである。いずれにしても、回答率が低く、かつ回答者が非回答者とかなり異なっている場合、調査結果はきわめて信頼性を欠いたものとならざるを得ない。

こうした事態を避けるために、企業側は、優れた標本調査技術を有する信頼性の高い市場調査会社を雇わなければならない。

| プロモーター（PROMOTER） |
| --- |
| 売上高の基準点（プロモーションを実施しなかった場合、売上げはいくらだったか）を定め、プロモーションによってどのくらい売上高が上がったかを測定することでプロモーションの評価を行う。(6) |
| アドキャド（ADCAD） |
| マーケティング目標や製品特徴、ターゲット市場、競合状況を前提として、好ましい広告のタイプ（ユーモア、スライス・オブ・ライフ等）を推奨する。(7) |
| カバーストーリー（COVERSTORY） |
| 業界各社の売上げデータ（シンジケーテッド・セールス・データ）を分析し、特筆すべき点についてメモを作成する。(8) |


出典：(1) John D. C. Little, "BRANDAID: A Marketing Mix Model, Part I: Structure; Part II: Implementation," *Operations Research*, 23 (1975): 628—73.

(2) Leonard M. Lodish, "CALLPLAN: An Interactive Salesman's Call Planning System," *Management Science*, December 1971, pp. 3—24.

(3) David B. Montgomery, Alvin J. Silk, and C. E. Zaragoza, "A Multiple-Product Sales Force Allocation Model," *Management Science*, December 1971, pp. 3—24.

(4) S.W. Hess and S.A. Samuels, "Experiences with a Sales Districting Model: Criteria and Implementation," *Management Science*, December 1971, pp. 41—54.

(5) John D. C. Little and Leonard M. Lodish, "A Media Planning Calculus," *Operations Research*, January—February 1969, pp.1—35.

(6) Magid M. Abraham and Leonard M. Lodish, "PROMOTER: An Automated Promotion Evaluation System," *Marketing Science*, Spring 1987, pp. 101—23.

(7) Raymond R. Burke, Arvind Rangaswamy, Jerry Wind, and Jehoshua Eliashberg, "A Knowledge-based System for Advertising Design," *Marketing Science*, 9, no. 3 (1990): 212—29.

(8) John D. C. Little, "Cover Story: An Expert System to Find the News in Scanner Data," Sloan School, MIT Working Paper, 1988.

**図表5-5　マーケティング意思決定モデルの例**

| ブランドエイド（BRANDAID） |
|---|
| 消費財のマーケティング・ミックスのために開発された柔軟なモデル。製造者、競合企業、消費者、それに一般的な環境を対象とする。広告、価格政策、競争政策に関するサブモデルも含んでいる。想像的な判断力、過去データの分析、時系列の情報収集、現場における経験、それに適応性のあるコントロールによって決定されている。(1) |
| **コールプラン（CALLPLAN）** |
| 営業マンがある期間内において、見込み客や既存顧客をどの程度の頻度で訪問したらよいかを知るためのモデル。販売にかかる時間だけでなく、移動時間も考慮している。ユナイテッド航空がテストしたところ、このモデルを用いたグループはそうでないグループに比べ、売上げが8パーセント向上した。(2) |
| **ディテイラー（DETAILER）** |
| 営業マンがどの顧客にアプローチし、どの製品を売り込むべきかを知るためのモデル。医者のところを訪ねる医薬情報担当者に向けて、彼らが一度の訪問で医者に紹介できる製品が多くても3つに限られることから開発された。2つの企業が採用したところ、大幅な利益の改善が見られた。(3) |
| **ジオライン（GEOLINE）** |
| 販売とサービスの受け持ちテリトリーを決定するためのモデルであり、つぎの3つの原則を満たすことができる。作業量と等しいテリトリーであること、隣接する区域から構成されているテリトリーであること、そのテリトリーがコンパクトであること。多くの成功例が報告されている。(4) |
| **メディアック（MEDIAC）** |
| 広告主の通年のメディア計画策定を支援するモデル。市場セグメント、潜在的市場性、限界収益逓減、忘却、出稿タイミング上の問題、競合のメディア・スケジュールなどを含む。(5) |

**実験調査法**

最も科学的に有効な調査は実験調査法である。これは、調査テーマに合致したグループをいくつか選択し、外的な変数を統制しながら、それらに異なった状況を与え、グループ間の反応の違いが統計的に有意かどうかをチェックするやり方である。

外部要因の排除あるいは統制を行えば、観察された調査結果は、与えた状況の違いに関係していると考えることができる。実験調査の目的は、観察された差異についての矛盾を取り除くことによって、因果関係を得ることである。

たとえば、デュポン社は売上高の一定比率を当てているペイントの広告費を変動させることによって、その効果がどう変わるかをテストしようとした。デュポン社が、通常、売上げの五％を広告費に計上していると仮定しよう。

代替案として、デュポン社はいくつかの比較可能な都市を選択し、ある地域では売上高の七・五％を、別の都市では五％、さらに他の都市では二・五％を広告費に費やす。この場合、七・五％を投入した都市では売上げが向上しなかったか、あるいは、二・五％しか使用しなかった都市で売上げが大きく減少した場合、売上高比五％の広告予算は妥当なレベルと判断することができよう。

## 情報システムの管理

信頼できるマーケティング情報の重要性を企業が理解しており、かつその情報が社内に散在している場合、そうした企業は、マーケティング情報センター（ＭＩＣ：Marketing Information Center）

を社内に設けるべきである。

その部署で働くスタッフとしては、情報の必要性を明確にすることができ、調査の準備を整え、情報の収集と分類に通じ、きちんと情報の質を評価し、必要な情報を適切な意思決定者に伝達することができる人物が望ましい(8)。

またそのスタッフは、マーケティング意思決定支援システムを管理しなければならない。マーケティング意思決定支援システムとは、ソフトウェアとハードウェアを用いてデータ、システム、ツールを統合した情報の集積であり、企業が関連情報を収集および解釈し、マーケティング活動のベースを作成するためのものである。

ＭＩＣのスタッフは、重回帰分析、判別分析、因子分析、クラスター分析、コンジョイント分析などの高度な統計モデルを用いて、データを分析することができる(9)。また、市場細分化や価格設定、広告予算策定、メディア分析、販売活動計画のための複雑な意思決定モデルを用いることもできる。今日、企業が使用しているモデルには、図表5―5であげたものがある。

## 検討課題

爆発的に増加するデータと高速コンピュータの急激な普及、さらに企業がマーケティングを再構築する緊急の必要性を考えるならば、われわれは、いわゆるマーケティング工学の急速な発展を期待することができる。

過去のマーケターたちは、主としてマーケティング・ツールが需要にどのように影響を与えるかという概念的なモデルを使っていたが、今日ではシステムによる効果をより正確に測定し、設計できるようになってきている。そのためのいくつかのツールと具体例は、リリアンとランガスワミーの最近の著作に詳しい[10]。

ＭＩＣに、作戦ルームを設けている企業もある。そこでは市場における日々の戦いをリアル・タイムでモニターし、その動きに応じて意思決定がなされている。とりわけ、グローバルな金融機関と航空会社は、即時の意思決定が求められる。作戦ルームの機能については、コンサルタントのブラッドリー・ゲイルによって、ある程度詳細な説明がなされている[11]。

世の中が「ネット中心の経済」に向かって急速に移行していることを考えれば、マーケティング情報の収集、分類、検索の未来は前途有望である。コンピュータとインターネットのおかげで、企業は情報を社内により速く流通させるためのイントラネットを構築することができる。同様に、企業と顧客、納入業者、流通業者をつないでデータやアイデアを交換するためのエクストラネットを構築することができる。

また、インターネットを用いることによって、ウェブ上に存在する無数の情報を見つけ、取り出すことができる。これらのすべてが、情報ベースのマーケティング戦略の新たな到来を約束している。

以下は、あなたの会社のマーケティング情報システムに関する質問である。

❶あなたの会社には、情報を収集し、体系化し、それを必要とするマネジャーたちに周知するためのＭＩＣがありますか？　最新かつ正確な情報の品質と有用性を改善するために何ができます

か？

❷あなたの会社は、人口統計、経済動向、ライフスタイル、技術動向、および政治や規制の動向について十分な予測をしていますか？　環境の変化によって生じる新たな機会をどこよりも速く認識していますか、それとも他社に追随していますか？

❸消費者や小売店、納入業者との間に発生する諸問題に対し、きちんと予防措置を講じていますか？　もしそうでないとしたら、問題の早期発見のために、どのような基準を用いることができますか？

❹現在と将来の競合企業に関するデータの収集と体系化を改善するためには、どうしたらよいですか？

❺マーケティング・リサーチャーは、役に立つ情報を流してくれていますか？　彼らは、十分な予算をもって仕事をしていますか？　あなたはどんな改善策を提案できますか？

❻あなたの会社は、高度な意思決定モデルを使用していますか？　そうでないとすれば、それはなぜですか？

# 第6章

# マーケティング・ミックスの策定

製品は、売れなければ製品ではない。売れない製品は、単なる時代遅れの遺物である。……セオドア・レヴィット

競争優位を獲得しているということは、ナイフ同士の戦いにおいて、銃を手にしているようなものだ。……作者不詳

もう何年も前のことになるが、ハーバード大学ビジネススクールのニール・ボーデン教授が、買い手に影響を及ぼす多くの企業活動を明らかにしたことがあった。(1)どんな企業も、長いリストを用意できるほど、そうした活動を数多く行っているはずだ。たとえば、製薬会社は医師に対して、訪問営業を行ったり、無料サンプルを渡したり、論文を発表したり、学会誌に広告を出したり、医学会議のスポンサーになったりして、医師が使う薬の処方に影響を与えることができる。

ボーデン教授によれば、これらすべての活動が「マーケティング・ミックス」を構成しており、それらは最大限に効果を発揮できるよう計画されなければならないという。つまり、企業はいくつもの異なるマーケティング・ミックスの費用対効果を測定し、利益が最大になるよう組み合わせな

ければならないのである。

マーケティング・ミックスは、さまざまなマーケティング活動によって構成されるが、学者たちは、それをより明確に区別できるように分類を試みてきた。一九六〇年代前半、ジェローム・マッカーシー教授は、製品（product）、価格（price）、流通チャネル（place）、およびプロモーション（promotion）の四つのPから成るマーケティング・ミックスを提案した。

それぞれのPは、複数の活動から構成されている（図表6—1参照）。しかし最近では、この分類について、より詳細な説明や変更が提唱されている。

われわれは本章において、まず4P理論の現状について見ていく。その後、個々のPについて詳しい検討を加えることにしよう。

## 今日における4P理論

4Pの枠組みは、マーケターが、製品とその特性を決定し、価格を設定し、販路を選び、プロモーションの方法を策定することを求める。しかし、4P理論では、いくつかの重要な活動が省略されたり、十分に強調されていないと批判する声もある。たとえば、次のような指摘がある。

❶サービスはどこにあるのか。単にPで始まらないというだけで省くのは妥当ではない。これに対しては、タクシー業や理髪業などのサービスも製品であるというのが答えである。それらはサービス製品と呼ばれる。たとえば、配達や取りつけ、トレーニングといった、製品に付帯するサ

**図表6-1　4Pの枠組み**

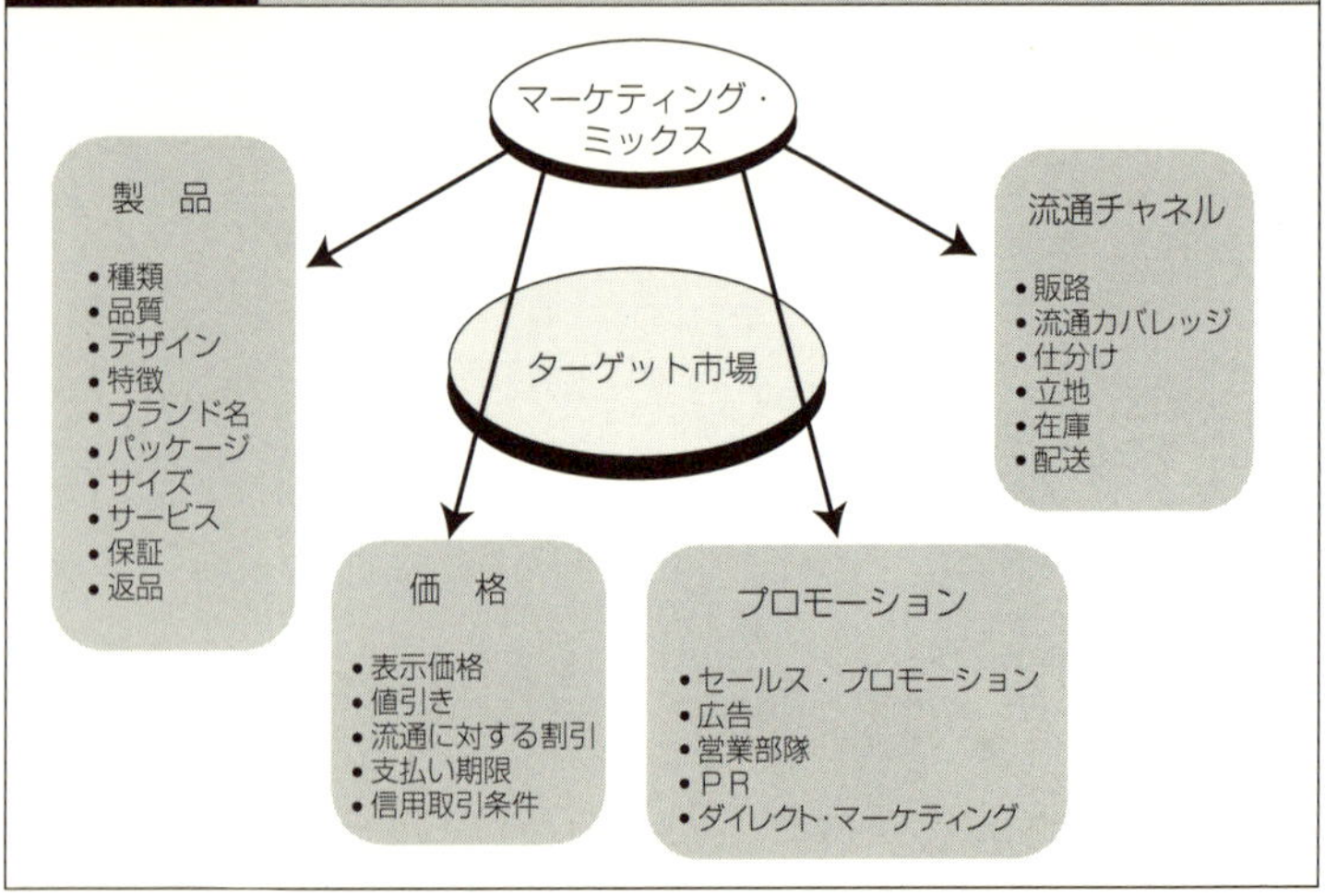


ービスも製品の一部である。そのため、「製品」よりも「オファー」という用語を好む研究者や実務家がいる。オファーという言葉は、より一般的な意味を伝えるだろう。

❷パッケージはどこにあるのか。消費財マーケティングにおいて、パッケージは競争上の大切な要素ではないのか。この問いに対して、マーケターたちは、パッケージは製品の一部であり、五番目のPとする必要はないという。

❸人的販売はどこにあるのか。生産財マーケティングにおいて、営業マンの果たす役割は重要ではないのか。この問いに対して、マーケターは、営業マンをプロモーションの一手段とみなしている。彼らの考えでは、プロモーション手段は多岐にわたり、それらはしばしば交換可能であるという。たとえば、ダイレクト・メールは「翼のついたセールスマン」と言い表すことができるだろう。

このように、4Pのマーケティング・ミックスからこぼされているように見える多くの活動は、4Pのいずれかに含まれると言われている（図表6—1参照）。しかしながら私は、特にグローバル・マーケティングにおいて重要になってきている二つのPを加えることを提唱したことがある[2]。それは次の二つである。

**●政治（Politics）**……政治上の活動は、売上げに大きな影響を及ぼすことがある。もしタバコ広告の禁止法案が通れば、タバコの売上げは打撃を受ける。もし法律によって、製鉄会社に公害防止設備の設置が義務づけられたならば、公害防止設備の販売は増加することだろう。それゆえ、マーケターたちはロビー活動や政治活動を行って、市場の需要に影響を及ぼそうとするかもしれない。

**●世論（Public opinion）**……一般の人々がある特定の製品やサービスに寄せる関心は、その時代の雰囲気や流れに左右される。米国の消費者は過去何度も、牛肉やミルクなどの消費に顔を背けてきた。しかし牛肉やミルクの販売業者も、ただ指をくわえているだけではない。資金を投じ、消費者にそうした製品の安全性を訴求するキャンペーンを展開した。

大切なことは、マーケティング戦略の策定にはどのような枠組みが有効かということであり、Pが四つか六つか一〇かなどという議論には意味がない。ちょうどエコノミストが、需要と供給という二つの主要概念を分析の骨組みとして用いるように、マーケターたちは四つのPを、マーケティング・プランの作成に必要な資料を収めるファイリング・キャビネットとみなしているのである。

さらに、次のような妥当性を備えた批判もある。それは、4Pの考え方は、買い手の視点ではなく、売り手の視点をもとにしているという指摘である。企業からのオファーを検討している買い手は、それを売り手の視点から眺めることはないかもしれない。四つのPはいずれも、買い手の側から見た四つのCとして表現した方がよいだろう[3]。

**4P**
製品（Product）
価格（Price）
流通チャネル（Place）
プロモーション（Promotion）

**4C**
顧客にとっての価値（Customer value）
顧客の負担（Cost to the Customer）
入手の容易性（Convenience）
コミュニケーション（Communication）

つまり、マーケターがマーケティング・ミックスを販売の観点から見ているのに対し、顧客は価値や問題解決の購入とみなしている。さらに顧客は、製品の価格以上に、その入手や使用、そして廃棄にいたるまでの総費用に関心をもっているのである。顧客は、製品にしてもサービスにしても、できる限り入手が容易であってほしいと思っている。結局、顧客はプロモーションなど求めていない。彼らが求めているのは、双方向のコミュニケーションなのである。

マーケターは、まず顧客視点の4Cを通してマーケティング・ミックスを考えるのがよい。次に、それをベースに4Pを構築するとうまくいくのではないだろうか。これらを理解したうえで、われわれはこれから、それぞれのPについて詳しく検討を加えていく。

## 製品

どんなビジネスでも、その基本は製品あるいはオファーにある。企業は、自社の製品あるいはオファーを他社のものと差別化し、より好ましいものにすることによって、目標とするターゲット顧客に好まれ、できればプレミアム価格で売れることを目指している。

しかし製品の差別化といっても、一定の限界がある。典型例として、基礎化学品、金属、果物、野菜、塩などのいわゆるコモディティ（一般的商品）をあげることができる。マーケティング能力の有無は、そうしたコモディティを対象とすることによって試される。そして、コモディティは差別化が不可能だと考えるのは、時として賢明ではない。コモディティは、まさに差別化されるのを待っている製品とも考えられるからだ。以下に、コモディティの差別化の成功例を見てみよう。

**●パーデュー・チキン**……フランク・パーデューが、新たな鶏の飼育法を採用し、やわらかい肉質が売り物のチキンを提供しようと決めたのは数年前のことである。「肉のやわらかい鶏を飼育するのは大変なことだ」と、彼はかつて自ら出演したテレビ広告で語っていた。今日、パーデュー・ブランドのチキンは、米国の東海岸で三〇％の市場シェアを占め、ノーブランドのチキンに比べ一〇％高いプレミアム価格で販売されている。パーデューはこう結論づける。「死んだ鶏（チキン）が差別化できるなら、差別化できないものなどないはずだ」

**●コロンビア産のコーヒー豆**……コーヒーのメーカーも小売店も、コーヒーのおいしさを訴求する時、その広告はいつもコロンビア産のコーヒー豆を使用していると語っている。たしかにコロンビア産のコーヒー豆は最高の品質を誇ってきた。しかし品質で言えば、他の産地の豆、たとえばブラジル産やアルゼンチン産なども遜色はないだろう。それでも、広告等を通じてコロンビア産のコーヒーは、世界一のコーヒーであると訴え続けられている。同様に消費者の心のなかで差別化がなされ、プレミアム感をもって受け入れられている「コモディティ」には、ハワイのパイナップル、アイダホのジャガイモ、ウィスコンシンのチーズがある。

**●マールボロ・タバコ**……名前の通ったブランドのタバコの香りは、似通ったものが多い。目隠しテストをしたら、多くの喫煙家はそのブランドを言い当てることができないだろう。言い換えれば、この場合、差別化は製品そのものではなく、消費者の心理に存在するのである。

このことは、マールボロ・ブランドが、世界で三〇％もの市場シェアを占めている事実が証明しているのではないだろうか。他ブランドとの主要な違いは、たくましいカウボーイをブランドのモチーフとした広告キャンペーンを長期間にわたって展開したことによって生まれたのだろう。広く一般に認識されるイメージでタバコを印象づけることによって、フィリップ・モリス社は、マールボロを世界一のタバコ・ブランドに仕立て上げた。

**●アブソルート・ウォッカ**……法律的な定義によれば、すべてのウォッカには違いがない。目隠しテストをしても、自分が飲んだウォッカのブランドを当てられる人は、まずいないだろう。しかし、世界で最も売れているウォッカ・ブランドの一つはアブソルートであり、それはウォッカが最も飲まれているロシアではなく、スウェーデンで生まれたものなのだ。ウォッカのような「コモディティ」にもかかわらず、アブソルートはどうやって消費者の高い選好を得たのだろうか。

その理由の第一は、二、三カ月ごとに表現を変えて展開される優れた広告キャンペーンである。絵柄に例のアブソルートの有名なボトルを潜ませた一連の広告は、毎回異なったアーティストが制作している。芸術や教養を愛する人々は、夕食に招いたお客たちに振る舞うウォッカとしてアブソルートのボトルを選ぶ。「美意識（エステティクス）のマーケティング」を取り入れたことが、アブソルートを成功に導いたのだ(4)。

**●デュポン社製ダクロン、ナイロン、オーロン**……デュポンは、異なった特性をもつ素晴らしい新繊維を創造した点で賞賛に値する。デュポンは、それぞれの新繊維に印象的な名前をつける。競合各社は、それらの特許が切れると、同様の製品を、たいていはデュポン社製品より安く市場に導入する。しかし競合は、自社の製品にデュポン社が創造したブランド名をつけるわけにはいかない。そして消費者は、たとえ品質が同じでより安く購入できるとしても、ダクロン、ナイロン、オーロンなどを好んで指名買いするのである。

つまり、「コモディティ」も、実質的な方法あるいは心理的側面から差別化することが可能なのである。たとえば、パーデュー・チキンは、わずかな違いであるが、確実に他とは異なる差別点を製品に与えている。コロンビア産のコーヒーは、生産地によってブランドを差別化している。マールボロ・タバコやアブソルートのウォッカは、イメージを商品に植えつけ膨らませることによって差別化している。またデュポン社の新繊維のように、独自の名前を使用することによって差別化に成功したケースもある。

セオドア・レヴィット教授は、次のように述べている。「コモディティなど存在しない。すべての財とサービスは差別化可能である」

もう一方のグループには、乗りもの、重機、および建造物などの物理的に差別化可能な製品がある。そのような製品では、自由なデザインが可能である。たとえばクルマについて見てみると、製品の差別化はそのサイズ、スタイル、シート配置のための機構、その他もろもろの特徴によって行うことができる。

それゆえ、自動車メーカーは、自分たちがつくるクルマがいかに他社製品と違うかということを根拠にして、市場で競い合うことができる。加えて、自動車メーカーは、ベンツがプレステージを、ポルシェが優れたスポーツ走行を、またボルボが安全性を売っているように、心理的側面からの差別化も併せて実践することができる。

一般的に、製品マーケターは、自社製品のポジショニングに際して、いかに製品にしっくりきて、なおかつ特有の差別化を行えるかが使命だとされている。差別化のベースには、次のようなものがある。

●物理的な違い（たとえば、特徴、性能、適合性、耐久性、信頼性、デザイン、スタイル、パッケージ）

●入手の容易さの違い（たとえば、店頭で購入するのか、電話や郵便、ファックス、インターネットでも注文できるのか）

●サービスの違い（たとえば、配達、取り付け、トレーニング、コンサルティング、メインテナ

ンス、修理）
●価格の違い（たとえば、非常に高価格、高価格、中くらいの価格、低価格、非常に低価格）
●イメージ上の違い（たとえば、シンボル、雰囲気、催し物、メディア）

二つの効果的な物理的差別化の要素は、製品特徴とデザインである。新しい製品特徴があれば、消費者に対して新たなベネフィットを、速やかにかつ目に見える形で提示することができる。加えて、そうした特徴の多くは、特許によって保護される。また、企業はデザインによって、製品やパッケージを明確に差別化することができる。デザインは競合企業の手でコピーされるかもしれないが、もともとのデザインを開発した企業は少なくとも短期的なリードを享受することができるだろう。

どんなに成功している差別化も、将来的には模倣される運命にある。競合企業が、しばしばより低価格で模倣製品を導入する時、それは先行企業への圧力になる。先行企業は三つの選択肢に直面する。

●値下げをし、利益率の低下を受け入れつつ、市場シェアを維持する。
●価格は維持するが、市場シェアの低下と利益の減少を甘受する。
●製品を差別化する新たな要素を見つけることで、価格を現状のまま維持する。

長期間にわたる利益最大化をはかろうとすれば、これら三つの方法のなかで三番目の選択肢が最も理想的である。そのためには、自社の現在の競争優位にいつまでも頼ってはいられないことを、しっかりと認識しておく必要がある。つまりは、次なる優位性を絶えず探し求めなければならないということだ。熾烈な競争が行われている市場において、「いつまでも古ぼけない持続的な優位性」など、夢物語にすぎない。

## 価格

価格は収益を生み出すという点で、マーケティング・ミックスの他の三要素（いずれもコストを発生させる）と異なっている。したがって企業は、製品の差別化によって、許す限り高い価格を設定しようと努める。同時に企業は、価格が販売量に与える影響を考慮しなければならないことも知っている。コストを差し引いた時、残る利益が最大になるような売上高（価格×販売数量）を企業は得ようとする。

どの企業も、製品の価格を上げた時、どのくらい利益が増えるかを試算しようとする。ある企業の社長が私に語ったところによると、製品一つ当たり一ドル値上げしただけで、その企業には何百万ドルもの利益がもたらされるという。次に示すのは、販売数量が変わらないと仮定して、価格を一％上げた場合、どのくらい利益が向上するかを示した例である。(5)

| | |
|---|---|
| コカ・コーラ | 六・四％ |
| 富士写真フイルム | 一六・七％ |

ネスレ　一七・五％
フォード　二六・〇％
フィリップス　二八・七％
代表的な米国企業　一二・〇％

もちろん、定価と実勢価格を分けて考えるのは重要なことである。今日ではディスカウントはきわめて一般的であり、定価を払う買い手はほとんどいない。買い手は売り手から値引きやリベート、無料サービス、ギフトなどを受け取り、それらのすべてが実勢価格をすり減らしていく。こうした価格政策上のアローワンス（値引き）が与える「段階的削減」あるいは「希釈」効果について、ほとんどの企業はきちんと把握していないし、管理もうまくいっていない[6]。

特定の顧客からより多くの利益を得ていると考えている企業は、ABC会計（Activity Based Costing：活動基準原価計算）を導入したら、その結果に驚くかもしれない[7]。頻繁な値引きとサービスを受けている顧客からは、利益が生まれていないことが判明するかもしれないからだ。

価格の設定に際して、総原価をもとに「マークアップ率」を採用するところも多い。これは原価ベースの価格設定法として知られている。食品業界では、生産者も小売業者もある標準的なマークアップ率を、少なくとも価格設定の最初の時点では、それぞれの製品カテゴリーに適用している。経営コンサルティングの業界では、報酬額をコンサルタントにかかる費用の通常二・五倍に設定する。この価格は、コンサルティングの総費用をカバーし、かつ魅力的な差額が残るように計算されたものだ。

もう一つのアプローチとして、価値をベースにした価格設定を行う企業がある。企業のオファーに対して、買い手がいくらまでなら支払うかを見積もるやり方である。しかし、企業はそれを、そのまま価格にするわけではない。なぜなら、買い手に抵抗感を抱かせるからである。

設定されるべき価格は、それよりいくぶん低い、お買い得を感じさせるバリュー・プライス（価値ある価格）である。企業が望むのは、原価がバリュー・プライスよりずっと低く、大きな利益を享受できることである。売り手側の原価がバリュー・プライスと同じか、もしくはそれを超える場合、売り手は販売自体を取りやめるだろう。

バリュー・プライスを設定している代表的企業にデュポンがある。たとえばデュポンが、強力な化学薬品をある場所から他の場所へ移すための改良型ホースを発明したと仮定しよう。従来型のホースでは、一年に一日工場を止め、新しいホースと交換する必要があった。それに費やす費用を一万ドルと仮定しよう。次に、改良型のホースならば、三年間交換の必要がないという利点があると仮定する。

デュポンは次のように考えるだろう。顧客が古いホースを選べば、顧客は三年間で三万ドルの費用と三本のホースの費用を負担することになる。一方、改良型の新しいホースを用いるならば、顧客は三年間に一万ドルの費用と改良型ホースの代金を支払うだけでよい。したがってデュポンは、顧客が支払う金額は、①毎年古いホースを買って、その都度交換のために一日工場を閉めるのにかかる費用と、②三年に一度改良されたホースを買うのにかかる費用の中間にあるとの考え方から、自社製品の価格を見積もるのである。

その後、顧客が改良型ホースに切り替えるインセンティブを感じるように、前記①と②の中間値

**図表6-2　異なるオファーの組み合わせ（デュポンの例）**

| 属性 | 低レベル | 高レベル | |
|---|---|---|---|
| 品質 | 100万単位当たりの不純物が10以内 | 100万単位当たりの不純物が1以内 | 1.70ドル |
| 配送 | 2週間以内 | 1週間以内 | 0.15ドル |
| システム | 化学製品のみ供給 | トータル・システムを供給 | 0.80ドル |
| 技術革新 | R＆Dへの支援なし | R＆Dへの支援あり | 2.00ドル |
| 再研修 | 初回購入時のみの研修 | 要望に応じて研修を実施 | 0.40ドル |
| サービス | 本社経由 | 地方対応可 | 0.25ドル |

注：価格＝1ポンド当たり100ドル　　100ドル/ポンド＋5.3ドル＝105.3ドル/ポンド

よりいくらか下のあたりに新たなホースの価格は設定されるだろう。そうした顧客に切り替えを促すインセンティブが大きければ大きいほど、デュポン社が改良型ホースへの顧客の取り込みに熱心であるということを示唆するとともに、同様の機能を備えた競合商品の市場参入の可能性も大きいということが言えるのである。

デュポンが価格設定において、改良型ホースの開発および生産費を考慮しない点は注目に値する。おそらくそうした費用は、デュポンが設定した製品価格を考えれば、取るに足らないほどの金額なのだろう。

バリュー・プライスが適用される状況は、これだけにとどまらない。人々はバルコニー席よりオーケストラ席に多く払い、平日の公演より土曜夜の公演に多く払う。また腕のいい医師やコンサルタントには、そうでない場合より多くを払うのである。

頭の切れるマーケターならば、自社製品に付加価値を与えることによって、そのオファー全体に対しての価格づけを行うだろう。付加価値の組み合わせはいろいろな形でなされ、顧客はそれらのなかから選択することができる。図表6―2は、デュポンがある化学薬品を、価格が異なる二種類のパッケージに組み込んでいることを示している。「そこそこのものを安く」提供するパッケージと「よりよいものをより高く」提供するパッケージの二つがある。

顧客が「よりよいものをより高く」というパッケージの付加価値の一部しか希望しない場合には、デュポンは三番目のパッケージを用意し、図表6―2の個々の属性の価格に従って全体の価格を設定する。したがって、もし顧客が、より高い純度とトータル・システムの二つしか希望しなければ、その価値に見合うパッケージの価格は一ポンド当たり一〇二・五〇ドルに設定される。デュポンは、自社の行う価値の柔軟な組み合わせとそれに見合った価格づけを正当とみなし、顧客は自分たちが与えられた選択の自由を評価している。

しかしながら企業は、顧客ができるだけ高価なパッケージを選択するよう動機づけしたいと考える。そのためには、付加価値のすべてを組み込んだパッケージを、個々の価格を合計した金額よりも安く提供する特別価格を設定すればよい。

たとえば、銀行が顧客に課している料金は、当座預金、普通預金口座、住宅ローン、自動車ローン、および貸し金庫でそれぞれ異なっている。もし銀行が顧客に自行のサービスをより多く抱き合わせで販売しようと考えたならば、すべてのサービスを組み合わせて特別価格で提供するだろう。銀行は、そうしたアプローチを「関係性価格設定」、または「関係性への値づけ」と呼んでいる。

賢明な企業は、製品を一つ提供するのではなく、価格帯が異なるさまざまな製品を提供する。プ

**図表6-3　価格と品質による製品ライン（マリオット・ホテルの例）**

| | | 品質 | | | |
|---|---|---|---|---|---|
| | | 高級 | 優良 | スタンダード | エコノミー |
| 料金 | 高 | マリオット・マーキーズ | | | |
| | 平均以上 | | マリオット | | |
| | 平均 | | | コートヤード | |
| | 低 | | | | フェアフィールド・イン |

ロダクト・ラインがそれだ。たとえばマリオット・ホテル・チェーンは、図表6―3が示すように、ホテルのもてなしに関するプロダクト・ラインを設定している。そのベースとなるのは、マリオット・ホテルという名の良質のホテルであり、その料金は「平均以上」に設定されていた。

またマリオット・ホテル・チェーンは、マリオット・マーキー・ホテルと呼ばれる、より高価なホテルをいくつか新設した。マリオットの名前は評判がよく、そのため新設のホテルにもマリオットの名前がつけられた。さらに、プレステージを示すための用語（マーキー：侯爵の意）が同時に加えられた。その後、マリオット・ホテル・チェーンは、コートヤードと名づけたモーテル・チェーンを導入し、そこに小さな文字で「マリオットによる運営」との一文をつけた。後に、マリオットがより廉価のモーテル・チェーンを展開した時選んだ名称はフェアフィールド・インであり、マリオットの名はどこにも見あたらなかった。

現在、これら四つのホテル・システムは、それぞれ価格帯が異なり、各ホテルの料金は二八〇ドル、一八〇ドル、八〇ドルおよび五〇ドルといった具合である。それぞれのホテル・システムは、独自の設備とサービスを提供する。広範囲にわたるプロダクト・ラインを確立することで、マリオットは景気後退や旅行者の好みの変化があろうと、顧客を失うことはない。これは、自社のグループ内に顧客をとどめておくための「セーフティ・ネット（安全網）」である。

## 流通チャネル

すべての売り手は、商品をどうやってターゲット市場に届けるかを決めなければならない。選択肢は二つある。商品を直接販売するか、流通業者を通して販売するかである。次に示す業界においては、二つの選択肢の採用が見受けられる。例を見てみよう。

**化粧品**……レブロン、エスティローダー、ランコムなど、ほとんどの化粧品会社は、製品を小売店経由で消費者に販売している。エイボンも同様の方法をとろうとしたが、小売店を説得して店頭の棚スペースを割いてもらうことはできなかった。そこでエイボンは、「エイボン・レディ」を雇い、個別訪問販売をする方法に頼った。

エイボンは、一〇〇万人を超える販売代理人からなる営業部隊を組織し、直接販売の実践者としてきわめて大きな成功を収めた。続いて他の企業も、エイボンの手法をならい、さらにはパーティ形式による販売（メアリー・ケイやタッパーウェア）やマルチレベル・マーケティング（アムウェイ）などの特色を新たに加えた。

**パーソナル・コンピュータ**……ＩＢＭ、ヒューレット・パッカード、コンパックなど、ほとんどのパソコン・メーカーは、小売店を通じてパソコンを販売している。そうすることで、他のやり方に比べ安いコストで全国規模の流通をすばやく構築できるからである。マイケル・デルは、かなりの数の潜在的消費者が、商品を見ることができなくとも、電話で注文することを望んでいると考えた。

デル・コンピュータが急激に市場シェアを伸ばしたために、他の小売店ルート利用のメーカーたちは流通戦略を見直さざるを得なくなった。デル、ゲートウェイなどの直販メーカーの優位性には、低コスト、低価格、自由なカスタマイゼーション、週七日一日二四時間電話で顧客から受注できるといった点があった。

コンパックやＩＢＭなどのメーカーは、小売店経由と直販の両面展開という扱いのむずかしい戦略に手を出し始めた。それらのメーカーの製品を扱っていた小売店は、当然不満の声を上げ、製品の扱いを切ると脅しにかかった。メーカーは直販で売っている製品はそのための独自の製品であるか、あるいは少なくとも店頭と同じ価格で販売していると小売りを説得する必要があった。(8)

直販による販売方法を選んだしても、企業はさらに選択を迫られる。たとえば、多くの保険会社は、自社の販売代理店を通して直接保険を売っている。そのためにかかる初年度の販売コストは自動車保険で二五〇ドル、生命保険にいたっては一一〇〇ドルにものぼることがある。そのため、販売コストの回収に数年を要する。その間、保険会社は新規顧客が自社の保険を継続し、最初の数年で解約しないよう、ただ祈るしかない。

ところが、インシュアランス・ダイレクト社などは、電話やインターネットを用いて、販売コストのあまりかからない保険商品を売り始めた。その結果、代理店経由の販売を主体としていた保険会社は、新たな販路としてテレマーケティングの導入を始めた、なかには代理店のいっせい廃止に走るところさえあった。

しかしながら、代理店とテレマーケティングがともに同じ直販だといっても、この競合する両者を一緒に用いるのは大変むずかしい。保険会社が自社の営業部隊から、彼らと競合することになるテレマーケティングの採用の同意を取りつけることは並大抵のことではない。

消費財市場では、小売店同士の競争がますます厳しさを増してきている（たとえば、小型店対大型店、大型店対他の大型店）。そのうえ、ホーム・ショッピングと店頭販売の間の競争も激化しつつある。消費者たちが、自宅に居ながらにして手に入れられる商品の種類や買い物の仕方も増えつつある。

今日では、店までクルマを乗りつけることも、駐車スペースを探すことも、レジに並ぶ必要もない。自宅に居ながらにして注文できる商品には、衣服、家電製品、家具など無数のものがある。それらは、六つの流通チャネルのいずれかを用いて注文することができる。

●自宅に送られてきたカタログ
●自宅に送られてきたダイレクト・メール
●テレビのホーム・ショッピング番組

●新聞や雑誌、ラジオ、テレビによる情報提供
●自宅へのテレマーケティング
●インターネットによる注文

人々がますます時間に追われるようになるに従い、小売りの店頭ではなく、ホーム・ショッピングが急速に広がっている。実際、店頭での小売り販売は年率わずか約二％しか伸びていないが、ホーム・ショッピングを狙った流通チャネルのなかには二桁成長を示しているものがある。ゆえに、小売店にはどうやって顧客を取り戻すかが問われているのである。

しかし、商品の値段が高く、駐車しづらく、サービスがお粗末で、全体として店がつまらなければ、いくらがんばっても結果は見えている。一方で、創造性のある小売店は、顧客の買い物経験を広げ、楽しみやエンターテインメントを提供したり、そのほか顧客を引きつけ喜ばせる魅力を開発することによって、顧客を取り戻そうと戦っている。いくつかの例を紹介しよう。

**●バーンズ&ノーブル書店**……バーンズ&ノーブルは、まったく新しい書店の代名詞である[9]。膨大な種類の在庫を抱えるだけでなく、いすとテーブルを用意し、コーヒーやお菓子のコーナーを設け、毎朝九時から夜一一時まで毎日開店している。また、本の著者によるトークショーをはじめ催し物を行っている。店内を一日中人々が行き交い、さらには夕食後訪れる人が多いことも別段、驚くにはあたらない。いろんな意味で、バーンズ&ノーブルはコミュニティ・センターになっているのだ。

**●ナイキ・タウン**……スポーツシューズとウェアを売っている店に、どうやったら人々を引きつけることができるだろうか。ナイキ・タウンは、シカゴにある三階建てのミシガン・アベニュー店でその答えを見つけた。来店客は、まずマイケル・ジョーダンの巨大なポスターに迎えられる。さまざまなスポーツを扱ったいくつものコーナーがあり、AV装置による環境効果が買い物に独特の雰囲気を与えている。バスケットボールのコーナーには、なんとバスケットボールのコートさえある。ここは、有名なシカゴ美術館よりも多くの市外からの訪問者を引きつけ、シカゴきっての人気買い物スポットになった。

流通への取り組み方は、明らかに多くの軋轢を引き起こす。企業の選択する流通政策は、長期間にわたる関係構築を伴い、万一より魅力的な販路が登場したとしても、従来の関係を守っていかなければならない。たとえば、自動車メーカーは伝統的に系列のディーラーを通してクルマを販売している。

しかし、人々の口からは、新車、中古車の購入を問わず、セールスマンの押しつけがましい態度などに対する不満の声が後を絶たない。自動車メーカーの直営店や、複数のメーカーの車種を扱っている店、あるいはインターネットなど、従来の流通とは違う方法でクルマの購入を考える顧客がますます増加している。

ところが自動車メーカーは、系列のディーラーとの関係から、現行の流通チャネルの改革が思うように進まない。その一方で、オート・ネーションやカー・マックスなどの新規参入企業は、より効率的な流通チャネルの選択や開発を自由に行っている。(10)

## プロモーション

四番目のPであるプロモーションには、メッセージをターゲットに送り届けるすべてのコミュニケーション手段が含まれる。それらは大きく五つに分けられる。

●広告
●セールス・プロモーション（SP：販売促進）
●PR
●営業部隊
●ダイレクト・マーケティング

これらの手段の具体例は、図表6―4に示した通りである。次に五つのコミュニケーション手段について見ていこう。

### 広告

広告は、企業やその製品、サービス、あるいは企業の姿勢に対する消費者のブランド認知度を高めるうえで、最も強力な手段である。一〇〇〇人当たりの到達費用で、広告は他のどの手法よりも優れている。もし広告表現が創造的かつ優れたものであれば、消費者はその広告キャンペーンによ

## 図表6-4　プロモーション手段の例

| 広告 | セールス・プロモーション | PR | 営業部隊 | ダイレクト・マーケティング |
|---|---|---|---|---|
| 印刷および電波媒体 | コンテスト、ゲーム、懸賞、抽選 | プレスキット | セールス・プレゼンテーション | カタログ |
| パッケージ（外観） | プレミアム、ギフト | スピーチ | 販売会議 | 郵便物 |
| パッケージ内への差込み | サンプリング | セミナー | 報償制度 | テレ・マーケティング |
| 映画 | ショー、展示会 | 年次報告書 | サンプル | 電子ショッピング |
| カタログおよび冊子 | 展示物 | 慈善事業への寄付 | ショー、展示会 | テレビ・ショッピング |
| ポスターおよびリーフレット | デモンストレーション | スポンサーシップ | | ファックス・メイル |
| 名簿 | リベート | 出版 | | 電子メール |
| 広告の別刷り | 低利子融資 | コミュニティ・リレーションズ | | 音声メール |
| 屋外看板 | 接待 | ロビー活動 | | |
| ディスプレイ | 下取り交換割引 | 名刺・レターヘッド等 | | |
| POP | 継続的プログラム | 広報誌 | | |
| AV（オーディオ・ビジュアル宣材） | タイアップ | イベント | | |
| シンボルマークやロゴマーク | | | | |
| ビデオテープ | | | | |

ってあるイメージを抱き、さらには好意度を高めることになる。少なくとも消費者のブランドに対する受容度は高まる。

だが、ほとんどの広告は創造的とはいえない。たとえば、クルマの広告がどれも似たり寄ったりの表現で、的はずれであることを考えてみればいい。実際、その企業の広告が他社の広告と比べて差別化できていなかったり、創造性の面で劣っているならば、そうした企業はPRやセールス・プロモーション、またダイレクト・マーケティングなど他のマーケティング・コミュニケーション手段にマーケティング費用を振り向けたほうがいい。

そのうえ、広告に注目する人、とりわけテレビCMに注目する人の数は、めっきり減ってきている。さらには、テレビCMの時間はしだいに短くなってきており、メッセージを十分に伝えるのがむずかしい一五秒ものが主流になっている。ところがCMの本数はますます増えており、いまや混乱状態にある。

広告は、そのメッセージを必要とする一部のターゲット・グループに訴えるというよりも、広く一般にメッセージを投げかけるのに向いている。視聴者の五％しか猫を飼っていないのに、テレビCMでキャットフードを広告することがどのくらい効果的だというのだろうか。結局、人々はリモコンを片手に、CMになると、いつでもチャンネルを変える準備ができているのだ。

広告は、対象を絞り込んだ場合に最大の効果を発揮する。たとえば読者を漁師、バイク愛好家、包装資材購買代理店、病院の事務長などの特定のターゲットに絞った雑誌に掲載する広告は、それだけインパクトが大きい。このような場合、広告支出はコストというより投資と呼ぶにふさわしい。広告投資利益率（ＲＯＡＩ）を測定するのは容易ではないが、ターゲットを絞り込んだ広告は、おそらくそうでないものより収益率が勝っていることだろう。

ダイレクト・マーケティングを実施すれば、ROAIの測定もきわめて容易である。企業のオファーは特定の個人に向けてなされ、それに反応して資料請求をした人や注文を寄こした人の人数が記録される。発注や資料請求のあった数とその金額をダイレクト・マーケティングにかけたコストで割れば、ROAIが算出できる。しかし、ダイレクト・マーケティング広告以外は、ROAIを測定するのは困難である。ジョン・ワナメイカーが、「広告予算の半分が無駄になっているのは知っている。しかし、それがどの半分かがわからないのだ」と述べた時代から、いまも状況は大して変わっていない。

ROAIの測定をむずかしくしている要因として、広告の効果を、他のコミュニケーションやマーケティング・ミックス活動といかに切り離すかという問題がある。もし新しい広告キャンペーンが、製品価格の値上げや新しい販売促進策、積極的なPR活動などと同時に展開されているとしたら、どうやって広告の効果をそこから取り出すことができるのか。実験的なコントロールがなされない場合、広告効果の純粋な評価はほとんど不可能である。[11]

広告には、ミッション（mission）、メッセージ（message）、メディア（media）、予算（money）、および測定（measurement）の五つのMに関する意思決定が求められる。最初のものはミッションである。その広告キャンペーンの目的は何か。知らせることか、説得することか、思い出させることか。その広告が目指すのは、ターゲット顧客の認知（awareness）か、関心（interest）か、欲求（desire）か、それとも購買行為（action）――AIDA――か。

メッセージは、ブランドの想定ターゲットとバリュー・プロポジションの決定に基づいて作成される。ポイントは、製品のバリュー・プロポジションをどれだけ創造的に伝えることができるかどうかであり、広告代理店の能力が試されるのはこの点である。もし企業が語るべきセールス・ポイントを見つけられなかったり、それをうまく表現できなければ、広告活動は大きな無駄に終わる。

どのようなメッセージにするかは、使用するメディアで違ってくる。首尾一貫したメッセージがすべてのメディアを通して用いられなければならないが、個々の広告表現はメディア（たとえば新聞、雑誌、ラジオ、テレビ、屋外広告、DM、電話）にあわせて調整されなければならない。そして、電子メールやファックス、インターネットなどの使用に際しては、他とは異なる創造的なアプローチが求められるだろう。

広告予算の決定は慎重になされなければならない。もし広告予算があまりに少ないと、かえって多くのコストがかかることになるかもしれない。というのは、少ない予算では、広告は消費者の注意をほとんど引くことができないからである。

広告予算は、何らかのルールに沿って決定される。その方法としては、自社が広告費に割ける金額を基準にしたり、過去の売上高あるいは予想売上高との比率を用いたり、競合企業の広告費をもとに算定するやり方がある。

しかし、より効果的なアプローチは、広告の目的とタスクをベースとして予算を決めるやり方である。その際、広告主は、何人のターゲットに到達したいか（リーチ）、接触回数は平均どのくらい必要か（フリークエンシー）、そしてどのようなメディアのクオリティを求めるか（インパクト）を決める。そうすることによって、期待するリーチ、フリークエンシー、インパクトに見合った予算額の計算が容易になる。

測定をするに際して注意しなければならないのは、ブランドへの好意度が広告出稿によってどの程度向上したかということが重要であるにもかかわらず、広告の説得レベルではなく、想起レベルや認知レベルの基準を測定に用いる企業があまりに多いことである。言うまでもなく、広告によって売上げがどのくらい上がったかを測定することが最も望ましい。

費やしたコストと広告についての意思決定の複雑さを考えれば、私は広告主に対して、広告プランはその評価と見直しを定期的に行うべきだと助言したい。多くの企業では、往々にして従来通りの広告プランや方針を継続していることが多い。なぜなら、それが彼らにとっては安全な方法であり、新たな試みは広告マネジャーが嫌うリスクをともなうからである。広告プランを評価するにあたっては、外部の専門家による評価を導入することが望ましい。なぜなら、そのことが広告活動における、より実効性のある五Mアプローチを示してくれるからである。

## セールス・プロモーション

広告によって、直ちに売上げが上がるケースはほとんどない。広告が効果を発揮するのは、消費者の行動に対してではなく、多くはその意識の部分においてである。消費者を行動に駆り立てるのは、販売促進策である。「セール！」「いまなら一個の値段で二個提供！」「もれなくプレゼントがもらえる！」「賞品が当たる！」。こうして顧客は行動を始めるのである。

セールス・プロモーションにはさまざまなインセンティブが存在するが、そのコントロールが効かなくなってきている。消費財メーカーでは、かつて総プロモーション予算のおよそ三割をセールス・プロモーションに割いていたが、いまではそれが、しばしば七割にまで達することもある。

そのかなりの部分は、協賛金や値引き、ギフトという形でスーパーマーケットやその他小売店に対する流通プロモーションにそそぎ込まれる。実際、多くのスーパーマーケットが、メーカーの流通対策費に依存して利益を上げている。小売店は、メーカーが流通向けにプロモーションを実施している期間には普段以上の数量を仕入れ、値引きの原資にする。そして、それ以外の期間には、仕入れを絞る。このことが、メーカーの生産スケジュールまたは在庫水準に大きな変動をもたらしている。

もう一方のプロモーションである消費者向けプロモーションは、顧客のブランド好意度を弱め、しいてはブランド・エクイティを損なう影響を与える。どんな製品も、セールス・プロモーション主導の販売策を続けると、価格が定価にそぐわなくなる。

消費者たちは、ますます定価より安い値段を期待するようになる。ほとんどのブランドに違いがないという認識の高まりとあわせ、消費者はブランドへのこだわりよりも、自分が許せる範囲の一連のブランドを選択するにいたった。毎週、消費者は、特売に出ているブランドを確かめ、許容範囲の価格に値下げされたブランドのみを購入する。

企業は、競合企業のセールス・プロモーションに対抗しなければ、市場シェアを失うのではないかと心配している。セールス・プロモーションの予算を削減し、その分、広告に費用をかけたり、イノベーションに投資したり、顧客サービスの向上に振り向けたりすることには、特別な勇気がいる。

プロクター&ギャンブル（P&G）は、先陣を切ってセールス・プロモーション費用を削減し、代わりに「エブリデー・ロープライス」策を導入した。P&Gは、セールス・プロモーションはブランド・エクイティを損なうだけでなく、生産量の変動を生み、不経済であると判断した。

すべてのセールス・プロモーションが無意味だと述べているのではない[12]。たとえば、優れたブランドであるにもかかわらず、認知度が低い場合、セールス・プロモーションは効果を発揮する。さらに試用を促すことで、セールス・プロモーションは顧客ベースの拡大に役立つ。ブランド・ロイヤルティをもってくれそうな新規顧客を取り込む際にも、セールス・プロモーションは効果的である。

しかし、大部分のセールス・プロモーションが取り込んでいる人たちは、「今日はここ、明日はあっち」というブランド・スウィッチャーか、値引きしか目にないお客さんである。ほとんどのセールス・プロモーションが効果を発揮していないことは、多くの研究者が報告している通りである。

## PR

セールス・プロモーションと同様、PRもさまざまなツールによって構成されている。PRはかなり効果的であるにもかかわらず、製品やサービスのプロモーションにおいて、十分に活用されていない傾向がある。その一つの理由として、一般に企業のPR機能はマーケティング部門以外の部署に属し、そこでマーケティングPR（MPR）をはじめ、投資家向けPR、従業員向けPR、政府向けPRなどが扱われているからである。そのためマーケターたちは、PR部門に対し資料の提供をお願いしたり、また独自にPR会社と契約したりしなければならないのである。

広告がブランド構築の力を失い、セールス・プロモーションがその最適予算を超えて拡大するにつれ、企業はMPRのもつ多くの可能性を認識するかもしれない。MPRはPENCILSの頭文字語で分類された、いくつかのツールで構成されている。

P＝出版物（広報誌、年次報告書、顧客向けパンフレットなど）
E＝イベント（スポーツイベントや文化イベント、展示会への協賛）
N＝ニュース（その企業や従業員、製品に関する好ましい話）
C＝地域共同体事業（地域事業に対する時間とお金の貢献）
I＝アイデンティティ・メディア（文房具、名刺、社内の服装規定）
L＝ロビイ活動（自社に好ましい法案を通過させ、好ましくない法律の制定を阻止する）
S＝社会的責任業務（社会的責任を負った企業としての評判の確立）

これらのツールは、さらに細かく分かれる。アイデンティティ・メディアについて見てみよう。企業名の入った事務用品、名刺、およびパンフレットは、すべて顧客に印象を与える。企業のもっている工場、オフィス、トラック も同様である。

重要なコミュニケーション・ツールとして、企業の服装規定がある。その中には、ファーストフード店や航空会社、ホテルなどで用いられているような制服も含まれる。あるいは、営業マンは全員ダークスーツを着用し、シャツは白色、見映えのよいネクタイを締めることという、ＩＢＭのトーマス・ワトソンが定めた「ソフトな」服装規定も含まれるかもしれない。彼らはみな「プロ」に見られなければならないのだ。

この規則ができたきっかけは、ワトソンがチェース・マンハッタン銀行の頭取を訪問した時に、ひとりのだらしない銀行マンを見かけたことだった。ワトソンがそのことを指摘すると、頭取はこう応えた。「いや、彼はここの従業員ではありません。あなたの会社の人ですよ。今日、仕事でこちらにみえているのです」。ワトソンはショックを受け、その夜さっそく、ＩＢＭの服装規定を作成した。

ＰＲにかける費用のほとんどは、企業がターゲット市場に向けて肯定的なイメージを構築し、伝えるための確実な投資である。広告ほど露骨に受け取られることがない。「広告はあなたが支払う（pay）ことであり、ＰＲはあなたが祈る（pray）ことである」

新しいソフトウェア製品について好意的に書かれた雑誌記事は、何万ドルもかけた広告よりもはるかに価値がある。レジス・マッケンナは、ハイテク業界のクライアントに対して、新製品の導入に先だって積極的なＰＲ展開をするように勧めている[13]。

マッケンナは、影響力をもっているすべての著名人、オピニオンリーダー、コンピュータ雑誌の編集者、コラムニスト、先駆的ユーザーをリストアップする。新製品を成功させるうえで、彼らは大量の広告よりもはるかに大きな影響力をもっているからだ。広告キャンペーンの立ち上げに先立って、企業がこれらの影響者たちから好ましい意見を獲得できるよう彼は支援している。

より積極的にＰＲ展開をしようと考えた時、おそらく経営者が直面する課題は、創造的なアイデアを生み出せるＰＲ会社をどうやって見つけ出すかということだろう。ほとんどのＰＲ会社は、日々のＰＲ業務をこなすことができる。しかし、企業への好意的な関心と評判をもたらす優れたアイデアを生み出すためには、才能あふれるＰＲマンが必要である。

## 営業部隊

最も費用のかかるマーケティング・コミュニケーション手段の一つは、営業マンである。それは、特に彼らが外回りをし、出張を重ね、見込み顧客の開拓や既存顧客の維持に膨大な時間を費やすことを考えてみれば明らかである。

平均的な営業マンが顧客との折衝に費やす時間は、全体のわずか三〇%にすぎない。そのほかの時間を製品や販売方法についての勉強や、報告書の作成、販売会議への出席、出張などに費やしているという事実を振り返れば、人的販売という手段を管理するには、このうえない能力を必要とすることがわかるだろう。

営業マンは、一連の広告やDMよりもはるかに効果的であるという利点がある。実際に顧客に対面し、昼食に誘い、興味のほどを推し量り、質問や反論に対応し、そして契約を取り結ぶのが営業マンである。製品やサービスの内容が複雑になればなるほど、営業マンはより必要になってくる。一方、製品や価格が他社と同等である場合には、営業マンの存在は、顧客に自社製品を買わせるためのほんの一要素にすぎないかもしれない。

天才的な販売能力をもった営業マンがいる。なかには産油国の首長に砂を売り、エスキモーに氷を売ったと豪語するものすらいる。成績優勝な営業マンは、平均的な営業マンに比べ五倍から一〇倍もの成果を上げる。したがって、企業にとって必要なことは、最高の営業マンを雇い、それに見合った報酬を支払うことである。

考えねばならないのは、営業マンの人件費ではなく、彼が売上げを立てるまでにかかるコストである。優れた営業マンは、そうでない営業マンに比べて売上高比でコストをかけずに売上げを上げてくれる。営業マンの給料をケチることでコスト削減しようとする企業は、結局のところ高い買い物をすることになる。

能力が低い営業マンは成績がふるわず、ストレスを感じ、辞めるかクビになって会社を去る。そして企業は、補充のために高い金をかけて求人を行い、選抜し、研修を施すことになる。だが、能力が高く高給取りの営業マンなら、そうしたことは必要ない。

また営業マンは、もはや「にこやかな笑顔とピカピカに磨いた足元」だけではやっていけない。いくら微笑んで見せようが、靴が光っていようが、売り物の製品が魅力的でなければどうにもならない。購買担当者は、個人的にはどんなに担当の営業マンを気に入っても、ベンダーの選択にあたって相当なプレッシャーを与えられている。このことに気づいている営業マンたちは、製品やバリュー・プロポジションの改良をますます自社に向けて迫る「逆セールス」に走っている。なぜなら、その方がずっと楽だからだろう。

営業マンが重要であるとはいえ、同時に企業は、営業部隊の縮小と費用の削減の方策も常に探っている。代表的な方法の一つは、外勤の営業を減らし、内勤の部隊を増やすやり方である。早くから、規模の大きくない顧客への営業活動にはテレマーケティングが効果的であるとの認識がなされてきた。とりわけ、外回りの営業マンたちの経費すらまかなえないような小規模の得意先については、なおさらのことである。その後、テレマーケティングによる活動は、直接対面するよりも電話での取引を好む大企業に対しても用いられるようになった。

今日、多くの顧客は、オフィスで営業マンと商談するための時間を拘束されることなく、電話で必要な情報やサービスを受けられることを知っている。いまや通信技術のおかげで、コンピュータ画面上のテレマーケターの顔を見ながら話をすることもできる。顧客との直接の対面なしに、数万ドルあるいは数十万ドルの取引をまとめられる営業マンが増えている。

電子商取引によって営業マンと買い手の双方の仕事が楽になるに従い、営業マンの出張費や交通費は減っていくことになる。企業が営業マンを有能なテレマーケターに変えることによって、顧客は時間を節約でき、売り手も販売にかかっていた時間と費用をずっと省くことができるようになる。

しかし、外回りの営業マンたちは、得意先の多くがテレマーケターの手で扱われることに不満を見せる。彼らの扱い手数料はしだいに下がっていくからだ。彼らの言い分では、たとえ担当地区内の扱いが小さい顧客でも、それを大きく育てられるのは営業マンの力だという。扱いの小さな顧客が大口の顧客になった時、それらは外回りの営業マンの扱いに戻されるべきだと主張する。

ある売り手企業がその顧客企業に対して、おたくは規模が大きくなったのだから、これからは営業マンを行かせてほしいと進言した。その顧客企業は電話での取引に満足していると答えたが、売り手企業は営業マンの訪問を受け入れるべきだと言い張った。結局、顧客である企業は、すぐさま扱いを他社へ移してしまった。

ほとんどの企業は、テレマーケティング活動への同意を得るために、テレマーケティングで上げた売上げにもかかわらず、その一定割合を外回りの担当地区営業に支払うことを最終的には承服した。そのために費用は増加するが、それは企業が営業部隊の協力を得るうえで必要なコストである。

外回りの営業部隊を縮小するもう一つの手段は、販売代理店を利用するやり方である。販売代理店はそれ自身の営業部隊をもっていて、通常、競合しないいくつかのメーカーの代理店を務めている。販売代理店は、メーカーにとって非常に魅力的な規模の経済と範囲の経済を提供する。したがって、全国市場への展開を考えている新規企業は、普通であれば製品の配荷を広げるために販売代理店を用いるだろう。

しかしビジネスが大きくなるにつれ、販売代理店の代わりに自社で営業マンを雇い入れる方が経済的であることがわかってくる。なぜならば、販売代理店の営業展開が、配荷率、努力、費用の面で不十分であれば、追加のインセンティブが必要になるからである。

企業が外回りの営業部隊を用いる限り、その生産性の向上には投資が必要になる。最初に進めるべきは、作業効率性分析を行うことによって、営業会議、報告書の作成、製品や販売技術についての勉強、移動、顧客との商談などに各営業マンが時間をどう配分しているのかを明らかにすることである。これによって、普通は営業マンが報告書作成や移動にかけている時間を短縮する方法が明らかになる。また、担当販売区域を再編することによって、より効率的な営業が可能になるケースもよくある。

営業マンの生産性を増加させるもう一つの主要なツールは、セールス・オートメーションである(14)。今日では、ノートパソコン、プリンター、コピー機、ファックス、携帯電話、電子メール、各種ソフトウェアなどは、営業マンの必需品である。これらはすべて金がかかるが、こうした情報機器を使いこなせる営業マンの生産性は相対的に高い。セールス・オートメーションという用語を新たに生み出したヒューレット・パッカードは、ノートパソコンの訓練をした営業マンは、そうでない営業マンに比べて三割がた生産性が高いという結論を出した。

新時代の営業マンは、会社はどこにあるのかと訊ねられた時、しばしば自分のノートパソコンを指差すことがある。ノートパソコンがあれば、業界や製品、また顧客についてのデータにアクセスできるだけでなく、パンフレットをダウンロードしたり、契約書をプリントアウトすることもできる。

実際、営業マンにオフィスのスペースを割く必要がなくなった企業がいくつもある。コンパックやヒューレット・パッカードは、営業マンに対して、毎日オフィスまで通う時間があれば、その分自宅勤務するよう奨励している。オフィスをなくすことによって、企業側は賃料と光熱費を削減できるし、営業マンたちは時間的な余裕と生産性を手に入れることができた。

営業マンの管理には、その募集、選抜、雇用、研修、動機づけ、報酬の設定、査定といったむずかしい問題がともなう。以前は、六から八人につき一人のセールス・マネジャーが必要とされていた。しかし今日では、一人のセールス・マネジャーが統括する部下の数は、二〇から四〇人に増えている。そのことは、営業マンたちが以前に比べ自己管理に優れ、上司の存在を肩越しに感じなくても仕事が進められるようになったことを示している。

市場を縦割りにした営業部隊を採用するところも増えている。ＩＢＭの営業マンの活動は、午前中は銀行を訪れ、午後はホテル・チェーンを回るといったスタイルから、今後は営業マンごとに銀行なら銀行、ホテルならホテルを専門とするグループに分かれるだろう。そうすることによって、彼らは自分の担当業種の顧客ニーズについてより深く学び、的確な提案を行うことが可能になる。

キー・アカウント（最重要顧客）相手の営業管理をシステム化するところが増えてきている。なぜなら、売上げの大半は、少数の優良顧客から上がっているからである。社内には、最重要顧客への行き届いた対応が行えるよう、専任のマネジャーが任命される。その結果、そうした顧客にきめの細かい対応がなされることで、ロイヤルティも向上する。

キー・アカウント担当のマネジャーは、それぞれ四社から一〇社程度の得意先を抱えているが、担当企業数が増えれば、それだけ効果的な顧客対応はむずかしくなる。彼らの成績は、通常、各自の売上げ目標と利益目標の達成度と、担当に対する顧客の満足度で判断される。問題は、売上げと利益達成への動機づけが強すぎるため、顧客への長期的な対応がおろそかになりがちなことである。(15)

## ダイレクト・マーケティング

いまや市場は、より細かく細分化されたミニ市場の寄せ集めになっている。その結果、より専門化したメディアが現れてきている。爆発的に種類が増え続ける雑誌は、それぞれ独自の顧客グループに向けた広告と編集内容になっている。テレビやケーブル・ネットワーク、それに衛星放送の進歩により、いまやチャンネル数は激増しており、近い将来には何百というチャンネルが登場することだろう。

データベース・マーケティングのおかげで、個々のセグメントやニッチ（すき間）だけでなく、「セグメント・ワン」と呼ばれる顧客ひとりひとりに対して、より効率的なアプローチが可能となった。多くの企業は、何百万人にのぼるそれらの顧客と見込み客のプロフィールを記録した独自のデータベースを保有している。それには次のような例がある。

●ＧＭでは、ＧＭカードで買い物をした一二〇〇万人の購買記録をすべてデータベースに収めている。

●ランズ・エンドでは、ランズ・エンドで衣類を購入した二〇〇〇万人以上の名前をデータベースに記録している。
●ウォールデンブックスの優先読者プログラムに登録されているメンバーは四〇〇〇万人にのぼる。

これらの企業は、自社データベースの名前を自由自在に分類することによって、新たなマーケティングのチャンスを発見できるかもしれない。

たとえば、そのデータベースをもとに分類された顧客グループは、最近パソコンを購入した人々で、低価格のスキャナーに興味を示すかもしれない。あるいは、サックス・フィフス・アベニューが来店を期待してプレゼントの送付先に選ぶような買い物好きの富裕層の女性たちかもしれない。あるいは、定期購読が期限切れのままになっている、かつての『タイム』誌の読者かもしれない。

企業データベースには膨大なデータが収められているため、顧客データを自由に取り出すためには高度な分析技術が要求される。顧客データベースとは、高度な統計的および数学的ツールによるデータ・マイニングを必要とするデータの貯蔵庫（データ・ウェアハウス）である。こうしたツールを活用することで、企業はターゲットをより明確に設定することが可能になり、ひいては彼らからの反応を高めることができる。[16]

## 統合型マーケティング・コミュニケーション（IMC）への移行

企業のマーケティング・コミュニケーション活動が、きちんと統合されたかたちで展開されてい

| 図表6-5 | プロモーション手段（製薬会社の例） |
| --- | --- |

1. MR（医薬情報担当者）による説明
2. 医師たちの会議（シンポジウム、パネル・ディスカッション）
3. 学会、大会（製薬会社後援）
4. ランチまたはディナーを伴う打ち合わせ
5. テレビ会議
6. シーディング・トライアル
7. サンプリング
8. 接待や贈り物
9. 科学出版物やそのリプリント
10. 機関誌への広告
11. ダイレクト・メール
12. 医薬関係のビデオまたはオーディオ・テープ
13. 企業の広報誌
14. 企業へのホットライン、またはコンピュータ・リンクの提供
15. 自社名を印刷した小物（ペン、カレンダー、時計）
16. クーポン
17. 流通業者、卸売り業者対象のプログラム
18. PR（患者、医師、オピニオン・リーダー、政府、健康団体等）
19. 社会的貢献のための投資

ないことは、いまや周知の事実である。広告は広告代理店に、PRはPR会社に、セールス・プロモーションはセールス・プロモーションの専門会社に、それぞれ別々に任されている。

その結果、それらのプロモーション手段にかかる費用の振り分けがうまくいっていないだけでなく、それぞれの手段の間に統一したメッセージを設定し、消費者に伝えることすらできなくなっているのではないだろうか。

図表6―5に示したものは、製薬会社が医師にアプローチし、医薬品を売り込むために用いる一九種類の手段である。基本的に製薬会社は、それらの手段ごとの費用対効果を見積もったうえで、ターゲットである医師にその薬の採用を説得するために最適な手段の組み合わせを考える。しかし実際には、なかなか見込み通りにはいかない。

顧客が購買行動を起こす主要因が何かわかっているならば、先に述べたプロモーション手段の最適な組み合わせを考えることは容易になるだろう。

**図表6-6　主要なプロモーション手段の分類（製薬会社の例）**

**1　製品の評価**

A. 効果
B. 投薬量
C. 副作用
D. 販売期間

**製品管理**
サンプル
学会誌の広告または記事
ダイレクト・メール
シンポジウム

**2　営業マン**

A. 知識
B. 個性
C. 対応
D. 好意度
E. 特技

**リレーションシップ管理**
選考
研修
接待

**3　企業**

A. 研究力の評判
B. 信用度
C. 支援度
D. イメージ
E. サンプル
F. 著名な専門家

**イメージ管理**
特集記事
スポンサーシップ
企業市民としての活動

図表6―6はその一つの例である。医師が薬の採用で考慮する要因はおもに三つある。ある特定の医薬品を採用することは、その薬に対する医師の評価が高く、それに呼応して担当のMRを信頼しており、また製薬会社に対しても好意的な印象を抱いているはずである。

それぞれの項目の左に列挙されているのは、医師が評価基準とするポイントであり、右はそれらに対する適切なコミュニケーション手段である。たとえば、サンプル商品の無料配布は、医師に薬の効果と副作用を知ってもらうための手段である。それぞれのプロモーション手段は、果たすべき個々の役割をきちんと区別したうえで、最も効率的な組み合わせを選択しなければならない。

ＩＭＣに関わる問題の解決法はかなり容易である。それは、コミュニケーション担当の副社長（ＶＰＣ：Vice-President of Communications）を任命すればよいからである。ＶＰＣは、社内のすべてのコミュニケーション活動を管理、統合する責任を負っている。その仕事は、顧客に対して行われるすべてのコミュニケーションについてアドバイスを与えることである。それは一般的なメディア媒体にとどまらず、会社の服装規定や業務用トラックのペインティング、工場の外観など多岐に及ぶ。

次の例に見られる通り、顧客にせよ見込み客にせよ、彼らはちょっとしたことで、その企業や製品について、自分なりの判断を下してしまうことがある。

●見込み客が工場を訪問した時、その散らかりようや床のゴミにあ然とした。
●見込み客が営業マンの訪問を受けた時、営業マンの息が臭く、服装もだらしなく、態度にしまりがなかった。
●顧客が企業広告を見て、センスがないと判断した。
●大々的に広告を打っている勢いのある企業のトラックが、実は古く、おんぼろであることに顧客が気づいた。

ＩＭＣが解決策を打ち出すためには、まず、顧客が企業や製品、ブランドと出会う可能性のある場面をすべてきちんと認識しなければならない。

ブランドと顧客との接点は、すべて何らかの印象を顧客に与えることになる。それは好意的なものだったり、その逆だったり、あるいは無関心かもしれないが。企業は、顧客とのすべての接点において、首尾一貫した肯定的なメッセージを伝えるよう努力しなければならない。

ＩＭＣの役割は、それだけではない。というのも、マルチメディアを活用したマーケティング・

コミュニケーション活動でなければならない時ですら、たとえば広告だけのような、一つのコミュニケーション手段しか利用していないケースが、しばしば見受けられるからである。

ある企業が、まったく新しい特徴を備えた新製品の発売を考えていると仮定しよう。その企業は、キャンペーンの立ち上がりの第一歩として、広告に頼るのではなく、記者会見を設定してタダで記事を掲載してもらおうとするかもしれない。そうすれば、広告を出すよりもずっと安いコストで、ターゲット市場に新製品の登場を知らせることができるだろう。

次のステップでは、新製品についてのパンフレットを無料送付するという告知広告を打てばいい。パンフレットの希望者には、その商品が一般店頭に並ぶ前に割引価格で購入できる権利を与えよう。パンフレットを受け取った消費者の五%が、注文したとしよう。話はここで終わらない。注文してこなかった九五%の消費者に電話を掛け、本当に関心がないのかどうかを確かめる。そのことによって、さらにもう五%の消費者から売上げがもたらされる。それでも注文しなかった消費者は、新製品のデモへ招いたり、相手の希望があれば、営業マンを訪問させる。

つまり、この企業の新製品導入は次のような慎重に組み立てられた活動から成っているといえる。

プレス・リリース→パンフレット送付の告知広告→DM→テレマーケティング→セールス・デモンストレーション

予算をそっくり広告に投じるのに比べ、こうした作業には明らかに手間のかかるコミュニケーション作業が必要となる。しかし、こうしたステップを重ねることによって、はるかに大きな売上げを上げることができるのである。

次に示すのは、いくつものコミュニケーション手段をミックスした例である。


抗ヒスタミン剤のベナドリルを製造するワーナー・ウェルカム社は、この薬をアレルギーに苦しむ人向けに販売したいと考えていた。そこで、ブランドの認知度を上げるために広告とPRを展開し、相談用のフリーダイヤルを設置し周知に努めた。その番号に二回以上電話をしてきた人には、無料の試供品やクーポン、それに製品の詳しい説明書を送付した。彼らのもとには、アレルギー対策の情報を載せたニュースレターがいまも届けられている。


それぞれのプロモーション手段を統合するだけでなく、マーケティングの4Pすべてを統合しなければならない。企業は品質の劣った製品に高価格をつけることはできない。また、良質の製品であっても、不十分なサービスしか提供できなければ、同様に高価格の設定は不可能である。

四つのPは、それぞれ補完的な役割を果たすと同時に、相対する立場にもある。ある自動車ディーラーは、一〇人の営業マンを首にし、その費用でクルマの販売価格を大幅に値下げした。その結果、その自動車ディーラーは大きな利益を手にした。明らかに顧客は営業マンの胡散くさいサービスよりも、クルマの値段の方にずっと関心があったのである。

マーケティングの各要素間に存在する相互依存の関係に対処するには、細心の注意を払って計画づくりに取り組まねばならない。一つの要素を選択することによって、しばしば自動的に他の要素のあり方が決まってくる。小売店経由で商品を販売する場合には、店が出す広告への協賛金が必要となるだろう。カタログ販売を実施する場面には、毎日二四時間、週七日間受付可能な電話窓口が必要となる。「どこよりも安い」店を標榜するなら、メーカーや卸に対する圧倒的な交渉力をもたなければならない。

こうした理由から、明確なバリュー・プロポジションをまず構築し、そこを起点にすべてのマーケティング要素を一つに統合することの重要さを再度強調しておきたい。

## 検討課題

企業は、最強のマーケティング・ミックスを構築することによって、その基本戦略を具体化しなければならない。「ミックス」とは、まさに適切な用語である。なぜなら、企業は多数の要素について検討し、そこから選択し、調整する必要があるからである。

こうした要素は、4Pのそれぞれにおいて調整されるだけでなく、4P間の関係においても調整がなされなければならない。顧客にとっては、企業からのオファーは、4Cで表される次のもの、つまり顧客価値（customer value）、安価（low costs）、いつでもどこでも（better convenience）、好ましいコミュニケーション（better communication）に合致している必要がある。

次の設問について答えてみていただきたい。

❶まず、あなたが働いている会社が現在用いている、すべてのマーケティング・ミックス手段をあげてください。そのなかで、最も重要なものはどれですか？　そこから抜け落ちているものは

ありませんか？　「金の無駄」と思える手段はありませんか？　顧客のおもな購買決定要因別に、それぞれの手段を分類することができますか？

❷顧客とのあらゆる接触機会を通じて、ブランド・メッセージは首尾一貫していますか？　広告代理店やセールス・プロモーション会社、ＰＲ会社などのマーケティング・サービス会社は、うまく連携していますか？

❸それぞれのプロモーション手段に費やしている予算の割り振りには、満足していますか？　予算をほかに回すとしたら、どれを削り、どれを増やしますか？

❹流している広告が効果的かどうかを、現在どうやって評価していますか？

❺営業マンにかける費用を削減する際、どんな手順を踏んでいますか？　作業効率性分析やセールス・オートメーション、テレマーケティングへの移行に投資を行っていますか？

❻自分たちのいちばん大切な顧客が誰か、知っていますか？　それらの顧客が何を必要としていますか、満足のレベルがどのあたりにあるのかを予測できる情報をもっていますか？　ワン・トゥ・ワン・マーケティングを実施していますか、あるいは計画していますか？

# 第7章 顧客の獲得、維持、育成

顧客が唯一のプロフィット・センターである。……………ピーター・ドラッカー
もしあなたが顧客のことを考えていないとしたら、あなたはそうすべきだ。……作者不詳
パラダイムは変わった。製品は現れ、そして消えていく。今日の価値の単位は顧客との関係である。………………………ボブ・ウェイランド
われわれが顧客志向でないとしたら、われわれの造るクルマもそうではないだろう。……………………………フォード社幹部の言葉

マーケティングは、多くの評者によって「顧客を発見し、維持する技能である」と定義されてきた。しかしわれわれは、この定義を次のように拡張しなくてはならない。「マーケティングとは、利益に結びつく顧客を見出し、維持し、育てる科学であり、技能である」。

では、どうすればそんなことが可能だろうか。

かつてのマーケターにとって、新しい顧客を見つける能力は最も重要なスキルだった。営業マンは、既存顧客との関係の構築ではなく、新規顧客の獲得に、そのほとんどの時間を費やした。顧客を獲得するごとに、彼らはまるでトロフィーを手にしたかのように浮かれ騒いだ。だが、既存顧客にサービスすることには、それほど喜びを感じなかった。

今日のマーケターの考えは、まったく逆である。顧客を維持し、育成することがいちばん肝心である。企業は、現在の顧客ひとりひとりを獲得するのに多額の費用を費やしており、競合企業は常にその顧客を奪おうとしている。既存顧客をひとり失うことは、新規の顧客をひとり獲得し損なうこと以上に損失が大きい。つまり、顧客の生涯にわたる購買から得られたはずの利益を失うことになるからである。さらに、失った顧客に代わる新規顧客を誘因するための費用も発生する。

TARP（Technical Assistance Research Program）調査によれば、新規顧客の獲得に要する費用は、現在の顧客を満足させる費用の五倍にのぼる[1]。そのうえ、そうした新規顧客が、以前の顧客と同じような頻度で買ってくれるようになるまでには何年もかかることだろう。

ゆえに、呪文はまだ続くのである――いわく、顧客があなたのところの製品やサービスにどのくらい満足しているかをモニターしてみなさい、彼らの存在を当たり前と思ってはいけません、時々は彼らに何か特別なことをしてあげなさい、彼らからのフィードバックを歓迎しなさい。

実際、優れた企業は新しい顧客を見つけ、それを維持するのも巧みである。次に、以下の三点に関する主要なプロセスについて検討を加えよう。それらは、①見込み客の発見、②見込み客への最初の販売、③顧客の維持と育成（できれば永久の）である。

## 見込み客の発見

顧客がほとんど皆無な場合のみ、その発見には困難が伴う。数が少ないことと皆無は別である。つまりパンとかガソリンと同様、通常の範囲内の量が存在しているのだ。とびっきり魅力的な製品が売り出されれば、顧客は列をなす。一九六〇年代にフォードがムスタングを、一九七〇年代にマツダがＲＸ―7を売り出した時、若者たちはそのクルマほしさにディーラーに殺到した。

だが、そのような状況はまれである。あふれんばかりの供給者とブランドの存在が、今日の市場の特徴である。不足しているのは、製品ではなく顧客である。ヨーロッパの自動車メーカーの年間生産力は全体で七五〇〇万台とされているが、需要が見込まれるのはそのうちの四五〇〇万台である。そのような状況下では、他のほとんどの企業同様、各自動車メーカーが顧客獲得のために厳しい戦いを繰り広げねばならないのは明らかである。

かつて生産財メーカーは、新しく入った営業マンに、まず担当エリアと製品カタログ、受注票を渡し、煙突から煙が上がっている工場を見つけろと指導した。忙しい工場は、どこも新しい情報を欲しがっていた。そこで営業マンは飛び込みで訪ね、相手が購入する価値のあるものを自分がもっていることを示せばよかった。

いまだ多くの企業が、顧客の発見を営業マン任せにしている。しかし、営業マンの時間単価は高額であり（すべてを足すと、営業マンの訪問コストが一件当たり五〇〇ドルにのぼる企業がある）、彼らに任せると費用がかさみ過ぎる。

営業マンの仕事は、顧客を探すことではなく売ることである。今日ではリード（成約の可能性のある相手先の名前や住所、その他の情報）の作成に取り組む企業がますます多くなってきている。企業は、より少ない費用でリードを見つけることができる。そうしたよい情報を営業マンに与えることによって、彼らは販売活動により多くの時間を割くことができる。

では、どのようにしたら営業マンのために精度の高いリードを得ることができるだろうか。リードを収集するためのプロセスは、三つのステップから成る。まずターゲット市場を見定める。次にリードを収集するためのコミュニケーション・ツールを活用する。最後に、リードを選別する。

## ターゲット市場を特定する

まともな判断力をもつ企業であれば、相手構わず販売しようなどとは考えない。ジレットが、かみそりの刃を一三歳未満の子どもに販売することはないし、キンバリー・クラーク社が、紙おむつのハギーズを子どものいない家庭に販売することもない。

経験豊富な製鉄会社は、鉄を必要とするあらゆる企業を販売対象にするとは限らない。おそらく、その製鉄会社はSTP（セグメンテーション、ターゲティング、およびポジショニング）のプロセスを適用した後に、ターゲット市場を選択したに違いない。その製鉄会社は、自動車メーカーやオフィス機器メーカー、キッチン・メーカーのための薄板鋼板に特化するかもしれない。

ターゲット市場が決まりさえすれば、潜在的顧客の名前を割り出すことは比較的容易である。ターゲット市場が何を求め、いつ、どこで、どのように購入しているかを知るにつれ、ちゃんとしたリードをどうやって入手したらよいかがわかってくるのである。

## コミュニケーション・ツールを用いたリードの収集

いくつかのツールを用いて、見込み客の名前を集める方法もある。そのためのツールとなるのは、広告、DM、テレマーケティング、展示会などである。極端な話、必要な名簿をたまたまもっている名簿業者から名前を購入することさえある。

たとえば、マースなどのキャットフード・メーカーが、ドイツで猫を飼っている人の名前を知りたがっていたとしよう。一つの方法は、「愛猫の可愛がり方」というようなタイトルの冊子をプレゼントする告知広告を主要紙に打つことである。猫の飼い主は、新聞のクーポンに自分の名前と猫の名前、それに猫の年齢と誕生日、さらにその他マースが設定した項目を記入して送るだけでいい。広告を見たほとんどの猫の飼い主は、おそらく無料の小冊子を欲しがるだろう。

またマースは、ドイツ人の獣医にアプローチし、猫を飼っている人の名簿を購入したいと申し出ることもできる。ネスレやガーバーといったベビーフードを販売している会社も、同様の手法で新生児の母親の名前を集めている。つまり、産科医に頼んだり、出産記録を調べるという方法をとっているのである。

マースはそうやって集めた情報をいろいろな形で利用している。たとえば、愛猫家向けの雑誌やキャットフードの案内を送付したり、自社ブランドの値引きクーポンを送ったり、猫の誕生日にバースデーカードを贈ったりすることさえある。

一九八〇年代初頭に、トヨタが新型レクサスの米国発売に際して、どうやって見込み客リストを作成したかを見てみよう。名前を得るための方法の一つは、競合企業を明確にすることである。レクサスは、メルセデスをターゲットにした。そして、クルマの登録記録からメルセデスのオーナー名を集め、DMやテレマーケティングを使って、次に乗り換える車としてレクサスを検討してはどうかと彼らに勧めた。

クラシックカーを集めたショーを主催するアプローチもとられた。レクサスのマーケターは、クラシックカーのショーに参加するような人たちならば、おもしろいクルマに興味をもつに違いないと推測したからだ。ショーは広告で告知し、裕福な人たちだけを集客するため、入場料金は一五ドルに設定した。すべての参加者の名前と住所は入場時に記録され、のちにレクサスの見込み客にDMを送るためのデータベースになった。

生産財マーケティングでは、見込み客の名前は、国勢調査局の標準産業分類（SIC）から簡単に割り出すことができる。そこには、さまざまな製品やサービスを提供する企業とビジネスに関する情報がリストされているからである。

それらのデータは、ダン&ブラッドストリートなどの情報企業によって付加価値がつけられ、それなりの料金を支払えばCD―ROMで利用することができる。たとえば、木製家具を接合するための特別な接着剤を作っている企業であれば、米国の家具メーカーについて、その企業名、住所、役員名、売上高、従業員数を容易に調べることができる。

## リードの選択

すべてのリードに価値があるわけではない。企業は、冷やかし半分の客と見込み客をきちんと分けなければならない。冷やかし客は、個人の場合も企業の場合もある。彼らは製品やサービスの購入に関心をもっているかもしれないが、先立つものがなかったり、本当に買いたいとは考えていないかもしれない。メルセデスを欲しがっている人は多いが、その大部分は見込み客としての適格性を欠いている。

展示会のブースに訪問客が置いていった名刺も、単なる気まぐれだったり、ちょっとした特別扱いや記念品のペンが欲しくてという理由が多い。ベテランの営業マンは、ブースに立ち寄った人々が置いていった名刺をほとんど捨ててしまう。

肝心なことは、誰が最も可能性の高い見込み客であるかを見分ける洞察力である。個々の見込み客は、クール、ウォーム、ホットのいずれかに分類することができる。そのなかでホットに属するグループが、最も購買の可能性が高い見込み客である。どんな営業マンでも、最もホットな見込み客から始まるリストを欲している。

郵便や電話を用いて、最高の見込み客が誰かを識別する方法もある。見込み客に電話をかけ、製品パンフレットが必要か、もしくは営業マンの訪問を望むかをたずねる。しかし、相手が営業マンの訪問を希望したとしても、念のため相手の取引銀行に問い合わせ、購入する余裕があるかどうかを調べたほうがよいかもしれない。

企業の目的は、営業マンが彼らの高価な時間を最も有効に使えるように（つまり販売活動に割くことができるように）、精度の高いリードを与えることである。マーケティング部内において、マーケティング・リサーチャーとマーケティング・コミュニケーターが力を合わせ、最も効率的にリードを開発する技術を確立しなければならない。

## 見込み客への販売

よいリードで武装した営業マンは、最も可能性のある見込み客を訪問することができる。まだ電子メディアがなかった時代には、そのことは見込み客を訪ねるためのアポ取りを意味した。営業マンたちは、移動手段や宿泊先のホテル名など、訪問計画を書き込んだ週間カレンダーをもっていた。

また見込み客のオフィスを訪問するにあたっては、ＡＩＤＡなどのかなり標準的なアプローチを用いていた［ＡＩＤＡ：見込み客の注意（Attention）を引き、興味（Interest）を駆り立て、欲求（Desire）を喚起し、そして行動（Action）を起こさせる］。

各段階には、それぞれいくつかのテクニックがある。買い手の注意を向けさせるための方法の一つは、その製品があれば儲かること、費用を大幅に削減できること、心に平静を与えること、競合との戦いに役立つことを訴求することである。

営業マンは、その製品に満足した他の顧客の話をすることによって、相手の関心を引きつけようとする。また欲求を刺激するために、初回の購入に限って大幅割引が適応されるという、今日限りのオファーを出すだろう。最後には、顧客に購買行動を起こさせるために、相手の疑問に注意深く答え、さらに契約後満足しなかった場合には返金するとのオファーを提示するかもしれない。

ＡＩＤＡアプローチを用いることによって、営業マンはイニシアチブを取って見込み客とのダンスを「リード」することができる。最近の営業マンは、相手の言うことによく耳を傾けるよう教えられている。口先のうまい営業マンの台詞はむかしのものになった。いまや上手に問いかけ、耳を傾け、そして相手から学ぶことのできる営業マンが本流なのだ。ニール・ラッカムのＳＰＩＮ販売法(2)では、営業マンが見込み客に四つのタイプの質問をするよう訓練している。

**状況に関する質問**：購入者の現状を知り、調査するためのもの。たとえば、「この事業所で働いているのは何人ですか？」

**問題に関する質問**：買い手が現在抱えている問題、困難、不満などを対象に、売り手が自社の製品やサービスで解決できる内容を扱う。たとえば、「システムのどの部品がエラーを起こしているのですか？」

**影響に関する問題**：買い手が抱えている問題、困難、不満が、彼らに何をもたらしているかについて問う。たとえば、「この問題があなたの部下の生産性にどんな影響を与えていますか？」

**詰めにいたる質問**：提案している解決策の価値を問う。たとえば、「われわれの提案によってエラーを八〇％減らすことができるとしたら、どのくらいの支出減につながりますか？」

ラッカムによれば、企業、とりわけ製品やサービスの内容が複雑な企業は、最初の段階では製品やサービスそのものを売るのではなく、問題解決の可能性を売るべきであるという。営業マンは商談に際し、前置きから始めて、自社が提供できる問題解決能力へと話を進め、協働についての長期的な関係の獲得に取り組むようにすべきである。

このアプローチは、多くの企業の関心が、当座の売上げから長期にわたって相手を満足させる顧客関係へと移ってきた事実を反映している。

われわれは、営業マンの活動は見込み客のオフィスを訪問することから始まると考えてきた。だが見込み客は、営業マンの訪問を好まず、その前に情報を送付してもらうか、電話で話をすることを望んでいる。その結果、営業マンは、電話による販売技術を身につけねばならなかった。

顧客を実際に訪問しなくても、電話で契約がとれるほど話術に優れた営業マンもいる。実際、販売コストを抑えるために、テレマーケティング・グループを設けることによって、見込み客（とりわけ売上げのそれほど大きくない見込み客）を探す手法が求められるようになっている。

電子の時代になり、見込み客のもとへ実際に足を運ぶことは、ますます少なくなってきている。いまや、コンピュータにはカメラの機能もついている。営業マンは、買い手とその同僚が参加するテレビ会議を計画する。彼らはスクリーンを通じて顔を合わせる。製品は画面上かファックスを使って提示される。やがて、コンピュータの取り扱いの訓練を受けた営業マンが、費用のかかる出張型営業マンにとって代わるだろう。

コンピュータによって、営業マンにかかっていた他の費用も削減される。ほとんどの営業マンは、自宅勤務になるだろう。彼らはコンピュータや電話、電子メール、ファックスに通じていて、インターネットやイントラネットで情報を入手したり、交信することもお手のものに違いない。販売や顧客維持の活動を、あまり費用のかからない情報と通信チャネルを利用して行う技能をもった人材が、企業から求められている。

コンピュータの主要な用途の一つは、見込み客と顧客データベースの管理である。クルマのオーナーの名前を大量に集めたレクサスの例に戻ろう。レクサスは、それら見込み客にアプローチする入念な販売計画を立案した。

初めに、クラシックカー・ショーに出席してくれた見込み客へ、一見プレゼントに見える小包を速達郵便で送付した。手紙とビデオテープが入ったその小包は、最寄りのレクサス・ディーラーから発送された。見込み客に送られた手紙は、次の土曜日にディーラーのところで開かれるパーティへの招待状である。

一二分間の映像が納められたビデオテープでは、レクサスがメルセデスに引けをとらないか勝っていることを、さまざまな角度から示している。たとえば、メカニックがレクサスとメルセデスのエンジンのうえに水の入ったグラスを置いて、エンジンをかける。すると、レクサスの方のグラスは水がほとんど動かないのに、メルセデスの方は水がひどく揺れている。レクサスはそうした方法を用いて、いかに乗り心地がなめらかかを表現していたのである。

土曜日のパーティの何日か前には、レクサスのディーラーは見込み客に電話をかけ、出席を確認する。もし見込み客が参加できないと答えたならば、次回のパーティに参加する気がないか訊ねる。答えが「イエス」ならば、次回の案内状の送付を忘れないように記録しておく。

見込み客がディーラーへ来店しなかった場合は、数週間後に見込み客に電話をかけ、クルマをもっていくので試乗してみないかと誘う。あるいは週末の間、レクサスの貸し出しを提案するかもしれない。

こうしたすべてのステップは、ディーラーのデータベースに記録されるので、個々の見込み客がいまどのような状況にあるかを知ることができる。こうして、どの見込み客へのアプローチを継続し、どれを止めるかを判断するのである。

見込み客と顧客に関する詳細な情報を保有できるという意味で、コンピュータはマーケティングと営業の担当者に大きな利点を与えた。それはまさに販売プロセスの革命である。今日の営業マンは、顧客と基本的な合意に達すると、その場で契約書をコンピュータから打ち出し、相手のサインを得、見込み客を顧客に変えることさえできるのである。

## その顧客は獲得する価値があったか？

見込み客を顧客に変えるためのすべての努力が与えられたならば、顧客獲得費用（CAC：

得る平均生涯利益を上回っている例である。

Customer Acquisition Cost）が、顧客から得られる生涯利益（CLP：Customer Lifetime Profit）でカバーできるかどうかを分析することが必要になる。次のものは、平均顧客獲得費用が顧客から得る平均生涯利益を上回っている例である。

❶営業マンの年俸　一〇万ドル
❷営業マンの年間の顧客訪問回数　二〇〇回
❸訪問一回当たりの費用（❶÷❷）　五〇〇ドル
❹見込み客を顧客に変えるために要する平均訪問回数　×四
❺新規顧客獲得ひとり当たりにかかる費用（CAC）（❸×❹）　二〇〇〇ドル

二〇〇〇ドルの費用は、実際より少なく見積もっている。というのは、広告やプロモーション費用が省かれているうえに、すべての見込み客を顧客に転向させられるわけではないからだ。

次に、顧客から得られる平均生涯利益を見積もってみよう。

❶ひとりの顧客から一年間に得る売上げ　一万ドル
❷顧客忠誠度を保てる平均年数　×二
❸売上高利益率　×〇・一
❹顧客ひとり当たりの生涯利益（CLP）（❶×❷×❸）　二〇〇〇ドル

顧客維持に必要な営業マンによる相手先への訪問や広告活動などの費用が省かれているため、このCLPの数値は実際よりも大きくなっている。つまり、同社は新規顧客ひとり当たりの価値以上のものを、その獲得のために支払っていることになる。

倒産を避けるために、同社はCACを減らし、CLPを増やす方法を見つけなければならない。CACを減らすためには、営業マンの支援にかかる費用を削り（たとえば営業費用の削減、相手先への訪問の代わる電話利用）、見込み客を顧客に転向させるための効率を高めなければならない。

CLPを増やすためには、それぞれの新規顧客ひとり当たりの販売数量を増やす方法、顧客とより長期的な関係を保つ方法、およびより利益率の高い製品を販売する方法がある。こうした一連のステップにより、CACとCLPの間のよりよいバランスを作り出すことが期待できる。

## 生涯にわたる顧客との関係の維持

さて、顧客を維持し育てることの大切さが理解できたことと思う。今日の賢明な企業は、自らの役割が製品を販売することだとは考えていない。むしろ、利益をもたらしてくれる顧客をいかにして創造するかにあることを知っている。

それらの企業は、顧客を創造するだけでなく、顧客を生涯にわたって「所有」したいと考えている。最近出版されたある本のなかには、企業のこうした関心を立証しているものがある。そのなかの一冊が『市場所有――ナンバーワンになるための技術と科学、および生涯にわたる顧客』である[(3)]。

しかし、顧客は所有されることを望んでいるわけではない。実際のところ、顧客は選択の自由をもっていたいのだ。それにもかかわらず、マーケターは顧客を所有し、自分に忠実な顧客であってほしいと願っている。

それだけではない。マーケターは、顧客の取引全体における自分たちのシェアを絶えず増やしたいと考えている。ある特定の製品に関して唯一の供給者であるというだけでなく、顧客が購入するものを何でも供給したいと考えている。「顧客シェア」の追求である。

たとえば銀行は、顧客の財布の中身すべてのシェアを増加させたがっている。スーパーマーケットは、顧客の胃袋の中身すべてのシェアを増加させたがっている。ハーレー・ダビッドソンは今日、オートバイだけでなく革のジャケット、サングラス、シェービング・クリーム、ハーレー・ブランドのビール、タバコを販売しており、ニューヨーク市内ではハーレー・レストランを経営している。ハーレーが創造し、所有することを望んでいるものは、「顧客のライフスタイル」そのものと言えるかもしれない。

それは、類似性マーケティングの目的でもある。歯医者や美容師などの特定グループにねらいを定め、彼らの必要に合った商品やサービスを販売する方法をとる企業もあるだろう。そのようなグループには、抱えている問題やニーズ、およびライフスタイルに共通点が多い。企業は彼らに向けて、保険や旅行プラン、金融サービスを販売することができる。

新規顧客をより熱心で忠実な顧客に変えていくことは、いくつかのステップにそって顧客を動かしていくことである。おもな顧客開発のステップは、以下の通りである。(4)

初めての顧客

常連客
クライアント
支持者
メンバー
パートナー
共同所有者

それぞれのステップについて検討するとともに、顧客をあるステップから次のステップに移していくためには、どうすればよいかを考えてみよう。

## 初めての顧客

初めての顧客は、テニスラケット、クルマ、法的なサービス、ホテルの宿泊など何を買うかに関係なく、その購入と供給者について何らかの印象を抱くものである。

顧客は購入前に何らかの期待を抱いていた。そのもとになったのは他人から聞いた話だったり、売り手のセールス・トークだったり、自分が以前に買った似たような商品の経験だったりする。購入後の顧客の意識は、五つの満足度レベルのいずれかに当てはまるだろう。

非常に満足した
満足した

普通
不満だった
非常に不満だった

新規顧客が再度購入してくれるかどうかは、最初の購買時の満足度に深く関係している。満足度が「非常に不満だった」あるいは「不満だった」、場合によっては「普通」の時でさえ、顧客は他へ逃げてしまうことがある。もし顧客が「満足した」ならば、おそらく次回も買ってくれるだろうし、「非常に満足した」ならば、その確率はさらに上がるだろう。

「満足した」顧客と「非常に満足した」顧客は、きちんと区別されていないことが珍しくない。「満足した」顧客は、別の供給者が同等もしくはそれ以上のものを提供すれば、多分そちらに切り替えてしまうだろう。しかし、「非常に満足した」顧客層は、そのレベルの満足度を与えてくれる他の供給者の存在をそれほど認めようとしない。ゼロックスの報告によれば、「完全に満足した」顧客は、「満足した」顧客に比べ、初回購入後一八カ月以内に再購入する確率が六倍高いという。

常連客を引きつけたいならば、彼らを対象として定期的に満足度調査を実施しなければならない。理想としては、顧客満足指標（ＣＳＩ）において、ほとんどの顧客が「満足」しているか、もしくは「非常に満足」していることである。しかし残念ながら、そういうことはめったにない。

顧客満足度調査によれば、顧客が自らの購買に不満を示す確率は約二五％にもなるという。さらに困ったことに、そのなかの約九五％は不満を口にしない。それは、不満があっても誰に、どうやって伝えたらよいのかわからなかったり、それを時間の無駄と考えるからだ。(5)

ＣＳＩの調査結果が多くの不満な顧客の存在を示しているならば、その理由を突き止めなければならない。一つの可能性は、営業マンの売り込みが強引で、顧客が本来求めていない製品やサービスを購入させてしまったケースである。二つ目は、製品やサービスの性能が大袈裟に言われていたため、あとで顧客が失望するケースである。どちらの場合にしても、この企業は二度と同じ顧客の顔を見ることはないだろう。

企業は失った顧客についての費用を見積もるべきである。例をあげよう。ある運送業者は、自分たちの粗末な顧客サービスのために、毎年、顧客の約五％を失うと見積もった。以下に示したものは、それらの顧客損失に伴う費用についての計算である。

その企業の取引先数は六万四〇〇〇社だった。

不十分なサービスによって毎年失われる五％の顧客は、三二〇〇社（六万四〇〇〇社×〇・〇五）にのぼる。

失った顧客一社当たりから得ていた売上高は平均四万ドル。

したがって、自社の不十分なサービスによって失うことになった売上げは、総額一億二八〇〇万（四万ドル×三二〇〇社）。

売上高利益率は一〇％。

結果、企業の純損失は一二八〇万ドル（一億二八〇〇万ドル×〇・一）。

この会社は、顧客サービスの改善に費用をかけることによって、大いに利益を得るだろう。お粗末なサービスで顧客を失うことが今後二度と発生しないようにアドバイスを受けたり、そのためのプログラムを導入することに、少なくとも一二八〇万ドルを費やす価値はある。

しかし実際には、その何倍もの費用をかける価値がある。なぜならば、引き留めることができた顧客からは、何年間かにわたって利益を得ることができるからである。

失望した顧客から受けることになる損害は、彼らの生涯価値の損失にとどまらない。腹を立てた顧客の影響力を過小評価してはならない。TARP調査によれば、「非常に不満」だった顧客は、その不満を一一人の人に話すという。そして、それを聞いた人たちは、また同じ話をまわりの人にする。その結果、その会社の悪口を聞く人は指数関数的な勢いで増えていく。

こうして、不満を抱いた顧客の生涯価値を失うだけでなく、話を聞き、その会社からは買わないようにしようと決めた多くの潜在的顧客まで失うことになる。

もちろん、失望した顧客を失ってもかまわないということにはならない。抜け目のない企業は、満足しなかった顧客がそのことを企業に気軽に話せるシステムを設けている。もはや、小さなホテルが「苦情は午前九時から一〇時の間のみ受け付けます」と表示することはない。P&GやワールプールＧＥは、フリーダイヤルを設け、顧客が製品について苦情を言ったり、問い合わせをしたり、提案したりできるようにしている。

ピザ・ハットでは、フリーダイヤルを配達用のピザの箱すべてに印刷している。顧客の苦情は、ボイスメールで店の責任者に伝えられる。店の責任者は四八時間以内にその顧客に連絡し、問題を解決しなければならない。こうした企業は、顧客からの信用回復のために次のような方法をとっている。

❶顧客の苦情に対応するために、年中無休一日二四時間無料の「ホットライン」(フリーダイヤル、ファックス、Eメール)を設置する。
❷苦情客にできるだけ早く連絡をとる。対応が遅れるほど顧客の不満は募り、悪い風評が広がる。
❸顧客の不満の責任がこちらにあることを認める。顧客が間違っているとは考えない。
❹親身になって話を聞く顧客サービス担当者をおく。
❺相手が満足するよう迅速に苦情を解決する。苦情を言う顧客のなかには、代償を求めているのではなく、企業に自分のことを気にかけてもらいたがっている人たちがいる。

皮肉なことに、不満が解消した顧客は、往々にして不満を感じたことがない顧客よりもその企業に対して高いロイヤルティをもつようになる。強い苦情を訴えた顧客の三四%は、不満の解消後、再度その会社の製品を購入している。苦情が些細なものであったケースでは、その比率は五二%にのぼる。顧客の不満が速やかに取り除かれた場合、五二%(大きな苦情)から九五%(ささいな苦情)の顧客は、再度戻ってくる(6)。

自社に失望した顧客の支持を取り戻す手だてはいくつもある。顧客への埋め合わせのため、次回購入時に値引きしたり、粗品を渡すことがある。シアトルでサティスファクション・ギャランティー・イータリーズという名のレストラン・チェーンを経営するティモシー・ファーンストールは、次のような指針を定めている。

「お客様が予約しているにもかかわらず、一〇分から二〇分待たせてしまった場合は、何か飲み物をサービスする。待ち時間が二〇分を超えた場合は、食事代をすべて無料にする。お客様が席につ いてから五分経ってもまだパンが出されていない場合は、クラムチャウダーをサービスする」[7]

## 常連客

利益率で見れば、初めての顧客はさまざまである。高価な買い物をし、さらに購入する余裕とその気持ちがある顧客もいれば、ちょっとしか買わないうえに、一度きりの顧客もいる。そこで、マーケターは初めての顧客のなかで見込みのある者にねらいを定め、なんとか常連客にしようとする。

顧客を「反復の深さ」で分類するのが有益であることがわかっている。自動車メーカーは、同じディーラーから一度だけクルマを買ったことがある客、二台購入した客、三台購入した客、それ以上購入した客を、それぞれ区別する。ランズ・エンドのようなカタログ販売企業は、よく知られたＲＦＭ（最近購入時点、購入頻度、購入総額）の基準に従って顧客を分類する。それらの企業にとって最もよい顧客は、最近購入してくれたお客であり、頻繁に買ってくれるお客であり、たくさん買ってくれるお客である。

顧客を長期間にわたってつなぎ止めておくことで、利益率がさらによくなることが知られている。長期にわたるお得意さんが企業により多くの利益をもたらす理由として、以下の四点があげられる。

**1　非常に満足すると、何度も購入してくれる**。いったん売り手との購買関係が確立すると、習慣も手伝い、特定の売り手から買い続ける。新たな必要が生じると、彼らが行く店はその販売店である。その際、売り手が利用するのは次の二つのプロセスである。

**●クロスセリング**……売り手は顧客に訴求する製品構成にほかの品目を加え、顧客の注意を引こうとする。コンピュータ会社の営業マンであれば、コンピュータをサポートするプリンタ、モデム、ソフトウェアなどの周辺機器を顧客に提示するだろう。銀行ならば、預金口座を新規に開設した顧客に対して、ローンや信託も併せて案内することができる。

**●アップセリング**……設備が老朽化したり、再購入の必要が生じた時、売り手は買い手に早期の買い替えやアップグレードへの買い替えの優位性を訴える。クルマでもコンピュータでも、顧客の購買記録を取っておくことで、性能が向上した新型車をいつ売り込めばいいかを知ることができる。アップセリングの時期は早すぎてはならない。新車のオーナーが二、三年で買い替えるとは考えにくいからだ。一方、売り手が長く放っておきすぎると、顧客がいつの間にか他のクルマに乗り換えていることに気づくだろう。

**2　常連客にかかる費用は、時間の経過とともに低下する。** 常連客との取引は、いずれそのやり方が定まってくる。たくさんの契約書にサインしなくとも、両者が理解しあえるようになる。信頼関係ができ、双方が時間と費用を削減することができる。

**3　非常に満足した顧客は、その売り手を他の潜在的顧客にたびたび推薦する。**

**4　長期にわたる顧客は、売り手側の正当な価格の値上げに対し、理解を示してくれやすい。**

**図表7-1　保険業における顧客維持率と利益率**

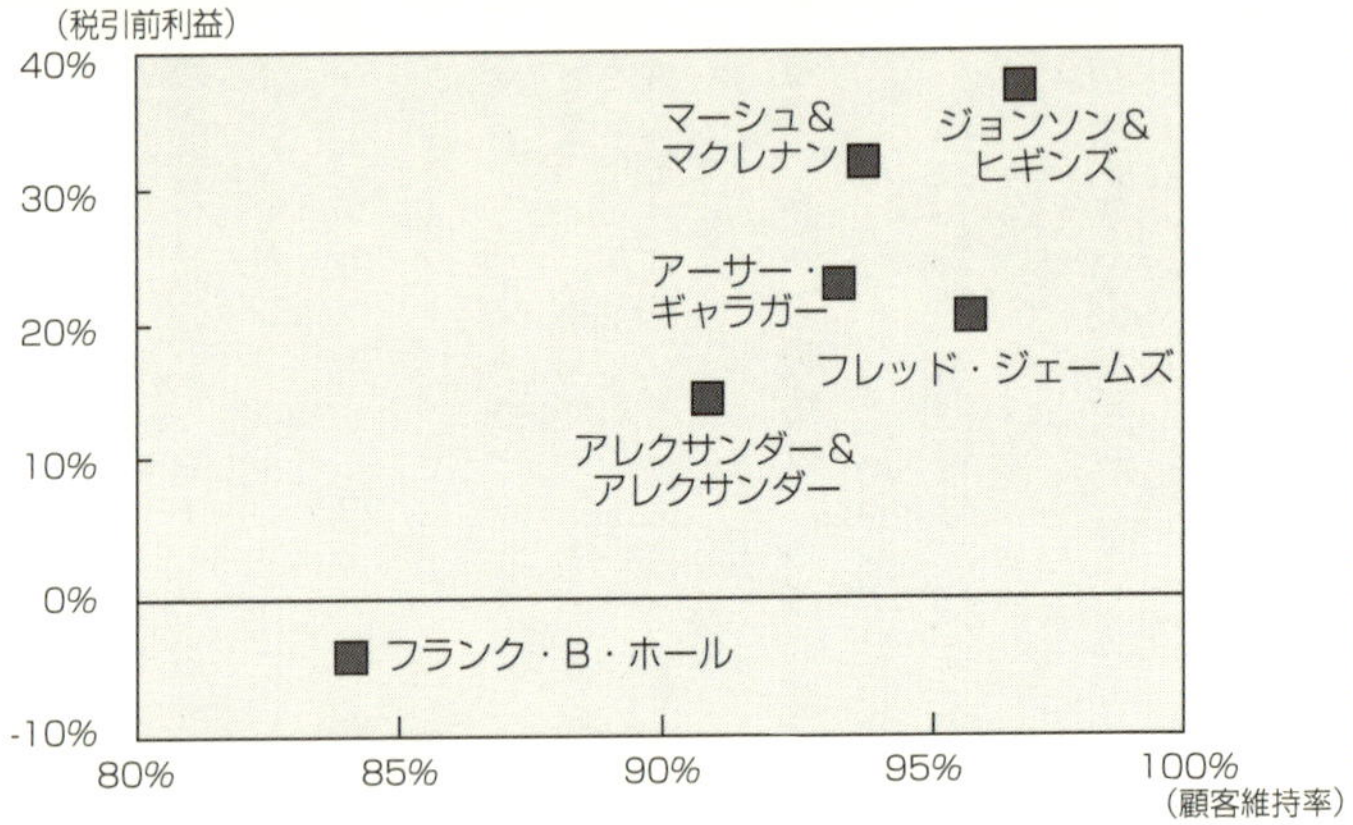


出典:Frederick Reichheld, *The Loyalty Effect*(Boston : Harvard Business School Press, 1996). p. 13. Based on Bain estimates, U.S. Operations.

これらの結果として、顧客を長く引き留めている企業は、そうでない企業に比べて利益率が高くなっている。フレッド・ライクヘルドは、顧客維持率が高い企業のデータを収集し、それらの企業が高い利益率を達成していることを示している。

図表7―1は、いくつかの保険会社の顧客維持率とその利益率を示したものである。顧客維持率が高い企業は、明らかに利益率が高いことがわかる。実際、ライクヘルドは、顧客維持率が五%改善すると、個々の業種の特性にもよるが、利益率は三五%から九五%も向上すると結論づけている。[8]

長期にわたる得意客は、企業にとって大きな利益を生む顧客であることから、しばしば特別扱いされる。企業は、ひとたび自社にとっての最も貴重な顧客(MVC:Most Valuable Customer)として認めると、彼らにバースデーカードや粗品を贈ったり、特別なスポーツ・イベントや芸術イベントへ招待するなど、心のこもったもてなしを提供するだろう。

## クライアント

われわれが用いる「顧客」という言葉は、企業から製品やサービスを購入する人々を指す。しかし、会計事務所、法律事務所、建築設計事務所のような専門家事務所は、顧客ではなく、「クライアント」という言葉を使用する。

その違いはどこにあるのだろうか。まず専門家事務所のメンバーは、自分たちのクライアントに関して、企業の場合よりもはるかによく知っている。二つ目に、彼らはクライアントを支援し、満足させるために多くの時間を割いている。三つ目に、クライアントとの関係はより継続的であり、親近感や感情的なつながりを伴っている。

データベース・マーケティングの機能によって、企業は、大勢の顧客をクライアントとして対応することが可能になった。顧客がL・L・ビーン（衣料品の通信販売）やUSAA（軍人家庭向けの保険）に電話すると、電話を受けたオペレータは発信者番号通知サービスのおかげで、顧客のデータをたちまちコンピュータの画面で確認することができる。

L・L・ビーンのオペレータは電話を受けると、「ジョーンズさん、先月お求めいただいたジャケットは、その後お気に召したでしょうか？」と尋ねることができるし、USAAのオペレータも、「スミス中尉、クルマのドアの修理にはご満足いただけたでしょうか？」と尋ねることができる。

これらの企業は顧客をクライアントと考えており、彼らの関心は次の製品を販売することにとどまらないのである。

## 支持者

クライアントは、ある企業を好きになればなるほど、人に聞かれなくとも、その企業を人前でほめるようになる。

「最もよい広告は、満足したクライアントである」

「満足した顧客は伝道者になる」

これは、パーカー・ハナフィン社のCEO、デュアン・コリンズの言葉である。多くの企業の目的は、顧客を創造することではなく、ファンを創造することである。[9] ファンという言葉は、ファナティック（狂信的な支持者）を略したものであり、ハーレー・ダビッドソンのバイカーがハーレー・ダビッドソンとその製品に対して抱いている感情がその代表例である。

人々は、自分が目にする広告や特定の製品を売り込むスポークスマンよりも、友人や知人の意見をより信用する。企業にとっての本当の課題は、好意的な口コミの伝播を刺激するために、もう一歩先のステップに踏み出せるかどうかにかかっている。

一つの方法として考えられるのは、満足してくれた顧客に頼んで友人の名前を教えてもらったり、会社に代わって製品を説明してくれるように頼むことである。歯医者が、待合室にこんな表示を掲げてもおかしくはないかもしれない。「もしあなたが私の治療にご満足いただけたなら、きっとあなたのお友だちも満足していただけることでしょう」。エンドレス・プールズという名前のプール・システムを販売する企業は、自社製品に最も満足してくれた顧客に対し、見込みのある人たちを自宅に招いて、そのプールを紹介してくれるよう働きかけている。

企業はまた、自社製品を推薦してくれるオピニオン・リーダーを味方に引き入れようとしている。レジス・マッケンナは、新しいハイテク製品についての好意的な情報を広げるために、オピニオン・リーダーをどのように活用すればよいかを、いくつかのステップに分けて詳細に示している。(10)

## メンバー

顧客のロイヤルティをさらに高める方策として、さまざまな特権が与えられる会員制度を設けることがある。会員であることによって特別な利益が十分に受けられるとしたら、メンバーは特権を失ってまで他社に移ろうとはしないだろう。

会員制度には多くのレベルと種類がある。誰でも加入できるものもあれば、企業の選別によるものもある。企業にとっての利益とコストは、それぞれに異なる。本書の第8章で、こうしたプログラムをいくつか紹介しよう。

## パートナー

企業のなかには、顧客を自社のパートナーとして考えているところもある。その顕著な例としては、企業が新製品の設計をする際に、顧客の助けを求めることがあげられる。企業はサービス向上のために顧客に意見を求めたり、調査目的の顧客パネルに彼らを招いたりする。

パートナーへの取り込みは、消費財市場よりも生産財市場の取引において見られることが多い。土木建設機械メーカーの最大手であるキャタピラーは、ディーラーを単なる顧客や再販売者ではなく、パートナーとみなしている。キャタピラーは、新しい機器やマーケティング戦略、さらには価格政策に関して、ディーラーの意見を積極的に求めている。

クライスラーに座席システムを独占的に供給しているジョンソン・コントロール社も、その設計に際して顧客であるクライスラーをパートナーと考えている。実際、クライスラーも自社の重要なシステム部分の供給会社各社に対し、クライスラーをパートナーと考えるように奨励している。

カーペットや室内装飾用品、およびタオルのトップ・メーカーであるミリケン・アンド・カンパニー社は、自社の顧客をパートナーとみなすだけでなく、「利益のためのパートナー（ＰＦＰ：Partners for Profit)」となるよう奨励している。

企業相手のランドリー業では、ミリケン社からタオルを購入する五年契約を結ぶことで、いくつものメリットを得ることができる。たとえば、輸送ルートを決定するための専用ソフトウェア、ランドリー業の会計記録用のソフトウェア、産業向けランドリー・ビジネスについてのニュースレター、そしてランドリーの営業マンを対象とした無料の研修プログラムである。

ミリケン社が販売しているのは、実際のところ、タオルというよりも「ランドリー・ビジネスで利益を得る方法」である。顧客のランドリー企業に儲けさせることによって、最終的に自分たちも潤うことが彼らの目的である。ミリケン社にとって、「われわれの成功は、われわれの顧客の成功にかかっている」

## 共同所有者

おそらく最も高いレベルの顧客はステークホルダーであり、企業の実質的な共同所有者である。実際、顧客が法的な所有者であるビジネスは存在する。

たとえば、相互保険会社を所有しているのは、その顧客である（相互保険会社は、その保険加入者のために何から何まで行っているわけではないが、原則的にはそうすべきである）。協同組合もまた、顧客が所有者である。卸売業者が出資している協同組合では、小売店が株式を保有している。彼らは協同組合を通じて購入し、その購入額に基づいた配当を受け取る。そして消費者協同組合では、消費者は協同組合の方針に賛同して加入し、その支出額に応じた配当を受ける。

だからといって、何もあらゆる企業がその顧客をパートナーや所有者、あるいは共同所有者に変えるよう努力すべきだと言っているのではない。これらの言葉は、単に法的な身分としての顧客をとらえるのではなく、賢明な企業ならば自社の製品を買ってくれる顧客に対して、企業としてきちんと表明すべき態度を表しているのである。

## すべての顧客を維持しなければならないか？

今日、「顧客第二」の考えが猛烈な勢いで広まっている。世界で最も利益率の高いスーパーマーケットの一つを経営しているスチュー・レオナルドは、従業員に二つのルールを示している。

規則１：顧客はいつも正しい。
規則２：もし顧客が間違っているならば、規則１に戻ること。

もしマネジャーが不満そうな顧客を見つけた場合、彼はその顧客の不満を解消するためにどんな手だてでも打つだろう。失った顧客は、その店にとって五万ドルの損失になる。平均的な顧客は、一週間当たり一〇〇ドル相当の食料品を購入する。その買い物は年に五〇週、およそ一〇年にわたって行われるからである（一〇〇ドル×五〇×一〇＝五万ドル）。

すべての顧客が大切なことは間違いないが、しかしほとんどの企業にとって、ある顧客はそれ以外の顧客よりも重要な存在である。前に述べたように、顧客は最近購入時点、購入頻度、購入総額によって分類することができる。

しばしば、売上げがいちばん大きな顧客がいちばん利益率が高く、売上げがいちばん小さなところがいちばん利益率が低いと見られがちだが、最大の顧客は、大幅な値引きと多くのサービスを要求することがよくあることを考えてみてほしい。投資利益率で見れば、最大規模の顧客よりも、中くらいの規模の顧客からの方が、より大きな成果が上がっていることが、いくつものケースから実証されている。

つまり、企業は個々の顧客利益率を測定する方法を見つけなければならないのである。顧客に特別の値引きや無料のサービス、その他の心づくしを提供することが、個々の利益率を異なるものにしているという事実を考慮しなければならない。企業は真の顧客利益率を測定する必要性から、各顧客に提供されたサービスの実費を決定するための活動基準原価計算（ＡＢＣ会計）を導入し始めている。

一度導入してしまえば、利益率を基準として顧客を分類することができる。よく引き合いに出される法則に、二〇対八〇の法則がある。利益貢献の高い上位二〇％の顧客によって、全体の利益の八〇％がもたらされるというものである。

ごく最近、この法則は二〇対八〇対三〇の法則へと変更された。利益貢献度の低い下から三〇％の顧客によって、企業の潜在的利益が半減させられているという観察結果が新たに付け加わった[11]。言い方を変えると、ほとんどの企業は何らかの割合の不良顧客に金を払っているのである。たとえば銀行では、全体の取引の四〇％にものぼるごく小口の顧客によって、損失を被っているという報告がなされている。

企業は、利益を損なうそうした顧客に、どう対処したらよいのだろうか。「放り出せ」と叫ぶ企業もある。競合企業の利益を吸い取らせるために、そうした顧客は手放しなさい。「われわれはどうしたら利益の出ない顧客を有益な存在に変えることができるのか」と自問する思慮深い企業もある。可能性はいくつかある。彼らにもっとたくさん購入するか、注文ロットを拡大するよう要請したり、ある種のサービスを無しで済ますか、サービスの料金を値上げすることである。最近、銀行は、顧客当たりの利益率を改善する目的で、預金の引き出し手数料と、預金残高が少額な口座の維持手数料を値上げした。

すべての顧客を維持する価値があるだろうか。答えは、「ノー」だ。遅かれ早かれ、利益に貢献する顧客に転換できない顧客は、維持する価値がなくなる。

## 検討課題

マーケティングとは、利益に結びつく顧客を見つけだし、維持し、育てる科学であり、技能であると定義することができる。今日の企業は、顧客をいかに見つけるかということ以上に、どうやって彼らをつなぎ止め、育てるかに重点が移ってきている。多くの企業が顧客を満足させ、維持するための手法をマスターするにつれ、顧客を競合から自社へ移行させるのはますます至難の業になってくるだろう。

そうしたことから、これまでにも増して企業は、自社に対して高いロイヤルティを感じてくれる顧客を創造する手法を習得する必要に駆られるだろう。

次の設問について、考えてみていただきたい。

❶あなたの会社は、どのようにしてリードを作成していますか？　それはおもに営業マンに任されていますか？　それとも、会社として「役に立つリード」を目指し、効率的なやり方で情報を収集し選別していますか？

❷営業マンたちは、ＡＩＤＡ法（注意、関心、欲求、購買行動）やＳＰＩＮ法（状況、問題、影響、詰め）、その他の手法を学ぶ研修を与えられていますか？　今日の顧客に対してより効果的な販売方法に移行する理由として、どういったものがありますか？

❸あなたの会社は、顧客獲得費用（ＣＡＣ）の平均を分析し、顧客生涯利益（ＣＬＰ）の平均と比較検討していますか？　分析結果は、どのようになっていますか？　ＣＬＰとＣＡＣの比率を改善するために、どんな方法をとることができますか？

❹顧客はただの商取引の相手ですか、それともクライアントないし支持者、メンバー、パートナーとして扱っていますか？　すべての顧客、もしくは少なくとも自社にとっての貴重な顧客を「より高いレベルのパートナー」として育て上げることができますか？　あなたの顧客を、第三

者にとっての紹介者、あるいは口コミを広げてくれる相手になるよう後押ししていますか？

❺クロスセリングやアップセリングを促進するためのプログラムを準備していますか？　それらのプログラムをさらに改善するにはどうしたらよいですか？

❻個々の顧客の利益率を測定していますか？　利益を生まない顧客の割合はどのくらいありますか？　それらの顧客をどうしていますか？　それらの顧客を、これからどうすべきですか？

# 第8章

# 顧客価値の創造と伝達

われわれは価値を創り出すビジネスをしている。

……エド・レンジ（マクドナルド社社長兼CEO）

顧客により多くの価値をより速く提供するために、より賢い人間を厳選して雇え。……

……ジョン・トムソン

顧客が製品を購入するだけで、それにともなうサービスやその他のベネフィットを気にせず、かつ同じカテゴリー内の製品にまったく違いがないとしたら、その市場は価格のみで決定されるだろう。そのうえ、あらゆる企業は、市場が決めた価格を受け入れざるをえないだろう。その市場での唯一の勝者は、コストが最も低い企業である。

そのような市場は確かに存在する。ＩＢＭ株の購入を望む投資家は、一セントたりとも高い値段をつける売り手からは買わない。そうした市場は、「コモディティ市場」と呼ばれる。われわれは、石油会社や農産物生産業者、汎用化学品会社、製鉄会社といった企業から、「値段がすべてなのだ」という嘆きを聞かされることがある。

しかし、もしそれが本当だとしたら、われわれはいくつかの例外について説明しなければならないだろう。

- ●なぜフランク・パーデュー・ブランドのチキンは、他のチキンよりも一〇%高いのか?
- ●なぜエビアンは、他の水よりも一〇%高いのか?
- ●なぜスターバックスのコーヒーは、他のコーヒーよりも二〇%高いのか?
- ●なぜモートンズ・ブランドの塩は、他のブランドの塩よりも一〇%高いのか?

人々はブランドを好む。ブランドは親しみやすく、期待感を創造する。フランク・パーデューのブランドは、そのチキンがやわらかいことを意味している。エビアン・ブランドは、その水が純粋であることを示している。スターバックスのブランドは、そのコーヒーがおいしく、新鮮であることを示している。ブランドとは単なる製品ではない。売り手によって作られるサービス、価値、および保証の総体である。

今日の熾烈な競争市場において、企業は自社のオファーをいかに差別化するかにしのぎを削っている。ダラスでキャデラックの販売店を営むカール・シューウェルは、単にキャデラックを販売しているだけでなく、顧客にキャデラックを最大限に楽しんでもらうための、優れたサービスと保証を売っているのである。彼の販売店は、緊急時には昼夜を問わず連絡をすることが可能であり、顧客には洗車を無料で行っている。彼はコアとなる製品自体をもとに、その製品の概念を拡大したのである。今日の抜け目のないマーケターは、製品ではなく、ベネフィットの束を販売している。購入価値を売っているだけでなく、使用価値を売っているのである。

自社が競合企業よりも大きな価値を提供する方法は三つある。

- ●安い価格をつける。
- ●顧客が他のコストを減らせるよう支援する。
- ●オファーがより魅力的になるようにベネフィットを追加する。

では、企業に競争優位をもたらすそれぞれの戦略において、それらの方法について検討しよう。

## 低価格による勝利

マイケル・ポーターは、『競争の戦略』において、「プライス・リーダーシップ」を、三つの成功する競争戦略の一つとして紹介した。日本人は、プライス・リーダーシップを実践することで、いくつもの市場を勝ち取ってきた。米国のテキサス・インスツルメンツもこの戦略を採用し、「経験曲線価格」を利用した。その結果、チップや部品に競合企業よりも低い価格を設定し、ボリューム・リーダーシップを獲得した。さらにそのことによって、規模の経済性からのコストと経験曲線コストを低減し、価格をいちだんと押し下げることができた。

一方、競合企業は、販売量や累積生産量が少なかったため、より高いコストを強いられ、「コモディティ」とみなされるものに対しても、しばしば高い価格をつけざるを得なかった。この理屈はリスクがないわけではなかったが、うまく働いた[1]。

## 攻撃的な価格戦略で成功する企業

攻撃的な価格戦略は、その業界のなかで低コストを実現できる企業において、最もよく実践されている。低コストを実現するためには、いくつかの要因がある。たとえば、規模、経験、安い立地条件、優れたコスト管理、あるいは納入業者や代理店に対する強い交渉力である。次に、顧客に最も安い価格を提供することによって、巨大な市場シェアの獲得に成功した四つの企業を見てみよう。

### サウスウエスト航空

高い航空運賃のせいで、多くの人々が小旅行にも出かけられないと感じたサウスウエスト航空の創業者は、地方都市を結ぶ安価な航空サービスを開始した。安い運賃は、いくつかの費用の節減から生まれた。

まず旅行会社を使わないことで、一〇%の代理店手数料を節減した。また機内食を出さないことで、食事を積み込まなければならない他の航空会社に比べて、早い離着陸が可能になった。食事サービスがないので、乗務員数も少なくてすむ。さらに、搭乗手続きを遅らせがちな座席指定も省いた。

その戦略は、乗客に「そこそこのものをはるかに安く」提供することにあった。乗客は航空会社の怪しい機内食よりも、安い料金を好んだ。サウスウエスト航空は、親しみあふれる接客サービスで知られる熱心な乗務員を雇い、訓練を行った。乗客のなかには、こう語るサウスウエスト航空びいきの乗客もいる。サウスウエスト航空は「そこそこのものをはるかに安く」提供してくれているのではなく、「よいものをはるかに安く」提供してくれているのだ、と。

### コンパック

コンパックは、パソコン市場において最も攻撃的な低価格戦略を実践してきた結果、市場シェア一位を獲得した。しかも、品質を犠牲にしてそうなったのではない。実際には、新機能の導入でも先駆的な役割を果たした。大量販売と引き換えに低いマージンを受け入れ、「経験曲線価格」さえ導入しているようだ。

ところが最近、流通業者に支払う費用を省いたデルやゲートウェイのような低価格の直販企業が、コンパックの前に立ちはだかっている。デルのコストは、一二%も安い。一度に一台ずつ、必要なだけのソフトウェアを発注してコンピュータを製造しているからだ。一方、コンパックは、需要を予測して小売店にコンピュータを出荷し、大量の在庫とさらには型遅れのコンピュータを抱えるリスクも負わなければならない。

いまやコンパックは、コンピュータの直販業者と競争する新たな方法を試みており、そのなかには直販も含まれている。いずれコンパックは、コストのかかる流通業者のネットワークと共存するか、それとも全面的に直販に移行するかを決断しなければならないだろう(2)。

### ウォルマート

ウォルマートは世界最大の小売店チェーンである。サム・ウォルトンは、「満足保証」や「エブリデー・ロープライス」など多くの原則に基づいて、一大帝国を築き上げた。ウォルマートのコストの低さは業界随一である。ライバルのKマートより低く、シアーズなどの大型小売店とは比較にならないほど低い。

その低コスト構造には、いくつかの要因がある。納入業者相手の強い交渉力、地代の安い土地への出店、店舗の誘致を望む地方自治体同士を競わせたり、助成金を最も多く出す自治体と協力するなどの手法である。また優れた情報システムにより、在庫水準の最適化を実現している。

ウォルマートは、その低コスト構造の強みを生かして、どこにも負けない低価格を設定しているため、多くの人々は何か購入しなければならない時、最初にウォルマートに向かう。殺風景な建物と飾り気のない什器が使われていた初期のディスカウント・ストアとは違って、現在ではしゃれたディスプレイにナショナル・ブランドの商品が並んでいる。ドアマンは愛想がよく、店員は「聞かれるまで話しかけない」応対を守っている。

## トイザらス、および他のカテゴリー・キラー

カテゴリー・キラーとは、そのカテゴリー内の製品を最も多彩に、かつ最も安値で取り扱っている店のことである。トイザらスは、最も古いカテゴリー・キラーの一つであり、今日米国で売られているおもちゃ全体の約四〇%を扱っている。親たちは、そこに行けば、最も豊富な品揃えのなかから、好みのおもちゃを最も安く購入できることを知っている。

どんなおもちゃメーカーであっても、トイザらスに相談することなく新しいおもちゃをデザインしたり、市場に導入したりすることができないほど、トイザらスの影響力は大きい。トイザらスは

新しいおもちゃを扱う際に、デザインの変更や、大規模なプロモーション・プログラムの実施など、さまざまな条件を要求する。同じようなことは、オフィスマックス、ホーム・デポ、スポーツマートなど他のカテゴリー・キラーも行っている。

## あるサービスが不要だという顧客に対して、低価格で提供する

顧客が値引きを求めてきた時の戦略としては、通常その価格に含まれている無料の配送や取り付け、トレーニングなどのいくつかのサービスを諦めてもらうことがある。そうすることによって、企業は潜在的な節減を実現することができる。

その秘訣は、実際に節減できる額よりも少なく割り引くことである。つまり、通常、配送に一〇〇ドルかかるとすれば、顧客にはその製品の価格から八〇ドルを値引くと申し出る。サービスを分けることによって、企業の利益は二〇ドル増えるのである。

## 低価格戦略の限界

低コストを実現している企業は、値上げをしたり、製品とサービスの改善に再投資する選択肢もあるが、他方で安い価格を設定する絶好のポジションにある。

しかし本当の問題は、グローバル競争の時代にあって、低コスト企業がどれだけの期間、その価格ポジションを維持できるかということである。もともと米国国内で生産してきた企業であっても、安いコストを求めて台湾に生産拠点を移したのかもしれない。さらに、台湾での生産コストが高くなれば、拠点をマレーシアに移すかもしれない。ところが、中国やインドにおける生産コストがさ

らに安くなる一方で、低コスト企業が中央ヨーロッパ地域に出現している。

その分野での産業振興を目指す国は、誕生したばかりの自国産業に補助金を出し、より安い価格を実現している。しかし、長期にわたって低コストのポジションを維持することは簡単ではないし、低価格で成功する戦略というのは、長い目で見れば、それほど信頼のおけるものではない。

## 顧客が他のコストを削減できるように支援する

顧客の低コスト実現を支援するうえで、企業にできることは二つある。一つは、自社が提供する製品の価格は競合よりも高いが、長期的な総コストで考えれば顧客にとって決して高くはないことを示すことである。もう一つは、どうすれば顧客が他のコストを削減できるかをアドバイスすることである。以下、これら二つについて考えてみよう。

### 高価格にもかかわらず、総コストは低いことを顧客に証明する

キャタピラーは、より高い価格を顧客に請求する一方、そのコストが実際には安いことを証明してみせる名人である。ある建設企業が大型トラクターの購入先として、キャタピラーとコマツのどちらかに決めようとしているとしよう。

コマツは四万五〇〇〇ドルを提示し、キャタピラーは五万ドルを主張する。キャタピラーの営業マンは、自社のトラクターを購入した方がよい理由を示す証拠を提示するだろう。営業マンは、キャタピラーの製品がなぜコスト削減につながるのか、またそれが顧客にとってどれだけの価値があ

るかを、具体的に説明する。

キャタピラーの機械は、故障が少ない　三〇〇〇ドル
キャタピラーは、機械の修理が速い　二〇〇〇ドル
キャタピラーの機械は、他社よりも二年以上長持ちする　四〇〇〇ドル
キャタピラーの機械は、中古市場で高く売れる　二〇〇〇ドル
キャタピラーの購入によって、顧客が削減できる金額　合計一万一〇〇〇ドル

キャタピラーの営業マンは、自社のトラクターがコマツより一万一〇〇〇ドル以上も価値が高いが、キャタピラーはわずか五〇〇〇ドルしか上乗せしませんと言う。

オーティス・エレベーターは、インド市場で八〇％のシェアを占めているが、その価格は競合企業よりも高い。その理由は、オーティスが依頼を受けてから一時間以内に到着するからだ。エレベーターのオーナーは、故障や遅い修理、苛立つ利用者を避けるためであれば、それなりの金額を支払うだろう。

価格の高い企業のなかには、顧客に対し「利益もリスクも分け合います」と提案するところもある。あるコンサルティング会社は、クライアントのコストを年間一〇〇万ドル削減できる自信があったので、失敗したらコンサルティングの請求額を割り引くと提案した。また、三年間価格を据え置くと約束した医療機器会社もあった。この場合、その医療機器会社は、コストが下がれば潤うが、コストが増えた場合は損失を被ることになる。

しかしながら、長い目で見ればコストが安くなるとわかっているにもかかわらず、その時点で価格が安い企業から購入する顧客もいる。これは、彼らが購入コストを下げる必要に迫られているためである。さらには、その部門が、後々起こるかもしれない故障やトラブルにかかる費用を負担する必要がないからである。

## 顧客が他のコストを削減できるように積極的に支援する

価格は高いが、どうすれば他のコストを削減できるかを顧客に示す企業もある。

溶接機器と部品のメーカーであるリンカーン・エレクトリック社は、その代表例である。仮に、GMが新しい溶接機器と部品を購入するとしよう。リンカーンは、GMに四〇万ドルの見積もりを提案する。GMは同じ機器と部品を三五万ドルで提案している他社と比較する。ここで、GMはリンカーンとの取引を望み、価格を他社に合わせるよう依頼したとしよう。しかしリンカーンは、自社の機器と部品、およびサービスが、他社製品よりも優れていることを理由に、値引きはたぶん「できない」と回答するだろう。

もし合意に達しなければ、リンカーンは次のように提案する。われわれは御社が五万ドルを削減するお手伝いをさせていただきます。もしそれができなければ、リンカーンは五万ドルを返金しなければならない。こうして、GMは何も失うことなく、リンカーンと四〇万ドルの契約を結ぶだろう。

リンカーンは、製造現場の専門家のなかから最も優秀なチームをGMの工場に送り込み、溶接がどのように行われ、仕事の流れがどのように組み立てられているかをチェックする。通常、こうした方法によって削減できる額は五万ドルにとどまらないが、最低五万ドルのコスト削減案を提示できれば、GMも満足し、リンカーンも満足する。

リンカーンは、GMのパートナーとしてどんなにすばらしいかを印象づけるために、さらに多くのコスト削減案を示してみせるかもしれない。しかし、将来GMとの間に厳しい交渉を予想しているとしたら、いくつかのコスト削減案は隠しておくだろう。

顧客のコスト削減を支援するために、企業はどうすればよいのだろうか。コーニング・カンパニー社は、自社のセールス・エンジニアに数多くのコスト削減案を与えている。また、顧客にコスト削減案を提案している企業を対象に訓練セミナーも実施している。そのアプローチは、顧客の製品購入と利用サイクルを検討し、彼らの発注、在庫、処理工程、管理手順から削減可能な部分を探し出すやり方である。では、コスト削減に関わる領域について検討してみよう。

## 顧客の注文費用の削減支援

頻繁に注文を出す顧客は、大量の事務作業に追われる。この場合、供給業者側は、自社のコンピュータに接続して発注できるコンピュータ・ソフトを顧客に提供することにより、その負担を軽くすることができる。

大手製薬卸売り会社であるマッケソンは、自社の多くの顧客にハードウェアとソフトウェアを供給し、発注を容易にし、かつ顧客のコストを削減している。同社のオムニリンク・プログラムは、適正な請求が保険会社や政府機関に確実に提出されるよう、投薬量の情報や価格、詰め替え制限や銘柄の推奨に関して間違いがないか、事前と事後で自動的にチェックする。

似たような形式は、旅行代理店で大いに活用されている、アメリカン航空の提供する予約システム――ＳＡＢＲＥ――がある。もしＳＡＢＲＥがなかったならば、旅行代理店は座席状況を知るために、いろんな航空会社に電話をかけなければならない。ＳＡＢＲＥによって、彼らは時間とコストを節約している。

アメリカン航空の社長、ロバート・Ｌ・クランデルは、かつてこう言ったことがある。もしどちらかを売らなければならないとしたら、私が残すのはアメリカン航空ではなく、むしろＳＡＢＲＥの方だ。なぜならＳＡＢＲＥの方が、より多くの利益を生んでくれているからだ。

**顧客の在庫費用の削減支援**

かつて、供給業者は二つの理由から顧客に多くの在庫をもたせようとした。一つは、在庫切れが起こらないようにするため。もう一つは、自社ブランドを気に入ってもらうために、顧客に強いプレッシャーを与えるためだった。しかし、今日の顧客は彼らが抱える在庫コストも含めて、あらゆるコストを削減する必要に迫られている。ここでは、少なくとも三つの異なる解決策を利用することができる。

**ジャスト・イン・タイム・サプライ**……供給業者は、顧客に対し、小量のユニットで多頻度の出荷を申し出ることができる。たとえば、日本のセブン・イレブンは店舗スペースが限られているので、小量の在庫しか置けない。各店舗からは、製品の売上げがリアルタイムで本社に伝えられる。一時間ごとに、いつ誰が何を買ったかという記録が各店舗でとられており、それをもとに数時間後のニーズを予測し、セブン・イレブンの倉庫から一日三回各店に配送が行われる。

リーバイ・ストラウス社は、ブルー・ジーンズを管理するために、ジャスト・イン・タイム方式のストック補充法を採用している。同社は毎晩、シアーズなどの量販店からリーバイス・ジーンズの販売情報をサイズと型番別に受け取る。それをもとに、デニムの主要な供給元であるミリケンに電子発注を行い、翌日リーバイスの各工場でどれだけのデニム素材が必要かを伝えるのである。ミリケンでトラックに積み込まれたデニムは、数時間後にはリーバイスの工場に送り届けられる。積み荷はおろされ、そのまま機械に流されてカットされ、縫製される。

一方、デュポンでは、ミリケンがデニムを作るのに必要な繊維の量に関する情報を受け取る。全体のサプライ・チェーンによって、製品は流れ続ける。目標は、在庫を置かないようにするための「流れ」であり、「在庫品」ではない。

GEは、大型電気製品を販売するに際して、ジャスト・イン・タイム方式の調整を行っている。販売業者は大型電気製品のサンプルを顧客のところへ運び、受注し、その情報をGEの工場へコンピュータで送る。工場はただちに製品を組み立て、ディーラーもしくは顧客のもとへ配送する。その結果、在庫費用が抑えられるとともに、ディーラーも満足させることができる。

**委託販売**……供給業者は、商品を委託販売することによって、流通業者の在庫費用を減らすことができる。流通業者は商品が売れた時だけ、その代金を支払う。

**外部委託による在庫管理**……もう一つのアプローチは、供給業者が顧客の在庫システム管理を申し出ることである。バクスター・ヘルスケア社は、多くの病院で在庫管理がうまくいっていないことを知った。病院は保有している品目のあるものは多すぎ、あるものは不足している状態に困惑している。バクスターはマサチューセッツ総合病院の在庫管理を任され、在庫を八〇%削ることによって、コストを二〇%削減した。病院はいままでより安いコストで、正確な在庫管理をすることが可能になった。バクスターは、他の医療品供給業者がその病院へ商品を販売する際に通らなければならない流通経路の監督者の立場を手に入れた。

**顧客のプロセス費用の削減支援**

企業は、どうすればプロセス費用を節約できるかを示すことによって、顧客への高い価格を正当化することができる。われわれは、リンカーン・エレクトリックがその溶接機器の購入者に対して行っている支援についてみてきた。供給業者が、顧客のプロセス費用の削減を支援するために用いる方法には、次のものがある。

- ●顧客の生産性改善の支援
- ●顧客の無駄を減らし、また作業のやり直しにかけているコストを削減するための支援
- ●顧客の直接または間接労働コストの削減支援
- ●顧客の突発事故を減らすための支援
- ●顧客のエネルギー費を減らすための支援

たとえば、直接労働に替わる機械を供給することができる。あるいは、シックスシグマ・レベルの品質の製品を供給すれば、顧客は検査費用を削減することができる。顧客のプロセス費用の削減

の機会を発見するためには、相手の仕事をよく理解しなければならない。

**顧客の管理費用の削減支援**

顧客はしばしば、企業の管理上の手続きにイライラさせられる。たとえば、顧客は、供給業者が発行した請求書の内容を理解できないかもしれない。そうした場合、彼は請求書の発行部門へ電話をかけて説明を聞くのが近道だと気づくだろう。

また、顧客は出荷の遅れに腹を立てるかもしれない。そうした場合、供給業者は顧客が簡単に出荷物を追跡できるようにしなければならない。P&GとGEは、顧客が自由に不満を述べ、提案が行え、質問できる巨大なコールセンターを週七日、一日二四時間体制で運営している。顧客に接することが可能な供給業者は、顧客ロイヤルティを構築するチャンスを得るだろう。

## 顧客により多くのベネフィットを提供することで成功する

企業は、低価格政策や、顧客のコスト削減支援以外の方法で、自社のオファーをもっと魅力的なものにしなければならない。付加価値創造型の企業は、購買者の選好にかなうよう、より多くの価値を提示し、ベネフィットの束を提供してきた。それらの企業は、顧客を得るために、次に述べるベネフィットのなかから一つ、あるいはそれ以上を提供することができる。

●カスタマイゼーション

●利便性の向上
●すばやいサービス
●優れたサービス
●指導、研修、コンサルティング
●破格の保証条件
●有効なハードウェアとソフトウェア
●会員限定のベネフィット

## 製品やサービスのカスタマイズ

顧客の要求に応えることができた時、企業は顧客と「親密」な関係を築くことができる。マクドナルドを相手にした戦いで、バーガー・キングは、「あなた流」というポジショニングを使った。顧客の好みに合わせて標準的なハンバーガーを変えられるようにしたのだ。一方、マクドナルドは、「マクドナルド流」を顧客に求めた。バーガー・キングは、顧客にハンバーガーのバリエーションをたずね、どちらの会社がより速く、よりおいしくできるかを見せつけた。

自社製品をカスタマイズすることが慣例になっているところもある。ある化学薬品メーカーでは、その製品を顧客の指定する仕様に合わせて調合する。また、ある包装機械メーカーでは、顧客の望む包装形態を実現できる機械を設計する。ボーイングでも、各航空会社が要求する機能とインテリアを備えた747型機を設計する。

ごく最近では、マス・カスタマイゼーションと呼ばれる機会を活用した企業もある。(3) マス・カスタマイゼーションとは、個別に設計された製品やサービス、コミュニケーションを大量に準備することのできる能力である。フレキシブル生産とコンピュータ・データベースのおかげで、企業は何百人、何千人、あるいは何百万人の顧客に対してであっても、たった一種類の製品を供給することができる。次に、いくつかの例をあげよう。

**女性用水着**……メリーランドの水着メーカー、スーテッド・フォー・サン社は、女性客が自分だけの水着を簡単にデザインできるコンピュータとカメラ・システムを小売店に導入した。

**ジーンズ**……リーバイスの販売員はお客の寸法を正確に計り、カスタマイズすることができる。また一五ドルの追加料金で、二日後に配達してくれる。一度購入した顧客は、再度店を訪ねなくても、ジーンズを追加注文することができる。

**自転車**……日本のナショナル自転車は、購入者の好みとその身体の特徴に合ったカスタム・メイドの自転車を製造する。その工場では、一八種類の自転車のモデルと一九九色の色のパターンから、一一二三万一八六二種類のバリエーションを用意している。

**カスタム・ミュージックテープ**……パーソニックス社は、五〇〇〇曲以上の歌のなかから顧客の好みに応じて、個人用のオーディオテープを作製する。

**種まき機**……イリノイ州のジョン・ディアーズ・モリン社が製造する種まき機は、顧客の要望によって二〇〇万以上の組み合わせが可能だ。この種まき機は、一度に一台から生産ラインに組むことができる。

**医療サプライ**……大手医療サプライのベクトン・ディキンソン社は、病院に無数のオプションを提供している。たとえば、特注のラベル、大量のパッケージから少量のパッケージまで、特注の品質管理、特注のコンピュータ・ソフトウェア、特注の請求書である。

カスタマイゼーションは、製品やサービスだけが対象ではなく、コミュニケーションもカスタマイズすることができる。前述のように、マースでは、猫にあててバースデーカードを贈っている。「親愛なるフェリックス様。二度目のお誕生日おめでとうございます。ここにあなたの人生において、その年齢にふさわしい食べ物をお買い求めになれるスペシャル・クーポンを同封いたします」フェリックスの飼い主は、こうした個人的なアプローチに驚き、楽しみ、うれしくなって、マース・キャットフードのいっそうのひいき客になる。

## 顧客における利便性の向上

顧客の方から売り手に近づき、製品を確かめ、注文するのが容易な場合、売り手は顧客を引きつけ、満足させるチャンスを手にしている。売り手側が対象とする市場を拡大し、ショールームを開設し、カタログを配り、ホームページを開設するのはそのためである。最近BMWでは、見込み客が自社のホームページ上で、自分の好みのBMWをデザインし、納車の日時がわかるだけでなく、その場で支払いまで行えるようにした。

利便性の一つとして、顧客の利用時間を延長するやり方がある。銀行はかつて営業時間が朝九時から午後三時までで、週末はいつも閉まっていた。銀行は三—六—三ルールに従っていた。三%でお金を借り、六%で貸し出し、午後三時までにゴルフコースに到着する、というやつだ。今日、最も急成長している英国の銀行の一つにファースト・ダイレクトがあるが、同行の顧客は週七日一日二四時間、電話で取引することができる。そうしたことは、デルやゲートウェイのようなパソコンの直販業者にもあてはまる。

たとえ週七日、一日二四時間営業ができないとしても、他よりも長く営業することで利益を生むことはできるだろう。大型書店のバーンズ＆ノーブルは、週七日間、朝九時から夜一一時まで営業している。多くの顧客は本を拾い読みし、コーヒーを飲み、著者の話を聞き、友人と待ち合わせる。この本屋は、彼らが集うコミュニティ・センターになった。

コンビニエンス・ストアほど利便性の重要さを示す例は他にない。セブン・イレブンは、朝七時の開店、夜一一時の閉店からその名がつけられた。それゆえ、ミルクや飲み物、それに菓子パンなどの一般的な食品目当ての買い物客に対して、便利な時間を提供している。

## すばやいサービス

自らを「スピード・リーダー」と位置づけ、より速いサービスを求める顧客に対応している企業もある。ウェルズ・ファーゴー銀行は、「五ドルか五分か」という看板を各支店に掲示した。もし顧客が五分以上待たされたら、顧客の口座に五ドルを振り込むというものだ。

ファーストフード産業全般は、わずかの時間でそれなりの味と値段の食事を提供することによって成長してきた。ヨーロッパのミニット・マンは、すばやい靴の修理や鍵の複製、その他多くの利便性を提供している。いまではフィルムを一時間で現像し、なかには三〇分でやる店もある。パール・ヴィジョンでは、新しい眼鏡を一時間で作る。ダイアラ・マットレスなら新しいマットレスを、ベッド・トゥ・ゴーなら新しいベッドを、それぞれ注文からわずか数時間で受け取ることができる。

サービス分野の企業は、すばやいサービスを提供することによって、自らを差別化できる。シティバンクでは、ソフトウェア・プログラムを使用して、ローン申し込み者に追加融資が可能かどうかを、その相談から一五分後には連絡することができる。いままでは、通常三〇日もかかっていたのだ。

プログレッシブ保険会社は、パソコン、モデム、プリンター、ファックスを搭載したフォード・エクスプローラーを事故現場に向かわせ、その場で損害を見積もり、確認書類を発行し、代車の手配をする。世界有数のボトルラベル貼り機メーカーであるドイツのクローネ社は、世界で最もすばやい修理サービスを提供する会社の一つである。ハーマン・クロンゼーダは、次のように言っている。


われわれは常に、世界中に二五〇〇人のサービス技術者を配置している。彼らは時として、数週間から数カ月も家に帰れないことがある。（中略）われわれは個々の機械のデータを中央コンピュータに合計二万件蓄積している。これらのデータは、世界中のあらゆる支店から三〇秒以内にアクセスできる。それらのデータは、コンピュータに直接蓄積され、交換用の部品はすぐに製造される。（中略）朝七時までに注文された部品は、午後にはトラックでフランクフルト空港へ送られ、その日の夕方には目的地へ向けて空輸される。また同時に、各地の子会社は便名と荷物の番号を受け取り、その荷物が滞りなく通関できるようにする。(4)

## よりよいサービス

製造業とサービス業の違いは、誇張されすぎている。すべての企業は、サービス企業でなければならない。第一に、製品を購入する顧客は、実際にはその製品から期待されるサービスを購入しているからだ。製品はサービスをもたらす。つまり、クルマは輸送を提供し、石鹸は清潔さを提供し、教科書は情報と教育を提供しているのである。

第二に、多くの製造業にとっては、製品とともにサービスを提供することが必要である。キャタピラーは、世界中どこにおいても自社の機械を二四時間以内に修理できると言っている。実際、同社は修理部品やサービスの販売によって、全体の利益の六〇%を稼いでいる。

第三に、製造業者は、多くのサービス関連労働者をかかえている。たとえば、科学者、デザイナー、エンジニア、マーケット・リサーチャー、会計士、輸送の専門家、各種マネジャーなどである。自動車メーカーの従業員の大部分は、サービス関連労働者であり、製造関連の労働者ではない。

すべての企業がサービス業だとするならば、その産業のなかでサービス・リーダーシップを獲得するために、どうすればサービス・ミックスと品質を差別化することができるだろうか。伝説的なサービスで知られる企業がある（同様に最低のサービスで伝説となった企業もある）。フォーシーズン・ホテルとノードストローム百貨店の例がいつもあげられるが、ここではそれ以外の例を見てみたい。

**USAA保険**……USAAは、米国の保険会社のなかで最も利益率の高い企業の一つである。USA

Aは、保険業と銀行業のサービスを軍人とその家族に販売しているが、戸別訪問のための代理人は使っていない。保険はすべて、テレマーケティングを通して販売されている。

ＵＳＡＡは各顧客についての完全な記録を保管している。週七日間、昼夜を問わず、顧客が電話をすれば、その電話番号はたちまち発信者番号通知サービスを通じて表示され、顧客の記録がテレマーケターのコンピュータ画面に映し出される。テレマーケターは、相手に対して、ご家族はお元気ですかとか、息子さんがクルマをお買いになりましたねとか、顧客が驚き、喜ぶことをいろいろ話しかけることまでできる。

テレマーケターは顧客に関する知識が豊富なので、相手の質問に的確に対応でき、たいていは競合よりもかなり安い見積もりを出すことができる。そうすることによって、顧客は、ＵＳＡＡがいままでの経験のなかで最高のサービスを提供してくれる会社の一つだという印象を抱く。

**サックス百貨店**……高級百貨店のサックスは、個人向けのショッピング・サービスを行っている。顧客は電話で予約をし、店に着くと、ソファーと机と電話を備えたスイート・ルームに案内される。ついで飲み物が出され、専任の購買代理人が洋服を運んでくる。あるいは、サックスが自宅に洋服を届けることもある。もし全店セールの予定があれば、自宅に連絡が行く。もし同じ物を購入した後でセールが行われれば、代金が払い戻される。

サックスは通常、毎年ある金額以上の買い物をした顧客に対して贈り物をしている。サックスはこのような数々のサービスによって、洋服をどこで買っても構わない裕福な顧客を、忠実な顧客に育てていく。

**アミル生命保険**……ブラジルの生命保険会社であるアミル社は、四人の医師によってスタートした。

今日それは、ブラジルの大手生命保険会社というだけでなく、アルゼンチンやテキサス、ラスベガス、ネバダに市場を広げ、月平均一八％の成長を実現している。

アミルは自らを、病気のための保険業者ではなく、健康推進のための保険会社と考え、「トータル・ケア」を目指している。当然ながら、生命保険会社が人々の健康維持に役立つことができれば、医療請求は減り、生命保険会社の利益は増す。その点で、アミルのサービスと「顧客を喜ばせる」レベルは傑出している。

●アミルは一日二四時間、毎日電話を受けつけており、電話で医療アドバイスや援助を提供する。このサービスは契約者でなくとも利用することができる。そのことで多くの非契約者をアミルの保険に切り替えさせることに成功した。電話番号はブラジルでは最も知られた番号であり、あらゆる広告に載っている。

●アミルは、自社の救急車をあらゆるスポーツ・イベント会場に待機させ、病気になった人には、契約者であるなしにかかわらず緊急医療のサービスを提供している。救急車の存在は、さらに同社をPRする。その救急車は、いざという場合には、簡単な手術が行えるように設計されている。

●アミルはヘリコプターを所有している。人里離れた場所で捻挫し、緊急のサービスを必要とする契約者がいる場合、病院へ運ぶためにヘリコプターを出すことがある。

●月二五ドルの支払いを追加すれば、アミルはその契約者が外国で行った手術の費用を負担する。

●アミルは薬局チェーンを経営しており、契約者は五〇％引で薬を購入することができる。

●アミルは病気の傾向別（喫煙、心臓病、乳がんなど）に、データベース上で契約者を分類し、それぞれの病状がよくなるように特別な教育プログラムへの参加を呼びかけている。
●アミルへの支払いは、生命保険としては高くつくが、人々はアミルの卓越したサービスと心配りを理由に、進んで契約をする。

## HSMマネジメント・セミナー

世界一流のブラジルのサービス会社をもう一つ紹介しよう。HSM社は、マネジメントの一流の専門家（たとえば、ピーター・ドラッカー、トム・ピータース、アルヴィン・トフラー）をブラジルやアルゼンチンに招聘し、彼らのスポンサーとして、世界最高レベルの経営セミナーを開催する。HSMは両国において、特に経営者層と中間管理職のビジネスマンに知られており、一日に七〇〇ドルもするセミナーに、平均で八〇〇人から一二〇〇人が集まる。セミナーでは、次のようなことが行われる。

●参加者がコンベンション・センターに向かう路上には、「ようこそ」といった表示がされる。セミナーが終わり、参加者がクルマで帰るころには、「ご参加ありがとうございました」という内容に変わる。
●コンベンション・センターのロビーは、多数の参加者とスポンサーであふれ返り、さながら展示会のような様相を呈する。
●参加者は市内電話を無料でかけられ、長距離電話も一回分サービスされる。
●HSMによって、すべての席にクッションが一枚追加される。

●参加者には利き腕別にワークブックが用意され、ノートにはポストイットとペンがついている。
●遅れてきた参加者には、最初の休憩時間に、それまでの話の要約が伝えられる。
●休憩時間中は、最新の為替相場がスクリーン上で速報される。これは、参加者が通貨の変動に興味を持っているからだ。
●昼食後、セミナー再開までの時間を利用して、有名なコメディアンが二〇分間登場して参加者を楽しませる。
●セミナー当日は、参加者全員に無料で医療保険が掛けられる。ＨＳＭは、重病人が発生した場合に備えて、アミルに救急車を待機させるよう手配する。
●すべての参加者には、セミナー終了後、男性用か女性用かのいずれかのお土産が渡される。

さらにＨＳＭは、六回以上セミナーに参加したマネジャーたちのクラブを設立した。彼らはセミナー会場に到着すると、丁重な歓待を受け、さらに豪華なノート、店での一割引優待サービス、年に一度のスペシャル・イベントへの招待、興味のある記事の郵送サービス、講演者の自筆サイン入り本、一〇回ごとに一回の無料セミナーが与えられる。

ＨＳＭが世界で最も顧客を喜ばせるセミナー運営会社であることは、ほとんど疑う余地がない。すべての講演者が、他のどのスポンサーからもこれほどの待遇を受けたことはないと言っている。彼らにはエグゼクティブ・スイートが用意され、空港への送迎が提供され、セミナーの準備にはアシスタントがつき、国際電話が無料でかけられるなど、全体を通してＨＳＭから配慮の行き届いた待遇を得ることができる。

## 顧客に対する研修と指導

賢明な企業は、自らのオファーを顧客に最大限に利用してもらおうとし、顧客のビジネスを理解しようとする。かつてその顧客とよく似た企業と仕事をした経験から、顧客本人よりも顧客のビジネスについてよく知っているなどというケースもありうる。

GEプラスチック社は、「コモディティ」製品の使い方を支援するために、生産性向上チームを顧客に派遣し、時には、その使用量の減らし方まで指導する。ステイプルズ社は、顧客に事務用品の上手な購入法をトレーニングし、注文用のコンピュータ・システムの取りつけまで行う。セリディアン社は、顧客が自社の給与支払いソフトウェアをもっと効率よく活用するよう指導する。オーチス・エレベーター社は、遠隔操作のエレベーター監視サービスを提供することで、差し迫った問題についての予測を行うことができる(5)。

IBMの主要な競争優位の一つは、大型コンピュータを購入した顧客に対して、幅広いトレーニングを提供することである。初期のころは、顧客がコンピュータを学び、使いこなすための幅広い支援が必要とされたが、企業の情報処理部門が社内に専門家を育てたことによって、IBMのサービスの必要性は減ってきた。今日IBMは、企業がコストを削減できるよう、こうした部門に対してサービスを提供している。

一般に、優れた研修や教育プログラムを提供している企業は、たいてい競合に打ち勝っている。シティバンクは、自行の行員に対して、自分をローン業務の担当者ではなく、ビジネス・コンサルタントと考えるよう指導している。ローンの希望者にただオーケーです、ダメですと答えるのではなく、シティバンクの行員は、ローンの内容がいっそう適切なものになるよう、顧客に業務運営の改善を提案する。シティバンクは、単なる財務の知識ではなく、ビジネス全般の教育を受けた人材を雇うようにしている。

## 破格の保証

競合に勝る性能の製品をもつ企業は、競合が太刀打ちできないような「破格の保証」を提供することによって、顧客の関心を引きつけることができる[6]。急成長を続けるモーテル・チェーンの一つであるハンプトン・インは、破格の保証によって、その成功を収めたと言ってもよい。それは、お客に不満があれば宿泊代はタダ、というやり方だ。

宿泊客は一泊した後、満足できなかったことを伝えさえすれば（マットレスが柔らかすぎたとか、うるさかったとか）、支払いをせずにチェックアウトすることができる。万一、ハンプトン・インの経営がまずければ、宿泊客の多くは支払いを拒否し、モーテル・チェーンは倒産するだろう。ところが、ハンプトン・インは従業員の素晴らしいサービスと心配りによって運営されている。ちなみに彼らは、お金を支払わない宿泊客をカバーするための資金の残金を分け合うことになっている。つまり、従業員たちは、宿泊客に優れたサービスすることに対して利害関係があるのである。ハンプトン・インによれば、モーテルを選択する宿泊客数の増加に比べれば、お金を支払わない宿泊客の割合などまったく小さなものだという。

ＢＢＫ社は、破格の保証をベースに、競合企業の五倍の料金を取っている害虫駆除会社である。ホテルやレストランなどから害虫除去の依頼を受けると、同社は次のような点を保証する。

●もしBBBKが害虫駆除に失敗すれば、他の害虫駆除会社の費用を支払う。
●市当局がその店を閉めるように指導した時は、その閉店費用の一切を支払う。
●害虫が原因で被害を受けた顧客すべての費用を支払う。

ホテルやレストランにとって、BBBKのような専門の害虫駆除会社を雇う費用は、不満を言うほどの大金ではない。

GMが始めた新しい自動車会社であるサターン社は、これまで他社がやったことのない破格の保証を開始した。サターンの購入者が、もしクルマが気に入らず、三〇日以内にそのクルマを返せば、代金が戻ってくるのだ。この成熟市場において、サターンは他の大部分の自動車会社よりも速い成長を示した。

その要因としては、サービス・プログラムに盛り込まれた保証ならびにその他の条件に対して顧客が感じた信頼感があげられる。顧客たちはサターンを熱心に支持している。その証拠に、サターンがテネシーのスプリング・ヒル工場で設立五周年を祝い、週末にパーティーを楽しもうとすべてのサターン・オーナーを招待したところ、二〇〇〇〇人の予想を大幅に上回る、オーナーと家族を合わせて四万四〇〇〇人が集まったのである。

## 有効なハードウェアとソフトウェア

顧客のビジネスの効率を上げるための有効なツールを提供することによって、顧客との強い関係を築くことができる。フェデラル・エクスプレスは、コンピュータとプリンター、そしてソフトウェアから成るパワーシップと呼ばれるツールを大手の取引先に提供している。パワーシップを使うことで、顧客はラベルを打ち出すことができ、荷物を発送したり、現在位置を追跡したり、費用を計算したりすることもできる。さらに請求書を受け取ることもできる。同様に、医薬品卸のマッケソンは、簡単な操作で発注ができるコンピュータとソフトウェアを薬局に提供している。

## 会員制によるベネフィット

顧客を獲得し、維持し、増やすための効果的な方法は、彼ら自身が顧客であることによって報酬が得られるようにすることである。例としては、航空会社のフリークエント・フライヤー・プログラムや、ハーレー・バイクのオーナーにさまざまな魅力的なプレゼントを贈るHOG（Harley Owners Group）のような会員制クラブをあげることができる。

企業が設立する会員制度は、四つのタイプに分類することができる。

### レベル1：フリークエント・カスタマー・アワード・プログラム

一九六〇年代に人気のあったプログラムは、スーパーマーケットなどの店がお客の買い物金額に応じてS&Hスタンプを与えるものだった。顧客はもらったスタンプを台紙に貼り、それを景品に交換した。しかし、あまりにも多くの店がこのサービスを始めたため、店のオーナーたちは嫌気がさし、そのプロモーションはなくなってしまった。

一九八〇年には、アメリカン航空がアドバンテージ・プログラムを導入した。それは、ポイントをためて無料航空券やアップグレードに交換するものだった。このプログラムによって、アメリカン航空は顧客の熱烈な支持の獲得に成功し、他の航空会社も対抗してフリークエント・フライヤー・プログラムを導入した。旅行客はいくつもの航空会社のプログラムに入会し、ポイントを集め始め、顧客のロイヤルティを築く要因は薄れていった。それでもなお、いくつかの航空会社は、他社よりうまくプログラムを運営することによって利用客を増やしている。

サービス企業には、最初レンタカー会社と提携し、後にはホテル、スーパーマーケットと協力して、景品プログラムを実施したところも多い。最近では、さまざまなプログラムのスポンサーが、他のスポンサーと提携している。アメリカン航空の利用客は、レンタカーのハーツやヒルトン・ホテルを利用することで、割引クーポンがもらえる。

それぞれの会社が、自社のベネフィットを拡大することにしのぎを削っている。たとえば、シェラトン・ホテルは、特別な特典を提供するITTシェラトンクラブ・インターナショナル・ゴールドのスポンサーをしている。年間五〇ドルの入会金を払うと、部屋のアップグレードや午後四時までのレイト・チェックアウト、無料旅行券、無料宿泊券、無料航空券、そしてゴールド会員だけのイベントや割引を受けることができる。

年会費三〇〇ドルのアメリカン・エキスプレス・プレミアム・カードには、次のような特典がついている。旅行中の医療サービス、二四時間の法律相談、一流ホテルでの追加的サービス、航空会社のラウンジ使用、遺失物保険、一万ドルまでの小切手の現金化である。

いまから数年前、英国の有力スーパーマーケットであるテスコは、クラブカードと呼ばれる全国的な「ロイヤルティ・カード」を導入し、現在では六〇〇万人の英国人がそのカードをもっている。カード所有者はそれをレジで機械に入れると、最低金額単位ごとにポイントが与えられる。そのポイントは三カ月ごとに積み立てられ、割引クーポンが届けられる。

クラブカードを使ってテスコで買い物をすると、買い物金額のおよそ一%を節約できる。テスコはいちばんの競合であるセインズベリーを市場シェアで抜き、さらに貴重な顧客データベースを手にした。テスコは、あるカテゴリーを購入する顧客を対象に、お知らせや割引クーポンを送付することができる。セインズベリーもカードを発行して対抗したが、いま一つ及ばない。

ダブリンの主力スーパーマーケット・チェーンであるスーパークインは、七〇%の市場シェアをもっている。その店は、きわめて創造的なマーケターであるファーガル・クインによって経営され、顧客には会員カードが発行されている。クインの店には、「顧客をびっくりさせる仕掛け」がある。たとえば、次のようなものがある。

●子どもたちが店を訪れると風船がもらえ、おもちゃのショッピング・カートを押すことができる。また各店には、チャイルド・ケア・センターが設けられている。

●顧客は誰でも、そのチェーンのスーパークラブに参加できる（すでにダブリンの全家庭の三分の二が参加している）。メンバーは一ポンドの買い物につき、一ポイントを獲得する。買い物をした日数、もしくは回数がある数字に達すると、ボーナス・ポイントが与えられる。ギフトやおもちゃ、日用品などが選べる六四ページの商品カタログがメンバーに郵送され、毎週カード所有者に景品の当たる抽選もついている。当選者が出るたびに、各店内には赤いライトが点滅する。

また会員は、チーズやワイン、試食会などの店頭イベントに招待される。

●スーパークラブ・カードをレジで機械に入れると、その顧客の名前が表示されるので、店員はその顧客の名前を呼んで来店のお礼を述べることができる。顧客の誕生日（カードに記載されている）には、店内のパン屋がバースデーケーキの上に顧客の名前を入れ、お店を出る時に顧客にプレゼントする。

●顧客は店の欠点（たとえば、ぞんざいに詰め込まれた袋やへこんだ缶）を報告するたびに、二〇〇ポイントを受け取る。顧客を「品質検査人」にしているのである。

●クインは一八社のスポンサー（テキサコ、ナショナル・アイリッシュ・バンク、ＵＣＩシネマなど）と協力し、それらの店でスーパークイン・カードを使えばポイントがもらえるようになっている。

ほかにも興味深いお得意様用プログラムがある。オーストラリアの会社、オノ・マチック社は、自社製品を継続的に購入してくれる家庭に洗剤をプレゼントしている。主婦たちは景品に交換できるポイントを集めていて、ポイントがたまると景品として洗濯機までもらえる。ＧＭは自社ブランドのクレジット・カードを発行している。顧客はカード利用でためたポイントを使って、ＧＭ車購入の際に大幅な割引を受けられる。

来店プログラムを、顧客ロイヤルティを構築するための方法として認めない人もいる。ほとんどの競合企業がプログラムを競い合ったら、顧客ロイヤルティは低下するというのだ。ロイヤルティ・プログラムに特典をもっとつけ加えたら、企業の利益はなくなってしまう。またロイヤルティ・プログラムは、企業が最も避けたい価格意識の高い顧客まで引きつけてしまう。
結局、ロイヤルティ構築のためのプログラムは、品質の劣った製品や悪いサービスなど、根本的なものが正しくないところでは意味をなさない。企業にとって危険なことは、プログラムを実施するだけで顧客のロイヤルティが獲得できると過信し、高いレベルのサービスが提供できなくなることである。

**レベル2：ベネフィットつきの会員クラブ**

多くのお得意様用プログラムは、それ自体を会員制プログラムと呼んでいるが、実際は買い物客にポイントを与えているだけである。しかし、豊富なベネフィットを提供する幅広い会員制プログラムを実施している企業もある。そのいくつかを見てみよう。

**ハーレー・ダビッドソン**……ハーレー・ダビッドソンのバイク購入者には、ハーレー・オーナーズ・グループ（ＨＯＧ）の初年度無料会員証が与えられる。その会員権は更新料が年間四〇ドル、永年会費で三五〇ドルである。ブルーカラーや大金持ちまで含む全三六万人の会員には、次のものがプレゼントされる。

●特典情報が記載された会員マニュアル
●四〇ページの隔月誌：Hog Tales
●オートバイ雑誌：The Enthusiast

●特製のピンとパッチ
●HOGツーリング・ハンドブック
●一二段階の達成段階別マイレージ・プログラム
●ツーリングのABCに関したコンテスト
●世界中どこでもハーレー・ダビッドソンのバイクがレンタルできるフライ・アンド・ライド・プログラム
●月例会や組織的なツーリング、資金集めの各種活動への招待
●バイクの手入れとHOGライフスタイルについての記事が掲載された月刊誌
●安く加入できる傷害保険および生命保険

ハーレー・ダビッドソンが、自社製品を愛し、おたがいに集うことが好きな顧客のグループ、つまりブランド・コミュニティの構築に成功したことは驚くにあたらない。ハーレーはこのグループに報いるために、そのブランド名を革のジャケットやサングラス、ビール、タバコにまで拡張した。

ブランド・コミュニティをつくり上げた企業は他にもある。アップル・コンピュータには、情報を交換し、親睦を深めるためにユーザー・グループ単位で集まる多くの愛好家がいる。自動車会社のサターンは、ブランド・コミュニティをまず築き上げた。BMWとポルシェは、オーナーに「仲間が集まる」機会を提供している。

レクサスも多くの「顧客の歓喜」をつくり出すことで、この戦略を展開している。オーストラリアのシドニーに住むレクサスのオーナーは、あの有名なオペラハウスへオペラを見に行った折り、

そこにレクサスの人間が待ち受けているのを見つけるだろう。彼はレクサスのオーナーに代わってクルマを駐車場に入れてくれ、しかもちょっとした飲み物まで用意してくれるのである。

一方、メルセデス車のオーナーたちは、自分でクルマを駐車場に入れ、飲み物代も払わなくてはならない。またドイツのレクサスのオーナーは、毎年最高のフランス・ワインを一本と、有名なザルツブルク音楽祭への招待状を受け取る。

**資生堂クラブ**……世界の一流化粧品会社の一つである日本の資生堂は、資生堂クラブを主催し、いまでは日本人女性一〇〇〇万人の会員がいる。会員は年会費三〇ドルで、次の特典を受け取ることができる。

- ●女性向けの記事を掲載した月刊誌
- ●いくつかの映画館、ホテル、小売店での割引
- ●講演会やコンサートなどの特別プログラムへの招待
- ●特典つきのビザ・カード

**任天堂**……この日本のビデオ・ゲーム会社は、任天堂クラブに二〇〇万人以上の会員をもつ。年間一六ドルを払った会員には、月刊誌『任天堂パワー』が送られ、また年齢を問わず「ゲーム・カウンセラー」に電話相談できる。

**リアドロ**……このスペインの優れた磁器製品メーカーは、「コレクターの集い」を主催している。年

間三五ドルで、会員には年四回の雑誌や素焼きの器の飾り板、ニューヨークのリアドロ美術館への無料登録、スペインのバルセロナにある会社やリアドロ・ファミリーへの訪問が盛り込まれた特別の旅行が与えられる。

会員制プログラムの導入を考えている企業は、次の点を注意深く検討する必要がある。それらは、提供するベネフィット、ベネフィットの提供にかかる費用、会員の年会費、最低限必要な会員数、および、そのプログラムを終了する場合の費用である。クラブは、うまくいけば強力なロイヤルティを築く手段になるが、失敗すれば大きな財務上の負担と困惑を招く。

## レベル3：最重要顧客へのVIPプログラム

すべての顧客が大切な存在である一方で、他の顧客よりも重要な顧客がいる。それゆえ企業は、誰が最も価値のある顧客（MVC：Most Valuable Customer）であるかを見定めておく必要がある。MVCには、VIPとして待遇する価値がある。

サックスやニーマン・マーカスのような高級デパートは、年間三〇〇〇ドル以上購入する女性会員を歓迎している。彼女たちは毎年、催し物へ特別招待され、景品が贈られる。

キューバ人社会を相手にしている、あるマイアミの銀行では、富裕層の顧客を列に並ばせたりしない。その代わりに、コーヒーやフルーツが用意され、個人的なサービスを受けられるスイート・ルームに招待する。彼らは特別セミナーやスポーツ・イベントに招かれる。同行は、そうした顧客がわざわざ来店しなくてもいいように、行員をその自宅に派遣し、預金の受け取りや支払いを代行している。

### レベル4：顧客の特別認定プログラム

企業のなかには、特別な報奨のためにある特定の顧客を選定し、正式な式典の場で彼らを表彰するところがある。アーサー・アンダーセンは、地域のアントレプレナーを表彰するプログラムをいくつかの市に設けた。アンダーセンはそれぞれの市で、クライアントを招いたイベントを毎年開催する。その場で名前が発表されるまで、どのクライアントが選出されたかは誰にもわからないようになっている。

## 検討課題

しだいに競合との違いがなくなり、差別化の維持がむずかしくなってきていることに、企業は不満を抱いている。そうした傾向は、どんな競争優位もすぐさまコピーされる熾烈な世界経済の一部である。

しかし、本章で示したように、差別化に失敗した企業は十分な想像力を欠いていた。なぜなら、顧客に自社特有の価値やベネフィットを与える方法そのものは、数多く存在しているからである。企業には、価格を下げることも、顧客が他のコストを下げる手伝いをすることも、また魅力的な一連のベネフィットを付加することもできる。

どんな付加価値も永遠には長続きしないが、目鼻の利く企業は絶えず可能性を探り、顧客が価値を認めてくれる新たなベネフィットへ投資をしている。

次の設問について、考えてみていただきたい。

❶あなたの会社は、競合企業より低いコストを実現していますか？　もしそうならば、その優位性を攻撃的な価格に転換しましたか？　もしそうでなければ、その理由はなぜですか？

❷どのような方法で顧客の発注や在庫、処理工程、管理費用の削減を支援してきましたか？　そのための他の機会を見つけていますか？　エンジニアや営業マンに対して、顧客のためのコスト削減の機会の大切さを理解させるために、どんな研修を施していますか？

❸以下に並べる付加価値の提供について、あなたの会社はどのように評価していますか？　カスタマイゼーションは？　利便性の向上は？　すばやいサービスは？　よりよいサービスは？　指導・研修・コンサルティングは？　破格の保証は？　有効なハードウェアとソフトウェアは？　会員制のベネフィットは？　競争優位獲得のために、以上のベネフィットを追加することができますか？

# 第Ⅲ部

# マーケティング管理

第9章

# より効果的なマーケティングのためのプランニングと組織づくり

ヴィジョンは戦略を必要とし、戦略は計画を必要とする。……作者不詳

必要なのはビジネス・プランではない、戦闘のプランだ。……作者不詳

営業部門が会社のすべてではない。会社全体が営業部門になるべきなのだ。……作者不詳

わが社には、マーケティング担当部門はないが、顧客担当部門はある。また人事担当部門はないが、人材を担当する部門はある。……ハーブ・ケラハー（サウスウエスト航空CEO）

マーケティングが戦略的かつ戦術的に優れていたとしても（本書の第Ⅰ部と第Ⅱ部を参照）、マーケティングの管理がうまくいかなければ、失敗することがある。マーケティング管理とは、適切なマーケティング・プランを準備し、かつ実行できる能力を有することである。すべての戦略と戦術は、マーケティング・プラン上で統合され、マーケティング組織の手で効果的に実行されなければならない。本章では、マーケティング・プランニングとマーケティング組織を見ていきたい。

## マーケティング・プランとマーケティング・プラニング・プロセス

「もしあなたが計画に失敗するとしたら、それは失敗するための計画を立てているからだ」と語った人がいる。その通り、確かにマーケティング・プラニングというのは、あまり楽しい作業ではない。時間もかかる。

「実行するより、計画する方にばかり時間を費やしている」ともらしたブランド・マネジャーがいた。ジェームズ・ブライアン・クインの言葉を借りるならこうだ。「経営計画のほとんどは、雨乞いの儀式のようなものだ。今後の天気がどうなるかについては、何の効果もない」

状況が激しく変化する今日、プラニングの出る幕はないのだろうか？

だが、プランは作成されるべきである。でき上がってくるプランにも増して、その過程が重要なのだ。マネジャーたちは、プラニングのために時間を割く必要がある。彼らは何が起こったか、何が起こりつつあるか、これから何が起こる可能性があるかについて、考える必要がある。

彼らはまた、目標を設定し、それについて組織の同意を得なければならない。目標は組織の全員に伝えられなければならない。また目標への到達過程が測定されなければならないし、目標達成が困難な場合には修正が加えられなければならない。つまり、プラニングというのは、よい経営が本来備えているべき一部分なのである。

次にプラニング上の三つの問題を検討しよう。

●どんなタイプのマーケティング・プランがつくられるべきか?
●マーケティング・プランには、何が含まれるべきか?
●マーケティング・プランがきちんと仕上がっているか、要求している予算に内容がふさわしいか、あるいは修正を必要とするかを、どうやって見分けたらよいか?

## どんな種類のマーケティング・プランがつくられるべきか?

マーケティング・プランは、主要なマーケティング活動のそれぞれの局面で作成される必要がある。

●**ブランド・マーケティング・プラン**……企業にはブランド・マーケティング・プランが必要である。P&Gでは、毎年、洗剤担当のブランド・マネジャーの手によって、戦略的マーケティング・プランが作成される。

●**製品カテゴリー・マーケティング・プラン**……各洗剤担当のブランド・マネジャーがブランド・マーケティング・プランを作成するに先立って、洗剤のカテゴリー・マネジャーがいくつかの仮説や予測、目標を立て、各ブランドのプラニングを支援する。各ブランドのプランが整えられ、承認されると、それらをもとにカテゴリー全体のプランがまとめられる。

●**新製品プラン**……新製品もしくは新ブランドには、詳細な市場導入プランが必要である。製品コンセプトが決定されると、調整がなされ、テストされた後、試作品が製作される。導入段階では、細部にわたるまで詰めの作業が行われる。

**●市場セグメント・プラン**……製品もしくはブランドが、いくつかの異なったセグメントに向けて売り出される場合には、個々のセグメント別にプランが作成される。ＩＢＭは、いくつかのセグメント（たとえば銀行、保険、ホテル、旅行代理店）に向けて販売を行っている。ＩＢＭのセグメント・マネジャーは、自分が担当しているセグメントを対象に製品やサービスのプランを作成する。

**●地域市場プラン**……個々の国、地域、町、さらには周辺ごとに、マーケティング・プランが作成される。

**●顧客プラン**……全国規模の得意先を担当するマネジャーは、個々の上得意先ごとにプランを作成する。

どの場合にも二種類のプランが必要である。それは長期的視点からの戦略プランと年度プランである。長期的戦略プランは、特定の期間をカバーしている。公共事業であれば、その期間は二〇年かもしれないが、ハイテク業界ならば三年かもしれない。この戦略プランでは、市場を動かす原動力、起こりうる可能性のある複数のシナリオ、将来的に望む企業のポジショニング、そしてその実現のための道筋が考察される。さらに、戦略プランをもとにして年度プランが肉づけされる。しかし、経営者は毎年、戦略プランの見直しを行い、必要とあれば改訂しなければならない。

これらのすべてのプランが連動しなければならない。それぞれがバラバラに作成されるべきではない。たとえば市場セグメント・マネジャーには、各セグメントに対するオファーや戦略を決定する前に、製品プランやエリア・プランの情報が必要になる。

はっきりしているのは、経営者が多くの時間をプランの作成に割かなければならないことである。だからこそ、プランづくりを推し進めるための、合理的で明確なフォーマットが用意されなければならないのである。

## マーケティング・プランには何が含まれるべきか?

マーケティング・プランは、簡潔で要領を得たものでなければならない。CEOのなかには、プランを一枚の紙にまとめることを要求するものもいる。彼が知りたいのは、目標、戦略、そしてプランの実行にかかる費用がいくらかということだ。数字や文章、グラフが豊富に書き込まれた二〇〇ページに及ぶ書類も、また誰も読まず、印刷される頃には古くさくなっているような広告案も不要である。

最低限、マーケティング・プランには以下にあげる項目が含まれていなければならない。

- 状況分析
- マーケティングの目的と目標
- マーケティング戦略
- マーケティング活動プラン
- マーケティング・コントロール

次に、ブランドもしくは製品プランに関して、前記の項目について解説するが、実際には、市場セグメント・プランや地域プランにも、これらのことは当てはまる。

## 状況分析

状況分析は、次の四つの要素から構成される。

- 現在の状況についての記述
- SWOT分析（強み、弱み、好機、脅威）
- ビジネス上の主要な課題
- 将来についての主たる前提

### 現在の状況

製品の現状を目標に照らし合わせて評価することから、プランはスタートする。製品の売上高、市場シェア、価格、費用、利益、それに競合企業の実績を過去五年間（程度）さかのぼって、統計的グラフに描く。市場環境に大きな影響を及ぼす要因についても検討を行う。

### SWOT分析

次にマネジャーは、二つのリストを作成する。自社および製品の強みと弱みを列挙したSWリストと、主要な好機と脅威をあげたOTリストである。SWリストが企業の内部要因に関するものであるのに対し、OTリストは外部要因に関するものである。図表9―1はSWリストの例である。

マネジャーはまず、OTリストから取り組むのがよい。自社にとっての好機は何か。もし一つも思い浮かばないマネジャーがいたら、なぜ彼がその製品を扱っているのだろうか。好機をもたない成熟製品などありえない。ありえるのは想像力を欠いた担当マネジャーである。ある企業のCEOは、部下が提出するあらゆるプランに、最低五つの好機が含まれていることを要求する。しかもその好機は、高い収益性と成功の可能性を兼ね備えていなければならない。

同様に、そのプランには予想される五つぐらいの顕著な脅威が入っていなければならない。前もって予想しうる問題を把握できない企業は、現実に問題を抱えることになる。最悪の事態は、企業がプラン上で予想していなかった脅威に直面することである。マネジャーが記した五つの脅威は、彼が不測の事態にいかに対処するかという、将来への配慮を示す足跡である。

OTリストを先に検討すべき理由は、そのことによって、企業と製品の強みと弱みのどれに注目すべきかを考えるきっかけになるからである。たとえば、競合企業が製品の販売を目的として、よくできたウェブサイトを立ち上げたとしよう。一方、自分たちはウェブサイトをもっていない。このことは自社の弱みを意味するだけではない。われわれは、すばやく対応しなければならないのである。

企業は、実体がとらえにくい好機と脅威をもとに、どの強みをより鍛えるか、またどの弱みを補うかを意思決定しなければならない。

**図表9-1　強み・弱みの分析チェックリスト**

| | 実績 | | | | | 重要度 | | |
|---|---|---|---|---|---|---|---|---|
| | かなり強い | まあ強い | 中くらい | まあ弱い | かなり弱い | 高 | 中 | 低 |
| マーケティング | | | | | | | | |
| 1. 企業の評判 | | | | | | | | |
| 2. 市場シェア | | | | | | | | |
| 3. 製品の品質 | | | | | | | | |
| 4. サービスの品質 | | | | | | | | |
| 5. 価格政策の効果 | | | | | | | | |
| 6. 流通政策の効果 | | | | | | | | |
| 7. プロモーション政策の効果 | | | | | | | | |
| 8. 営業マン政策の効果 | | | | | | | | |
| 9. イノベーション | | | | | | | | |
| 10. 地理的カバレッジ | | | | | | | | |
| 財務 | | | | | | | | |
| 11. 費用効率 | | | | | | | | |
| 12. キャッシュ・フロー | | | | | | | | |
| 13. 財務力の安定性 | | | | | | | | |
| 製造 | | | | | | | | |
| 14. 設備 | | | | | | | | |
| 15. 規模の経済性 | | | | | | | | |
| 16. 製造能力 | | | | | | | | |
| 17. 稼働可能な労働力 | | | | | | | | |
| 18. スケジュールを順守できる生産能力 | | | | | | | | |
| 19. 製造技術 | | | | | | | | |
| 組織 | | | | | | | | |
| 20. ヴィジョンのあるリーダーシップ | | | | | | | | |
| 21. やる気に溢れた労働者 | | | | | | | | |
| 22. 起業家精神の横溢 | | | | | | | | |
| 23. 柔軟・対応の早さ | | | | | | | | |

出典：Philip Kotler, *Marketing Management*, 9th ed.（Upper Saddle River, N. J.: Prentice-Hall, 1997）, p. 83.

**図表9-2　企業がかかえる課題例**

1. 主要な競合企業のコストは、わが社より15%低い。どうすればこのギャップを埋めることができるか？
2. これまでの競争優位が消滅した。どんな新しい競争優位を築くことができるか？ スピード？ 特徴？ 保証？
3. 競合企業と比較して優れた顧客データベースを持っているが、その維持には多額の費用がかかるだけでなく、十分な活用もされていない。どうすればもっと有効に活用できるか？
4. ディーラーたちがいま以上の割引を要求してきているが、それを認めれば利益がほとんどなくなってしまう。ディーラーの利用を止め、顧客への直販に進むべきではないか？
5. 顧客の移り変わりが非常に速い。顧客満足度を高め、顧客を維持していくためにはどういった政策をとるべきか？

## 事業上の主要な課題

ここでは、事業上の主要な課題が取り上げられる。大半のＣＥＯは、自社の事業が直面している問題と選択肢をありのままリストにして提出するよう、マネジャーたちに要求する。何といっても、必要なときに手助けをするのがＣＥＯの仕事なのだ。図表９―２に示したものは、企業にとっての課題の一例である。

## 主な前提

ここでは、将来への主要な前提がまとめられる。図表９―３は、あるマネジャーが作成したプランにおいて示された前提である。

## 目的と目標の設定

プランは、分析から意思決定の段階へと進む。現在の、そして来るべき状況を考えた時、企業は何を目指すべきか。

**図表9-3　ビジネス・プラン作成時における主要な前提条件**

1. 経済状況は、ほぼ現状を維持するだろう。失業率は6%、インフレ率は2%を維持。消費者の実質購買力は約1%上昇。

2. 今年、市場は数量ベースで約5%拡大。

3. 当社の市場シェアは、20から25%に拡大。

4. 競合企業が価格を2%引き下げ、わが社もそれに追随。

5. 主要競合企業が、購入の回数に応じた賞品提供を業界で初めて実施するかもしれない。その対抗手段を準備。

6. 業界に影響を与えるような新たな法規制は特になし。

●目的
●目標

**目的**

次年度において達成可能な全体的な目的を設定する。たとえば、そのなかには次のものがある。

●マージンの改善
●市場シェアの拡大
●顧客満足度の向上

選択された目的は実現可能なものであり、かつ社内で共有できるものでなければならない。そうでなければ、戦略策定の段階にうまくつながらない。

**目標**

目的が、方向性と統制を示すためのものであるならば、それは測定可能な目標に練り直す必要がある。目標にはまず、量的な指標と達成予定日が必要である。たとえば、「市場シェアを拡大する」という目的は、「年度末までに、市場シェアを二〇％から二五％に伸ばす」という目標に移される。

マネジャーは、経営陣が設定した目標に配慮しなければならない。たとえば、株主資本利益率を一〇％から一二％に改善したいと考えたとしよう。その場合、さらに数字を追っていけば、そのために製品の売上高を一〇％増加させ、利益を少なくとも六％増やさなければ達成できないことが判明するかもしれない。

## 戦略の選択

次にマネジャーは、会社が設定した目標を達成するための戦略を策定する。戦略は、以下の六つの側面から記述される。

- ●ターゲット市場
- ●コア・ポジショニング
- ●価格ポジショニング
- ●トータル・バリュー・プロポジション
- ●流通戦略
- ●コミュニケーション戦略

## ターゲット市場

ターゲット市場は、いつも慎重に決められているとは限らない。いまだに、「われわれのターゲットは市場全体だ」と語るマネジャーが存在する。コカ・コーラならば、そうした言い分も通るかもしれない。いや、彼らにしても、幼児をターゲットに含めて考えることはないし、また大人のなかにもコカ・コーラを飲まない人たちがいることを知っている。

また、あの有名なシアーズが、誰でもたまにはシアーズを訪れてくれるという理由から、かつてすべての人々をターゲットにしていたという例もある。ところが、労働者階級の家族と専門家・管理職階級の家族とでは、明らかに訪店頻度に差があることがわかった。

ターゲット市場を選定する際には、レベルによって第一次、第二次、第三次の三つに分類するのがよい。第一次ターゲット市場を構成するのは、購入意欲や頻度が高く、恵まれた所得層である。最初にやらなければならないことは、この第一次ターゲット市場をきちんと定め、アプローチすることである。所得はそこそこだが、購入意欲と頻度がそれほどでもない層が、第二次ターゲット市場である。第三次ターゲット市場は、現在の購買可能性は低いが、将来に備えてモニターしておくべき対象である。

企業のなかには、個々の見込み客と顧客の名前まで落とし込んだ、特定のターゲット市場を把握しているところもある。電子部品の組み立て機械メーカーであるドイツのグローマン・エンジニアリング社は、長期的な取引関係の構築を望む三〇社をリストアップし、それらの企業に辛抱強く働きかけることにより、最終的にその多くを自社の顧客にすることができた。

プランには、ターゲット市場の特性も書き込む。消費財の場合であれば、人口統計的特性（年齢、性別、所得、学歴、居住地）と、関連する心理的特性（態度、関心、意見）がそうである。ターゲット市場がメディアや店舗をどう選択しているか、そしてその習慣にはどういったものがあるかを特定することも有益である。最後に、ターゲット市場の構成メンバーがどの場所に多く住んでいるかもプランに含まれる。

生産財の場合のターゲット市場を語る際には、自社製品の販売が可能な産業、企業の規模、製品の用途、そして立地がプランに書き込まれる。さらに、生産財のターゲット市場を考える場合には、顧客の購買動機（たとえば価格、品質、サービス）や、その企業が本社による集中購買を実施しているのか否か、などの観点から検討が加えられる。[1]

## コア・ポジショニング

企業が顧客に提供するオファーは、コアになるアイデアもしくはベネフィットをもとに構成されていなければならない。たとえば、ボルボは安全性をオファーの中心に据えており、ＩＢＭは最高のサービスを謳っている。そのほか各企業によって、最高の品質、最高の機能、信頼性、耐久性、安全性、最速性、最高の価値、最低価格、最高級、最高のデザインやスタイル、取り扱いの簡便さなど、さまざまなベネフィットをその中心に据えている。

通常、ブランドのポジションは、コアになる一つのベネフィットにもとづいているが、二つないし三つのベネフィットを統合することによってコア・ポジショニングを構成しているブランドもある。

## 価格ポジショニング

ブランドのコア・ポジショニングに応じて価格を設定することも戦略の一つである。企業は、次に述べるような価格対能力別のポジショニングから価格戦略を選択する。すなわち、「よいものをより高い価格で」「よいものを同じ価格で」「同じものをより安い価格で」「そこそこのものをはるかに安い価格で」「よいものをより安い価格で」である（九一から九五ページを参照）。

## トータル・バリュー・プロポジション

プランには、企業のトータル・バリュー・プロポジションが何であるかを明示しなければならない。それは、顧客の「なぜその製品を買わなければならないか」という問いに対する、納得のゆく答えになっていなければならない。それゆえ、そこにはコア・ベネフィットのみならず、その他のすべての製品特性やベネフィット、さらに、設定された価格によって、自社が優れた総体的な価値を顧客に提供できる理由が説明されていなければならない。顧客には他では得られない満足感を与え、同時に企業にとっては、他にはない利益率を実現できるものでなければならない。

## 流通戦略

この項目では、ターゲット市場にアプローチするための流通戦略が示される。銀行のCEOは今後数年間を見越して、支店とATM（現金自動預け払い機）の展開を継続するのか、それとも電話とコンピュータを利用したホーム・バンキングへ進むのかを決定しなければならないだろう。

## コミュニケーション戦略

この項目では、マネジャーによる製品のコミュニケーション戦略が示される。具体的には、広告やセールス・プロモーション、ＰＲ、営業部隊、それにダイレクト・マーケティングのそれぞれにどのくらいの予算を割り振るべきかということである。

それぞれのマーケティング・ツールの戦略的目標は何か。たとえば、広告は企業イメージの構築を目指しているのか、それとも特定の製品の販売を支援するためのものなのか。後者の場合であれば、広告の表現訴求は合理的なアプローチと感性的なアプローチのどちらでいくべきか。

マネジャーは、プラン全体を見通したうえで、選択したターゲット市場、コア・ポジショニング、価格ポジショニング、トータル・バリュー・プロポジション、流通戦略、コミュニケーション戦略のすべてについて整合性がとれているかどうかを配慮する必要がある。

## アクション・プラン

次に、目的と目標は、日程を決めた具体的なアクション・プランに落とし込まれなければならない。すべてのプランは個々のタスクに分解される。つまり、広告キャンペーンやセールス・プロモーション活動、展示会への出展、そして新製品導入などについて日程を組むのである。

これは、個々のタスクに担当者を割り振り、その進行状況を監督することでもある。つまり、主要なスタッフが何を、いつまでに実行したらよいのかがわかるように、そのアクション・プランをすべての担当者に伝えることが必要である。

## コントロール

設定された目標がアクション・プランによって達成できるかどうかを確認する仕組みが、マーケティング・プランには必要である。一般的にマーケティング・プランには、月ごとあるいは四半期ごとに、目標がどこまで達成されるべきかというベンチマークが示されている。目標の達成がむずかしそうであれば、マネジャーは活動内容を変更し、戦略を修正し、ターゲット市場を見直し、下位の目標を変更するなどの施策をとらなければならない。

たとえば、第4四半期の終わりにさしかかっても利益目標を達成できない場合、予定されていた広告の出稿が取り止めになることがしばしばある。広告の効果は短期では現れないことから、マネジャーは支出を抑えることによって利益を確保しようとする。もちろん長期的視点から見れば次善の策であるが、これは一般的に行われている。

# マーケティング・プランの有効性の判断

**企業は、マーケティング・プランが要求する予算をそのまま承認すべきか、それともまず修正を加えるべきかを、どうやって判断するのだろうか?**

経営陣は、各部門や事業部、製品ライン、ブランドの担当者から提出される数多くのプランに目を通し、承認を与えなければならない。どうすれば、自分より専門知識がある部下が作成したプランを評価し、承認すべきプランを選ぶことができるのだろうか。

**図表9-4　経営幹部がビジネス・プランに対して尋ねるべき質問**

1. そのプランには、わくわくするような新たな機会が盛り込まれているか？ 主要な脅威についても検討がなされているか？
2. ターゲットとするセグメントと、そこでの潜在的市場性が明確に定義されているか？
3. 各セグメントの顧客に、われわれのオファーは優れたものとして映っているか？
4. 戦略は首尾一貫しているか？　正しい手段が用いられているか？
5. 計画によって設定された目標を達成できる確率はどのくらいか？
6. われわれが、マネジャーの要求を8割しか認めなかった場合、彼はどの部分を省くだろうか？
7. もしわれわれが、マネジャーに120％の機会を与えたとしたら、彼は追加措置として何を行うだろうか？

一つの方法は、すべてのプランの作成に共通のフォーマットを用い、比較できるようにすることである。コンピュータを利用したプランニング用のソフトウェアを開発し、それを組織全体で活用するのである。マネジャーは、そのフォーマットに沿って必要な要件を書き込んでいけばよい。

それだけにとどまらず、経営幹部は図表9―4に示したような質問表を利用することも可能である。あるプランに問題がいくつも見られる場合には、差し戻され手直しが求められる。時間が経つにつれ、修正を要するプランの数は減少していくだろう。

## 効果的なマーケティング組織の構築

かつて企業のなかにマーケティング部門が存在しない時代があったことは、いまとなっては信じがたい思いがする。もちろん、営業部門はあった。しかし、プロダクト・マネジャー、ブランド・マネジャー、上得意先担当マネジャー、市場セグメント・マネジャー、顧客サービス・マネジャーなど、今日のマーケティング部門に見られるような職種は、当時存在しなかった。

もともとマーケティング部門は、営業部門の添え物としてスタートした。営業マンが正式な調査を欲しがったことから、マーケット・リサーチャーの必要性が生まれた。広告の必要性も、広告マネジャーを誕生させることになった。また、目を見張るようなプロモーション活動を展開できないものかという望みが、セールス・プロモーション・マネジャーの必要性につながった。

当時、これらの役割は個別の任命でまかなわれていた。市場調査や広告、プロモーションの仕事は、契約した外部の調査会社や広告代理店、プロモーション会社の手で行われていた。

## 今日のマーケティング業務の多様化

その後、マーケティング部門が急速に拡張を続け、皮肉にも、いまでは営業部門がマーケティング部門の添え物という様相を呈しているのは、どういう理由からだろうか。

端的に言ってしまえば、それはビッグ・ビジネスの規模と複雑性が増したことによる。P&Gを例にとってみよう。多種の一般消費財（洗剤、歯磨き、化粧品、コーヒー、ベーキング・パウダーなど）を製造する企業として、P&Gは、製品担当マネジャーを個々に任命することを避けられなかった。プロダクト・マネジャーたちは、それらの製品のプランづくりに責任を負っていた。

P&Gのアイボリーというオリジナル・ブランドは、石鹸という製品カテゴリーに入っていたが、P&Gは、二番手、三番手のブランドをつくる価値に気づき始めていた。そこで、個々のブランドを市場に導入し管理するブランド・マネジャーを必要とするようになった。

今日では、P&Gの洗剤部門だけでも九つのブランドがあり、同数のブランド・マネジャーがいる。それぞれのブランド・マネジャーには、アソシエイト・ブランド・マネジャーとアシスタント・ブランド・マネジャーの、少なくとも二人の専任スタッフがついている。つまり、合計で二七名のブランド担当者がP&Gの洗剤部門を運営しているのである。

P&Gは大手小売りチェーンに洗剤を販売している。大手小売りチェーンは、P&Gにとってはきわめて大切な顧客であり、そのため各チェーンを担当する顧客担当マネジャーを任命し、関係構築にあたらせている。顧客担当マネジャーには、顧客サービス・チームとして活動する物流や財務、顧客サービス等の専門家のサポートが必須である。

しかし洗剤は、スーパーや大規模量販店、会員制のディスカウント・チェーンだけで販売されるわけではない。クリーニング店や病院、レストランにも販売されている。市場規模が大きければ、市場セグメント・マネジャーが必要となる。したがって、もし洗剤に大市場が六つあるとすれば、P&Gは六人の市場セグメント・マネジャーと、何人かのアシスタントを任命するかもしれない。

もちろんP&Gの製品は世界中で売られている。そこで、各国においてP&Gの製品を管理監督するためのカントリー・マネジャーが必要になる。しかし、カントリー・マネジャーには、近隣諸国での活動と歩調を合わせたブランづくりが求められる。西ヨーロッパとか南アメリカといったまとまった地理的市場には、カントリー・マネジャーを束ねるリージョナル・マネジャーが置かれる。

奇妙なことは、他にもある。P&Gのシャンプーのメイン・ブランドの一つはパートと呼ばれ、これには担当のブランド・マネジャーがいる。ところが、まったく同一の製品が他の国では別の名前で売られているのである。

フランスではヴィダル・サスーンと名づけられ、日本ではリジョイと呼ばれている。それゆえ、フランスではヴィダル・サスーン担当のブランド・マネジャーが必要とされるが、彼は単にそのシャンプーのプランを作成するだけではなく、著名なブランドであるヴィダル・サスーンの名前をのせた他製品の発売も検討するかもしれない。実際、彼はシャンプー以上に、ヴィダル・サスーンというブランド資産の管理に力を注いでいる。そのため、彼は、ブランド資産（エクイティ）マネジャーとも呼ばれている。

とりわけ大きな国であれば、同じ国のなかでも顧客間の違いが多々見受けられる。米国では、カリフォルニア地方の人たちは、ニューイングランド地方の人たちに比べて、濃い目のコーヒーやスパイスの効いたトマトスープを好む傾向がある。カリフォルニア州は多くの国よりも大きいことから、そこには市場エリア・マネジャーが任命された。さらに、アフリカ系やヒスパニック、アジア系などの好みは主流派の傾向とは異なることから、エスニック・グループ・マネジャーも任命された。

同じ製品カテゴリー内に二つ以上のブランドが導入され、たがいに競い合ったり共食いをしたりするのも奇妙な話である。そこで、カテゴリー内に秩序を設けるため、カテゴリー・マネジャーが任命されている。

## 今日のマーケティング部門が抱える課題

今日では、マーケティング部門はもっと効率化されるべきだというのが、識者の一致した見方である。そのために、企業は多くの複雑な課題を解決しなければならない。

**どうすれば、さまざまなマーケティング・マネジャーたちに、長期的視点から適切な意思決定をさせることができるか？**

しばしばマーケターの考えや行動は、視点が短期的だと批判されている。このことはマーケターの仕事が、つまるところ売上げの予測を立て、それを達成することで報いられることを考えれば驚くにはあたらない。

予算を達成できそうにないブランド・マネジャーが、長期的利益とは別にとりかねない数々の方策がある。たとえば、最後の四半期を迎えたブランド・マネジャーは、予算を広告からセールス・プロモーションへ移すかもしれない。なぜならセールス・プロモーションの方が、短期的には売上げに貢献するからである。また彼は、製品の値下げを行い、R＆Dや新パッケージの開発を中止するかもしれない。

すべては、今期の利益目標を達成するためである。その結果、その製品は頻繁に安売りが行われ、パッケージは古めかしくなり、品質も競争力を失っていく。

ありがたいことに、企業にブランド・マネジャーの短期的視点を阻止する方法はある。ブランド・マネジャーの実績を当期利益だけでなく、いくつものものさしで測定するのである。評価の重点は、R＆Dや消費者調査、競合調査に対して、ブランド・マネジャーがどれだけ予算を振り分けているかに置かれるべきである。

なかには自社のブランド・マネジャーに、消費者対象の新しい調査を毎年発注するように、あるいは三年に一度パッケージの変更を行うよう求める企業もある。ブランド・マネジャーを新しいブランド担当に昇進させるペースを遅くするやり方もある。わずか二年しかそのブランドを担当しないとなると、ブランド・マネジャーはその間だけ成果が上がっているように見せかけ、食い物にする可能性がある。五年間担当を続けるとなれば、やり方が変わってくるだろう。

## プロダクト・マネジャーとマーケット・マネジャーのどちらに権限があるのか？

多くの企業では、多種の製品をいくつもの市場で販売しており、そのためにプロダクト・マネジャーとマーケット・マネジャーを両方置いている。

たとえばAT&Tには、ネットワーク、キャッチホン、転送電話、発信者番号通知サービス担当のプロダクト・マネジャーと、住宅向け、中小企業向け、大企業向け、全国展開している得意先のそれぞれを担当するマーケット・マネジャーがいる。デュポンにはナイロン、ダクロン、オーロンをそれぞれ担当するプロダクト・マネジャーと、男性用衣料品、女性用衣料品、生産財、家具の各分野担当のマーケット・マネジャーがいる。

一般的に、プロダクト・マネジャーは、自分の担当の製品が販売されている各地域のマーケット・マネジャーと連絡を取りあい、そのマーケットにおいて、予定価格でどれだけ製品が売れるかを一緒に予測する。その後、プロダクト・マネジャーは全市場に送り出す製品の生産原価を引いて、利益予測を行う。

ところがマーケット・マネジャーは、しばしば後になってから、プロダクト・マネジャーのもとにとって返し、競合が価格を下げたので売上げ予測を修正しなければならないと言い出すことがある。もしプロダクト・マネジャーが値下げに難色を示したら、売上げは減少するだろうし、もし値段を下げたら、マージンが減ることになる。いずれにしても、プロダクト・マネジャーは、当初計画した利益を達成できなくなる。こうした場合、プロダクト・マネジャーとマーケット・マネジャーのどちらに権限があるかということが問題になる。とりわけ両者の利害が対立する場合は、なおさらのことである。

私としては、マーケット・マネジャー主導を支持する。市場が求めるものを企業が提供すれば、長期的には企業は成長する。企業の目的は、市場を自分の手中に収めることだ。プロダクトというのは、製品の供給機能以上のものを意味する。そして、プロダクト・マネジャーはマーケット・マネジャーによって伝えられた市場のニーズに応えなければならない。

自社の供給システムを利用するより、外部から供給を受けた方が得策であると判断した場合、マーケット・マネジャーは外部の供給業者を利用するケースが、ますます多くなってきている。

このことは、マトリックス経営に見られる問題点の一つである。マトリックス経営は、社員が二人以上の上司に報告の義務をもつ際に用いられる。ヴィダル・サスーン・シャンプーのフランス担当マネジャーがその一例である。彼は米国本社のシャンプー担当のプロダクト・マネジャーから指示された戦略を実施することが期待されている一方で、それほどシャンプーに肩入れしないよう彼に求めるフランス担当のカントリー・マネジャーの要求にも応えなければならない。

**国や地方ごとの製品は、グローバル・ブランドに入れ替えなければならないか？**

多くの多国籍企業は、同一製品に対して国や地域ごとにつけられているブランド名を、グローバルなものに交換したいと考えている。たとえばマース社のスニッカーズは、英国ではマラソンと呼ばれ、M&Mにはトゥウィーツというブランドがついている。名前とパッケージ以外、製品に違いはない。大胆にも、マースは英国での呼び名を米国のものに変更した。消費者が変更に気づかないように、新しい名前はゆっくりと段階的に採用されていった。グローバルなブランド名を利用することには、次のようないくつものメリットがある。広告費とパッケージの開発費を節約でき、製造と在庫管理を簡略化できる。そして、本社のブランド・マネジャーが、担当ブランドの世界市場展開をいっそう中央集権的に進めることができる。

## どうすれば市場セグメント・マネジャーの成果を判断できるか？

市場セグメント・マネジャーの実績は、一般的には担当セグメントの市場シェアと利益がどの程度伸びたかによって測られる。だがこの二つの基準は、時として実態にそぐわないことがある。たとえば、商用の会議を自分のホテルで開催させるよう働きかける責務を負ったホテル・マネジャーは、使用料を下げることで目標を達成することができる。しかし一方、そのことは市場シェアと利益の減少をもたらす。同様に、超富裕層の顧客数増大を任された銀行のマネジャーは、新規顧客から得られる利益以上の費用をつぎ込んで、顧客の開拓を図るかもしれない。

市場セグメント・マネジャーが、量的拡大を図るべきか、利益率の向上を目指すべきかがわかるように、企業は成果目標の重点をどこに置くべきか決定する必要がある。またその際、顧客維持率や顧客満足度などの基準を取り入れることも考えられる。

## 製品、販売、サービスが一体となった組織は、どうすれば築けるか？

営業マンの約束通りに製品が届かず、顧客の不満を買うことはよくある。営業マンが自社の能力を過信したのかもしれないし、プロダクト・マネジャーが営業マンに安請け合いしたのかもしれない、あるいは配送担当者が責務を怠ったのかもしれない。

理由は何であれ、問題はそのことによって自社の大切な顧客を失うことである。ハーバード大学ビジネススクールのフランク・セスペデスは、最近出版した『コンカレント・マーケティング――製品、販売、サービスの統合』のなかで、顧客に多大な影響を及ぼすこれら三つの機能をしっかりと結びつける必要性と、そのための方法をいくつか紹介している。(2)

**どうすれば、R&Dや購買、製造、財務といったマーケティング以外の機能とマーケティングをうまく結びつけることができるか?**

企業の各部門は、それぞれが独自の論理にしたがって動いていて、それらの論理を守ろうとする。最高品質の製品をつくろうとするR&D部門の考えは、マーケティング部門には、需要と価格の点で受け入れられないかもしれない。いまより安い材料に変更したいと望む購買部門の考えは、予想される製品の交換と顧客からの苦情を考えると、マーケティング部門には受け入れられないかもしれない。

製造部門の担当者は小ロットの生産に抵抗するだろうが、マーケティングの視点からは、次のチャンスを獲得するためには必要なものである。製品に対するサポート・サービスを減らすことでコストを削減しようとする財務部門の考えは、マーケティング部門にすれば顧客の不満を増すことにつながるため賛成できないかもしれない。

これらはすべて、どちらが正しく、どちらが間違っているという問題ではない。大切なことは、部門同士がより密接に仕事を進め、おたがいの意見の不一致について話し合うことで、企業全体にとって長期的な利益につながる解決法を全体で見つけることである。

## どうすれば、全社的にマーケティング・コミュニケーションを統合することができるか？

大半の企業には、広告担当副社長がいる。また同時に、セールス・プロモーション・マネジャーやダイレクト・マーケティング・マネジャー、PRマーケティング・マネジャーがいることもある。だが、どうもこれらのコミュニケーションの専門家たちが、積極的に連携して仕事をしているようには見えない。

消費財メーカーでは、いままで広告費に充てられていた予算の多くの部分が、セールス・プロモーションへ移行している。一方、それ以外のコミュニケーション手段に振り分けられる予算は、いっそう削られている。ノースウエスタン大学のドン・シュルツたちは、企業に対しそれらの機能を統合し、相乗作用を引き出すよう主張している。この動きは統合型マーケティング・コミュニケーション（IMC）と呼ばれ、従来のコミュニケーションやプロモーション手段には含まれなかったものも含んでいる(3)。

ブランドは、すべての局面において首尾一貫したメッセージを顧客に伝えなければならない。組織内にCIO（最高情報責任者）を置くように、CCO（最高コミュニケーション責任者）を置くことが企業に求められている。CCOは組織内でコミュニケーションにかかわるすべての専門家を統括し、彼らとともに統合されたコミュニケーション戦略と戦術を策定する。

## マーケティングが一部門の機能からチーム全体のプロセスへと変わる時、マーケティング部門は必要か？

社内の各部門が自らの利益だけを追求するのを見るにつけ、多くの企業が機能別組織に反感を抱くようになってきている。たとえば、購買部門は購入費用を最小に抑えようと努力するが、そのことで製品の品質を損なってしまうことがある。顧客がその製品を長いこと待ちわびているにもかかわらず、輸送部門は輸送費を削るために、空輸ではなく船舶を使いたがる。

企業に大きな影響を与えた『リエンジニアリング』は、企業は機能主義からプロセス主義へ変わるべきだと訴えている。そのプロセスとは、顧客が期待しているものを企業が適切に提供するための主要な作業を統合することを意味する。[4]

例をあげよう。受注から支払いまでの一連の作業には、請求、入庫、在庫管理、輸送などの複数の部門がかかわる。しばしば、これらの部門の連携がうまくいかず、時間が無駄になることがある。そのため、なかにはプロセス・マネジャーを任命して、一連のプロセスがうまく流れるよう全体を統合させようとするところも出てきている。

彼は、組織のなかで横断的なチームを組んで仕事をする。たとえば、新製品開発のプロセスを管理するチームには、科学者、技術者、製造担当、マーケター、営業マン、購買担当、財務担当が含まれる。

プロセスとプロジェクトにかかわるチームの数は増大していく。マーケティング担当者は、自分の部署の仕事に割く時間が減少する一方で、プロジェクト・チームに割く時間は増していく。その結果、マーケティング部門は、外見は小さくなっていく。

各マーケターは、プロジェクトもしくはプロセス・チームに対し明確な報告義務をもち、一方、マーケティング部門とは副次的な報告関係にとどまる。やがてマーケティング部門長の担う仕事は、有能なマーケティングの人材を採用し、担当のチームを決め、プロジェクトの成果についてのフィードバックを得て、マーケティング意思決定を行うことになるかもしれない。

**全社をあげて顧客第一主義に取り組み始めた時、マーケティング部門の陣容はどれくらいの規模が必要か？**

顧客の関心事を他部門に伝えるのが、伝統的なマーケティング部門のあり方だった。今日では、多くの企業が、製品主導から市場主導、顧客主導へ移ってきている。ノードストロームやUSAA、リッツ・カールトンなどは、その全従業員が顧客第一主義を唱える企業文化を定着させた。これらの企業は、顧客の購買行動と使用経験全般にわたる調査を実施し、それらの理解に努めた。

顧客を「所有」するためには全社的な機能が必要であり、マーケティング部門の機能だけでは不十分である。そのような企業では、マーケティング部門の果たす役割は決して大きくない。なぜなら、企業内のすべての機能とプロセスに、顧客第一主義の使命感がしっかり植えつけられているからである。

**製品戦略と市場戦略の策定において、マーケティングは組織内で適切にその機能をリードしているか？**

組織内のどの機能も、それだけで製品戦略と市場戦略策定の全責任を負えるものではない。すべての部門が戦略と戦術の支援にかかわってくる以上、さまざまな部門がそれらの策定に参加しなければならない。

同時に、マーケティング部門というのは通常、新しい市場機会を発見する能力を他部門以上に有しているものである。マーケターは顧客のニーズと行動を理解し、製品コンセプトの魅力の度合を評価し、テストする手法を身につけている。それゆえ、マーケターは製品戦略、市場戦略の策定に際して、多大な役割を果たすことになるだろう。

## 検討課題

マーケティングは、絶えず再定義がなされ、新たな責任が加えられている。かつてマーケティングとは、製品販売の技術であると定義されていた。のちに、顧客の掘り起こしと維持に関する科学と技能に変わり、さらには、有益な顧客の発掘、維持、育成に関する科学と技能に再々定義された。

こうしたマーケティングに関する視点の変遷は、マーケティング部門の性質と構造、役割の変化と軌を一にしている。今後のマーケティング部門のあるべき姿としては、顧客部門と呼ばれる別のものに姿を変えるか、もしくはマーケティング・リサーチ兼情報部門とマーケティング・コミュニケーション部門のような複数の部門に分割されることが予想される。

問題の所在は、遠い将来にマーケティングがどのようになっているかということよりも、今日のその機能に対してどういった改善がなされるかという点にある。本章で述べたことが、読者がこのテーマに取り組む際に役に立つことを願っている。

次の問いに答えてみていただきたい。

❶あなたの会社では、マネジャーたちが計画づくりを有益な作業と見ていますか、それとも時間の無駄に過ぎない年中行事とみなしていますか？　もし後者だとしたら、どうすればマネジャーたちに、マーケティング・プランの作成は価値があることを納得させられますか？

❷プランのフォーマットには、状況分析、マーケティングの目的と目標、マーケティング戦略、マーケティング活動、マーケティング・コントロールを書き込む項目が、はっきり分かれていますか？　もしそうでなければ、どのような改善が可能ですか？　経営陣が特定のプランにアクセスできるよう、フォーマットが標準化され、コンピュータ利用がなされていますか？

❸あなたの会社では、ブランド・マネジメント制が効率的に機能していますか？　ブランド・マネジャーは、長期的な視点を十分に備えていますか？　あなたは、製品カテゴリー・マネジメントの権限が、ブランド・マネジメントに勝るべきだと考えますか？

❹あなたの会社には、市場の多様性に対応するための、十分な数の市場セグメント・マネジャーとエリア・マネジャーがいますか？

❺プロダクト・マネジメントとセールス・マネジメントと顧客サービスは、一体となった協力関係にありますか？　もしそうでないとしたら、どのようにして状況を改善すべきですか？

❻R＆Dや購買、製造、財務などとマーケティング部門の関係は、どのくらい円滑かつ互恵的ですか？　また、そこではどんな改善が可能ですか？

# 第10章

# マーケティング成果の評価とコントロール

パイロットの声がスピーカーから響く。「みなさんに悪いニュースとよいニュースがあります。当機は進路を逸れました。しかし、急激な速度で目的地に向かっています」
戦いに負けるたび、彼の努力は倍加した。(陸軍元帥フェルディナン・フォッシュについて)
最も大切な資産である社員、評判、ブランド、そして顧客は、会計の帳簿には記載されていない。……………………………………セオドア・レヴィット

マーケティングとは、学習ゲームである。意思決定を行い、結果を目の当たりにし、その結果から学ぶ。そうして、意思決定に長けていく。原理的には、これまで長い間マーケティングに携わり、失敗からより多くのことを学んできたものこそ、最高のマーケターである。

マーケティング・プログラムにおいては、あらゆる種類のミスが発生する可能性がある。ターゲットが適当でないかもしれないし、基本的なオファーに問題があるかもしれない。価格や流通政策、コミュニケーション政策が間違っているかもしれない。また、これらのさまざまな政策がきちんと立案されていたとしても、実行面がおろそかになっているかもしれない。したがって、マーケティングの成果が十分に上がらない時は、何が問題なのかを将来のためにきちんと把握しておくことが

重要である。

効果的なマーケティング組織とは、適切なマーケティング評価とコントロールの手順を開発し、活用している企業である。とりわけ、次の二つの手順が重要である。

●現状を評価し分析する。そして間違いがあればそれを正す。
●マーケティング効果の監査を行う。そして重要だが弱点になっている点を改善するためのプランを作成する。

## 現状の評価と分析、および是正措置

企業は、年度単位だけでなく、四半期ごとや月ごとの、より短い単位でも目標を設定する。事業の結果をまとめ、目標の達成度を確認する。そして、目標に達成していれば祝杯があがるが、そうでない場合は同情されるか、大騒ぎになる。しかしながら、その場合、企業が設定した目標は正しかったのか、また適切な基準が用いられていたのだろうか。企業が犯しうる最悪の失敗の一つは、企業の健全性や能力を測るいくつかの基準を無視して財務上の目標を設定し、検討することである。

われわれは、企業が年度ごとの業績を評価する際に、三つの異なるスコアカードを利用することを提案したい。それは、フィナンシャル・スコアカード、マーケティング・スコアカード、そしてステークホルダー・スコアカードの三つである。

**図表10-1　ある企業のフィナンシャル・スコアカード**

| 実績（100万ドル） | 基準年度 | 1 | 2 | 3 | 4 | 5 |
|---|---|---|---|---|---|---|
| 売上高 | 254ドル | 293ドル | 318ドル | 387ドル | 431ドル | 454ドル |
| 製品原価 | 135 | 152 | 167 | 201 | 224 | 236 |
| 粗利益 | 119ドル | 141ドル | 151ドル | 186ドル | 207ドル | 218ドル |
| 製造諸経費 | 48 | 58 | 63 | 82 | 90 | 95 |
| マーケティングおよび営業費用 | 18 | 23 | 24 | 26 | 27 | 28 |
| 研究開発費 | 22 | 23 | 23 | 25 | 24 | 24 |
| 一般管理費 | 15 | 15 | 15 | 16 | 16 | 16 |
| 純利益 | 16ドル | 22ドル | 26ドル | 37ドル | 50ドル | 55ドル |
| 売上高利益率（%） | 6.3 | 7.5 | 8.2 | 9.6 | 11.6 | 12.1 |
| 資産 | 141ドル | 162ドル | 167ドル | 194ドル | 205ドル | 206ドル |
| 資産（対売上高比率） | 56 | 55 | 53 | 50 | 48 | 45 |
| 総資産利益率（%） | 11.3 | 136 | 15.6 | 19.1 | 24.4 | 26.7 |

出典：Roger J. Best, *Market-Based Management*（Prentice-Hall, 1997）, p. 30.

## フィナンシャル・スコアカード

企業の経営陣が注目するのはフィナンシャル・スコアカードであり、とりわけ損益計算書である。彼らは、外部の証券アナリストがその企業の業績について論評することを知っている。収益が下がるか、予想を下回れば、その情報によって株が売られる。株価が下がれば資金調達コストは上昇し、その結果、期待自己資本利益率（または総資産利益率）の達成はより困難になる。

もちろん収益が予想を上回れば、投資や事業の拡大に必要な資金を安く、容易に調達することができる。しかし同時に、その企業はさらに高い期待に応えなければならなくなる。

図表10―1に示したものは、ある企業の損益計算書である。数字を見る限り、業績はすこぶるよい。売上げは五年間上昇を続け、初年度のほぼ倍になっている。利益は五年間で三倍になった。売上高利益率が六・三から一二・一%になった一方、

総資産利益率は初年度の一一・三%から二六・七%に増加した。

財務上の成果は、経営者や株主を喜ばせる動機となるが、数字をいま一度眺めれば、酔いが醒めるようないくつかの重要な問題が見えてくる。この企業は五年の間、売上げが伸びているにもかかわらず、研究開発費用を一定に抑えてきた。言い換えるならば、売上高比率で見る限り、研究開発費が大きく減少しているのである。

問題は、その企業がこれまで楽に来れたのは、まもなく期限が切れる特許のおかげではないのか、また将来に向けた新製品の研究開発に十分な投資を行ってきたかということである。

マーケティング費用の支出は、比較的安定してきた。もちろん、その必要がなければ、マーケティング費用を増やす必要はない。確かに、売上高比でマーケティング費用は減少したのだから、マーケティング効率が向上したと結論することもできる。しかしながら逆に、マーケティング支出を増やしていれば、売上げが二倍ではなく三倍になっていたかもしれないという疑問は頭を離れないのである。

この時点で、財務的な数字のその先にある問題が指摘されることだろう。損益計算書が、企業の今期と将来の業績を評価する適切な手段だといえるのかどうかという疑問である。必要なのは、企業の基本的状況をより詳しく明らかにする、市場ベースの数値である。したがって経営陣は、マーケティング・スコアカードも同様に検討する必要がある。

## マーケティング・スコアカード

図表10―2は、先ほどと同じ企業のマーケティング・スコアカードである。そこには、将来の見

**図表10-2 ある企業のマーケティング・スコアカード**

| 市場ベースの実績 | 基準年度 | 1 | 2 | 3 | 4 | 5 |
|---|---|---|---|---|---|---|
| 市場成長率（数量） | 18.3% | 24.3% | 17.6% | 34.4% | 24.0% | 17.9% |
| 「コムテック」売上高成長率 | 12.8% | 17.8% | 13.3% | 24.9% | 18.2% | 7.7% |
| 市場シェア | 20.3% | 19.1% | 18.4% | 17.1% | 16.3% | 14.9% |
| 顧客維持率 | 88.2% | 87.1% | 85.0% | 82.2% | 80.9% | 80.0% |
| 新規顧客率 | 11.7% | 12.9% | 14.9% | 24.1% | 22.5% | 29.2% |
| 満足しなかった顧客比率 | 13.6% | 14.3% | 16.1% | 17.3% | 18.9% | 19.6% |
| 相対的製品品質 | +19 | +20 | +17 | +12 | +9 | +7 |
| 相対的サービス品質 | +0 | +0 | −2 | −3 | −5 | −8 |
| 相対的新製品販売率 | +8 | +8 | +7 | +5 | +1 | −4 |

出典：Roger J. Best, *Market-Based Management* (Prentice-Hall, 1997), p. 31.

通しに関して、いくつかの疑問を抱かせるマーケティング指標が示されている。次に、それらを見ていこう。

## 市場シェア

売上げが順調に伸びているにもかかわらず、市場シェアは二〇・三から一四・九％に落ちてきている。この企業の立派な営業成績も、いまでは色あせて見える。この企業の売上げが伸びているのは、おそらく市場全体が拡大しているせいだろう。事実、この企業の成長率は、市場全体の成長率に追いついていない。つまりは、競合各社がそれ以上の伸びを示しているということである。

当然のことながら、市場シェアの測定にはいくつもの方法がある。最も一般的で役に立たない基準は、業界全体のなかで何％を占めているかということである。しかし、その製品が市場全体を対象としていない限り、そうした基準には意味がない。適切な市場シェアというのは、ターゲット市場における自社の売上げによって計算されるべきである。

われわれは自社の業績を、似通ったオファーによって顧客の奪い合いをしている競合企業と比較する必要がある。ターゲット市場における市場シェアを見ることで、自社が業界のマーケット・リーダーか、二番手か、それ以外の大勢の一つかを知ることができる。

たとえ最初、マーケット・リーダーであったとしても、自分たちがシェアを維持しているか、シェアを伸ばしているか、それともシェアを落としているかを知ることが大切である。この事例の場合、会社のシェアは落ちている。これを防ぐ唯一の方策は、マージンとシェアを交換することである。要するに、価格を上げることによってシェアを失うが、総利益の増加分によってそれを埋め合わせるのである。

## 顧客維持

初年度に八八・二%あった顧客維持率が、五年後に八〇%まで落ちていることも、経営者は懸念すべきだろう。そのことは、長期的な利益を損なうことにつながる。企業はその収益のほとんどを、新規顧客ではなく既存顧客から得ている。顧客を失うということは、将来入ってくる収入を失うということである。

たとえば、IBMでは顧客を失うと大騒ぎになる。失った顧客が購入したであろうコンピュータ、プリンター、モデム、ソフトウェア、それにサービスが、どこか他社に移るからだ。IBMはその顧客を失った理由を、精一杯努力して見つけようとする。そうすることによって、二度と同じ理由で顧客を失うことは避けられる。IBMはいったん離れていった顧客にインタビューを行い、その理由を見つけることによって、再度顧客を取り戻すことさえある。

どういった種類の顧客が離れていくかによって、もちろん状況は変わってくる。自社に利益をもたらさない顧客が離れていくことは悪いニュースではなく、むしろ好ましいニュースかもしれない。実際、企業は利益にならない顧客をどうやって「追い出す」かを検討したほうがよい。もし彼らが顧客のままとどまろうとするならば、せめて料金を値上げすることによって、利益を生む顧客に変えるべきである。

最悪の状態は、長年の顧客を失うことである。顧客としての期間が長ければ長いほど、その顧客から得られる利益は大きくなっていく傾向がある。たくさん買ってくれるのも、他の消費者に勧めてくれるのも、そして値上げに対してより寛容なのも、長年の顧客ならばこそである。それゆえ企業は、こうした最高の顧客をつなぎ止めておくために最大の努力を払い、高い顧客維持率を実現しなければならない。最も利益率の高い企業のなかには、顧客維持率が九〇%を超えるところさえある。

## 顧客満足

顧客維持率の低下は、一般的に顧客満足度の低下を示している。実際、この会社に対して不満を感じている顧客の数は、この五年間に一三・六から一九・六%に増加していることが図表10―2からわかる。企業は、なぜ不満が増大しているのかを明らかにする必要がある。なぜなら、不満がさらに増加した場合、利益が低下し始めるからだ。

多くの企業は五段階評価（とても不満、まあ不満、どちらでもない、満足、とても満足）を用いて、顧客満足度を調べている。全体的な満足度だけでなく、個々のオファーについても満足度が測定される。「とても不満」と回答した顧客と、「まあ不満」と回答した顧客の間には、きわめて大きな違いが存在する。企業は、「とても不満」と答えた顧客の八〇%、「まあ不満」と答えた顧客の四〇%を失うことになるだろう。いずれにしても、そうした不満が何に起因しているかを学ばなければならない。

同様に、「満足」と回答した層と「とても満足」と回答した層には、大きな違いがある。企業は、満足層の一〇から三〇%を失う可能性がある。彼らは質問に対し、自分たちは満足しているが、もっと満足させてくれる企業があればそっちに行くだろうと回答するかもしれない。賢い企業は、顧客をただ満足させるだけでなく、大喜びさせる。そのためには、顧客の期待に沿うだけでなく、その期待を上回るものが必要となる。

## 相対的な製品品質

競合製品の品質に比べて、自社製品の品質が勝っているならば、より多くの顧客を引きつけることができる。図表10—2によれば、この企業は初年度、製品の品質において一九%の相対的な強みをもっていた。

原理的には、他の条件が同じであれば、この企業は初年度、競合製品に比べて一九%まで値上げすることが可能だった。たとえ一五%の値上げをしたとしても、そのオファーは十分魅力的なはずである。なぜなら、一五%分の追加料金で、一九%分の追加品質を手にできるからだ。

ところがその五年後、製品の相対的品質が七%に低下したことに注意する必要がある。理由は、競合がその品質を改善したのか、あるいはこの企業の製品の品質が低下したかのどちらかである。

どちらにしても、こうなってしまっては、以前のようなプレミアム価格を維持することはできない。それは、買い手から見て、品質の違い以上の価格差への支払いを求められることになってしまうからである。この場合、企業はその品質上の優位を再構築するか、あるいは品質に見合うよう価格を下げるしかない。

## 相対的なサービス品質

製品の品質同様、サービスの品質にも、顧客は反応を示す。図表10―2は、この企業がサービス品質の優位性が存在しないところからスタートし、その五年後には、競合に比べて八％劣っていることを示している。これは、競合がサービス品質を向上させたか、あるいはこの企業のサービス品質が低下したかのどちらかである。この企業は、サービス品質の劣性によって、製品品質の優位さを相殺し、価格のプレミアム性を制限してしまっている。

## その他の指標

経営者はまた、他の指標もマーケティング・スコアカードに加えたがるかもしれない。たとえば、売上高に対する営業マン費用の比率や、顧客への訪問回数をもとにした成約比率などである。

重要な点は、経営陣はフィナンシャル・スコアカードにばかり集中してはならないということである。良好な財務結果の裏には、いまにも姿を現しそうなマーケティング上の弱点が潜んでいるかもしれない。

## ステークホルダー・スコアカード

業績の評価に際して、ステークホルダー・スコアカードを加えるところが、ますます増えてきている。それを、ハーバード大学のロバート・キャプラン教授は、バランス・スコアカードと呼んでいる[1]。彼の考えによれば、企業は株主だけでなく、すべての利害関係者（ステークホルダー：従業員、納入業者、流通業者、小売業者、コミュニティ）を喜ばせなければならないという。

実際、株主とステークホルダーの利益は、企業が慎重に取りはからわなければ、相容れないことがある。株主利益を増やす方法は、従業員や納入業者、流通業者への支払いを減額することである。しかし、そうすると、短期的には利益が向上するが、長期的には優秀な従業員や納入業者、流通業者を失うことになる。それゆえ、さまざまなステークホルダーへの報酬は、うまくバランスを取らなければならないのである。

バランス・スコアカードは、重要なステークホルダーのグループが、その企業の活動や政策にどの程度満足しているかを知る手がかりとなる。たとえば、従業員の不満が高まっていることがバランス・スコアカードから明らかになったならば、企業にはそのためのテコ入れや改善が求められるだろう。優良な納入業者が企業から離れ始めたとしたら、やがて製品の品質低下や遅配が発生するだろう。

ステークホルダー・スコアカードは、企業のすべての「パートナー」が成功する関係を築くための土台を提供してくれる。これは、ヒューレット・パッカード、ＩＢＭ、ゼロックスなどの企業が、それぞれ工夫を凝らして実施しているものである。

## マーケティング監査によるマーケティング効果の改善

これら三つのスコアカードは、自社の最近の業績を評価し、将来に向けて業績を改善するための新規プランを準備する際に役立つ。また、絶えず業績向上を目指している企業には、もう一つの作業がある。それは、企業の主要な機能（マーケティング、財務、購買、R＆Dなど）が、時代の変化に対応すべく適切に組織されているかどうかを定期的に確認することである。各機能は、系統的な方法に沿って定期的に監査され、必要に応じて改善されることが望ましい。

定期的な見直しがなされるべきそうした機能の一つが、マーケティングである。今日の企業が再検討を行っているマーケティング課題には、ブランド管理の維持や拡張、縮小、また現場の営業マンから電話販売への切り替え、さらにいま以上に広告費をPRやインターネット広告などの他のコミュニケーション手段へ振り分けることなどがある。そして、最も効果的にマーケティング機能の見直しを行い、評価し、改善する方法が、マーケティング監査の実施である。

マーケティング監査は、もともと、企業内でどのようにマーケティング活動が組織され、実行され、どんな効果を生んでいるかを知るために立案されたいくつかの質問によって構成されていた。マーケティング監査は、コンサルティング会社によって提供されていたが、それぞれのやり方や内容は異なっていた。

私はかつて、七つのマーケティング要素（マクロ環境、ビジネス環境、マーケティング戦略、マーケティング組織、マーケティング・システム、マーケティング生産性、いくつかの特定のマーケティング機能）について検討するマーケティング監査方法を開発したことがある[2]。その監査で用いた質問は、図表10―3の通りである。

質問内容は多岐にわたっているが、これらの質問がすべての企業に当てはまるわけではないことに注意してほしい。監査者は、企業のマーケティング業務を理解し、評価するための鍵となる質問を選択しなければならない。その目的は、監査によって重要な所見や解決案を引き出し、企業のマーケティング成果を高めることである。

以下の定義は、マーケティング監査の意義と意図を要約したものである。

マーケティング監査とは、企業の問題領域および機会を発見し、かつマーケティング成果の向上を図るアクション・プランを提示するために、企業（もしくは事業単位）のマーケティング環境、目的、戦略、および活動に関して実施される、包括的かつ系統的、かつ独立した定期的検査である。

マーケティング監査の方法を、より科学的、客観的なものにしようと、これまで多くの研究者が取り組んできた。ここでは、一流のコンサルティング会社であるコペルニクスが用いているアプローチの概要について紹介したい。このマーケティング監査プロセスは、私がこれまで見てきたなかで、最も完成度が高いものの一つである[3]。

同社のマーケティング監査は、まずすべてのマーケティング活動を二一の項目に大分類することから始まる（図表10―4を参照）。その目的は、各項目の実績に〇から一〇〇までの点数をつけるこ

| | |
|---|---|
| E.納入業者 | 製造に用いられる主要原材料の入手可能性に関する見通しはどうか？ 納入業者のなかで、どのような新たな傾向が見られるか？ |
| F.促進機関およびマーケティング会社 | 輸送サービス、保管設備、金融サービスにかかる費用と利用可能性の見通しはどうか？　利用している広告代理店とマーケティング調査会社はどのくらい役立っているか？ |
| G.一般の人々 | 自社にとってのある特定の機会あるいは問題となるのは、一般の人々のなかのどういう人たちか？　効果的に彼らに対処するために、どんな処置をとっているか？ |
| **第Ⅱ部　マーケティング戦略監査** | |
| A. ビジネス・ミッション | ビジネス・ミッションがマーケティング志向の用語で明確に述べられているか？ |
| B. マーケティング目標とゴール | マーケティング計画と業績評価を導くための企業およびマーケティング目標とそのゴールが、十分明確に述べられているか？　自社の競争的地位や資源、機会と照らし合わせて、マーケティング目標は適切か？ |
| C. 戦略 | 経営者は、マーケティング目標を達成するための明確な戦略を表明しているか？　戦略には説得力があるか？　戦略は、製品のライフサイクル、競合企業の戦略、経済状態にかなっているか？　市場セグメンテーションの根拠は最適か？　セグメントの評価と選択のための基準は明解か？　個々の市場セグメントについて正確なプロフィールを作成しているか？　個々の市場セグメントについて、効果的なポジショニングとマーケティング・ミックスが設定されているか？　マーケティング・ミックスの主要素に対し、マーケティング資源は最適な配分がなされているか？　マーケティング目標を達成するための十分な、もしくは十分以上の資源が予算化されているか？ |
| **第Ⅲ部　マーケティング組織監査** | |
| A. きちんとした組織 | 顧客の満足度に影響を及ぼす企業活動について、マーケティング担当副社長は適切な権限と責任を負っているか？　マーケティング活動は、機能、製品、セグメント、最終消費者、地理性に合わせて組織されているか？ |
| B. 部門間の効率性 | マーケティング部と営業部の間に、良好なコミュニケーションと仕事上の関係が存在するか？　プロダクト・マネジメント制は、効果的に機能しているか？　プロダクト・マネジャーたちは利益計画を立案できるか、それとも売上げ数量のみを扱っているか？ マーケティング部になかに、いっそうの研修や動機づけ、指導、あるいは評価を必要とするグループが存在するか？ |

## 図表10-3 マーケティング監査の要素

| 第Ⅰ部　マーケティング環境監査 | |
|---|---|
| **マクロ環境** | |
| A. 人口動態 | 自社にとっての好機あるいは脅威となる主要な人口動態上の推移やトレンドは何か？　それらに対応して、どんな行動をとったか？ |
| B. 経済 | 所得や価格、貯蓄、そして信用評価の移り変わりが、自社にどんな影響を与えるか？　それらに対応して、どんな行動をとってきたか？ |
| C. 環境 | 自社が必要とする天然資源やエネルギーのコスト、および利用可能性の見通しはどうか？　環境汚染や天然資源の利用に関する企業の役割について、どういった懸念が持たれており、またどのような手だけが打たれてきたか？ |
| D. 技術 | 製品およびプロセスに関する技術上の主な変化は何か？　そうした技術変革上の自社のポジショニングは？　この製品に取って代わるかもしれない一般的な代替品は何か？ |
| E. 法規 | 法律や法制のどういった変更が、マーケティング戦略と戦術に影響を及ぼすか？　環境汚染のコントロール、雇用機会の均等、製品の安全性、広告、価格コントロールなどマーケティング戦略に影響する領域で何が起こっているか？ |
| F. 文化 | 自社のビジネスと製品に対する一般の人々の受け止め方はどうか？自社に影響を与えるかもしれない顧客のライフスタイルおよび価値観の変化には何があるか？ |
| **ビジネス環境** | |
| A. 市場 | 市場規模、成長率、地理的区分、そして利益にどんな変化があるか？主要な市場セグメントはどこにあるか？ |
| B. 顧客 | 顧客ニーズと購買プロセスはどういったものか？　顧客と見込み客は、自社と競合企業について、それぞれの評判、製品の品質、営業マン、価格をどのように評価しているか？　それぞれの顧客セグメントは、どのような購買決定を行っているか？ |
| C.競合企業 | 主要な競合企業はどこか？　その目標、戦略、強み、弱み、規模、市場シェアは？将来的な競争や自社製品の代替物に影響を与えるトレンドとは何か？ |
| D.流通、卸 | 顧客のもとに製品を届けるための主要流通経路は何か？　それぞれの流通チャネルの効率性と潜在的成長性はどうか？ |

| 第Ⅵ部　マーケティング機能監査 | |
|---|---|
| A. 製品 | 自社の製品ラインの目標は何か？　それは妥当なものか？　現行の製品ラインは、目標に沿ったものか？　製品ラインは、上方に、または下方に、もしくはその双方に拡張あるいは縮小すべきかどうか？ 自然消滅させるべき製品はどれか？　どんな製品を新たに加えるべきか？<br>　自社及び競合製品の品質、特徴、スタイリング、ブランド名などに関する購入者の知識や受け取り方はどうか？　製品あるいはブランド戦略のどういった部分に改善が必要とされるか？ |
| B. 価格 | 自社の価格目標、方針、戦略、手順といったものはどうなっているか？　価格はどの程度まで、費用や需要、それに競合上の基準をもとに設定されているのか？　顧客は、企業が決めた価格を価値に見合ったものと判断しているか？　経営者たちは需要の価格弾力性、経験曲線効果、競合企業の価格と価格政策について何を知っているか？　価格政策は、卸や小売り、納入業者、政府による規制とどの程度まで適合できるか？ |
| C. 流通チャネル | 自社の流通目標と流通戦略は何か？　適切な市場カバレッジとサービスを提供しているか？　卸、小売り、代理人、ブローカー、仲介人などはどの程度効果的か？　流通チャネルの変更を考慮すべきかどうか？ |
| D. 広告、セールス・プロモーション、パブリシティ、ダイレクト・マーケティング | 自社の広告目標は何か？　それは適切か？　広告費にはしかるべき金額が使われているか？　広告のテーマやコピーは効果的か？　顧客や一般の人々は広告をどう見ているか？　広告メディアはうまく選択されているか？　広告担当の社内スタッフは適切な人材か？　セールス・プロモーション費は適当か？　サンプルやクーポン、ディスプレイ、セールス・コンテストなどのプロモーション・ツールは、効果的かつ十分に活用されているか？　PRスタッフは有能で創造的か？　ダイレクト・マーケティング、オンライン・マーケティング、そしてデータベース・マーケティングは十分に利用されているか？ |
| E. 営業部隊 | 営業部隊の目標は何か？　営業部隊は、企業の目標達成に必要な陣容を擁しているか？　営業部隊は、適切な行動基準を伴った特定化（テリトリー、市場、製品）に沿って組織化されているか？　フィールドの営業マンを指導する十分な（もしくは多すぎる）数のセールス・マネジャーがいるか？　営業マンへの報奨レベルやその体制は、適切なインセンティブと報酬を与えているか？　営業マンたちは、高いモラルと能力と努力を示しているか？　ノルマの割り当てと業績評価の方法は適切か？　競合の営業マンと比較してどうか？ |

出典：Philip Kotler, *Marketing Management*, 9th ed.（Upper Saddle River, NJ: Prentice-Hall, 1997）, pp. 780ff.

| | |
|---|---|
| C. 部門間の意思疎通 | マーケティングと製造、R＆D、購買、財務、会計、あるいは法務との関係において注意を要するものがあるか？ |
| **第Ⅳ部　マーケティング・システム監査** | |
| A. マーケティング情報システム | マーケティング情報システムは、顧客や見込み客、流通業者、小売店、競合企業、納入業者、さらには一般の人々についての市場開発情報を、正確かつ十分に、タイミング良く提供しているか？　意思決定者たちは十分なマーケティング調査を要求しているか？　そして、それらの結果を活用しているか？　市場評価と売上げ予測のために、最高の方法を採用しているか？ |
| B. マーケティング計画システム | マーケティング計画システムがきちんと説明され、効果的に利用されているか？　マーケターたちが利用できる意思決定支援システムはあるか？ 計画システムによって、満足できる売上げ目標と個々のノルマを得られているか？ |
| C. マーケティング・コントロール・システム | コントロールの方法は、年次計画上の目標の達成にとって適切なものか？　経営者は定期的に製品、市場、テリトリー、流通チャネルごとの利益率の分析を行っているか？　マーケティング費用とその生産性を定期的に測定しているか？ |
| D. 新製品開発システム | 新製品開発のアイデアの収集、促進、選別のための組織作りがきちんとなされているか？　アイデアへ投資するのに先立って、適切なコンセプト・テストや事業分析が行われているか？　新製品の市場導入に先立って、適切な製品・市場テストが実施されているか？ |
| **第Ⅴ部　マーケティング生産性監査** | |
| A. 利益率分析 | 個々の製品、市場、テリトリー、流通チャネルごとの利益率は？　参入、拡張、縮小、あるいは撤退すべきセグメントが存在するか？ |
| B. 費用効果分析 | マーケティング活動の中に、超過費用がかかっているように思われるものはないか？　費用削減の手段をとることはできるか？ |

**図表10-4　マーケティング意思決定が求められる21分野**

1. マーケティング目標と戦略
2. マーケティング状況の分析
3. セグメンテーションとターゲティング
4. 差別化とポジショニング
5. 価格
6. プロダクト・マネジメント
7. 広告管理
8. PR
9. プロモーション管理
10. ダイレクト・マーケティング
11. リレーション・マーケティングの管理
12. 顧客サービスの卓越性
13. 統合型マーケティング・コミュニケーション（IMC）
14. 流通チャネル管理
15. 業界顧客マーケティング
16. 新製品開発
17. マーケティング情報システム
18. ブランド資産ベンチマーク
19. 営業管理
20. マーケティング成果
21. マーケティング組織

出典：Gary R. Morris, *Copernican Decision Navigator*, 1997 (Tel.: 617-630-8750).

とである。

次に、この二一の分野を、企業にとってきわめて重要な分野か、ほどほど重要な分野か、さほど重要ではない分野かによって区分けする。たとえば、価格決定能力は企業にとって非常に重要であり、その点数が低ければ、明らかにその企業は価格決定能力を改善する必要がある。

二一分野のすべてを、その重要性と現在の実績に照らし合わせて評価することで、どの領域は早期の着手が必要か、あるいはどの領域はまだ時間の余裕があるかを明確にすることができる。その後、どのマーケティング活動から改善していくかをきちんと明記した「改善計画」が作成される。最後に、各活動ごとに二人の共同責任者が任命され、既定のスケジュールに従って改善に取り組むことになる。

以上が、コペルニクスが実施するマーケティング監査プロセスの理論的な概要である。では、より詳細に見ていこう。

❶経営者に対していくつかの質問を投げかけることにより、二一項目の分野について判断する。しかし、監査者は経営者の意見にばかり頼るわけではない。書類や計画書、各種の記録などの確固としたデータも求める。たとえば、もし経営者が、いくら自分たちは現在の顧客購買ニーズをよく知っているといっても、市場調査が五年前になされただけであったら、現在の顧客ニーズの理解に関して、その経営者には低い点数しか与えられない。

❷得点は、マーケティング活動の実績を五段階に分類したものを基準に行われる。それらは、危機的なレベル（〇―一五ポイント）、問題をかかえているレベル（一六―三五）、平均的なレベル（三六―六五）、満足できるレベル（六六―八五）、驚嘆すべきレベル（八六―一〇〇）である。

例をあげると、新製品の成功率は、次のように五分類できる。危機的なレベル（成功率：〇％）、問題をかかえているレベル（五％）、平均的なレベル（一〇％）、満足できるレベル（二五％）、驚嘆すべきレベル（四〇％以上）。可能な限りのデータを検討した後、監査者はそれぞれの二一分野の活動ごとに段階と点数を定める。

❸二一の各分野それぞれの重要度を決める作業は、監査者と経営者の間で行われるより主観的なプロセスである。その意思決定は、どのマーケティング活動から改善すべきかという順序に影響を及ぼす。

図表10―5には、あるエレベーター会社の二一分野に関する状況が示されている。マーケティング上の実績はまさに平均的である。二、三の活動が平均を上回っているが（たとえば、卓越した顧客サービス）、平均を下回る点が多い（PRなど）。

## 図表10-5　ベスト・プラクティスの得点（ボストン・エレベーターの例）

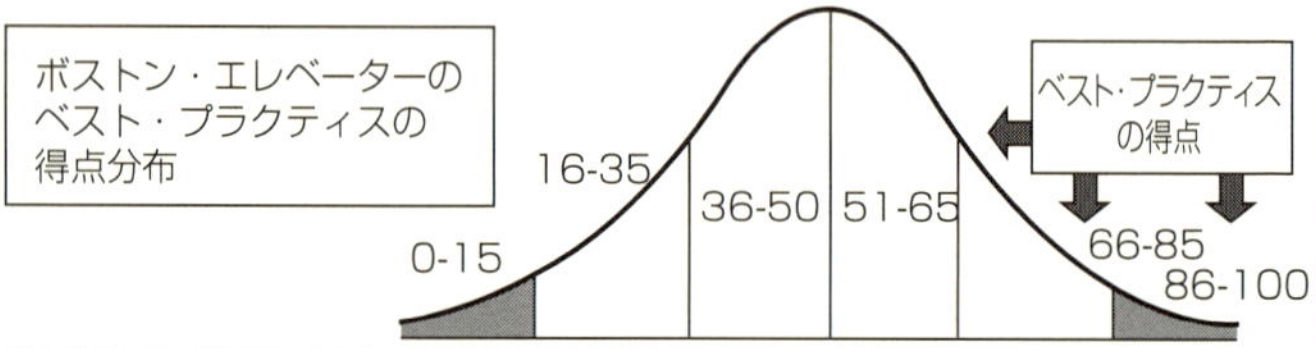


| マーケティング意思決定分野 | 危機的 | 困難 | 平均的 | 良好 | 驚嘆すべき |
|---|---|---|---|---|---|
| 1. マーケティング目標と戦略 | | | ★ | | |
| 2. マーケティング状況の分析 | | | ★ | | |
| 3. セグメンテーションとターゲティング | | | ★ | | |
| 4. 差別化とポジショニング | | | ★ | | |
| 5. 価格 | | | ★ | | |
| 6. プロダクト・マネジメント | | | ★ | | |
| 7. 広告管理 | | | ★ | | |
| 8. PR | ★ | | | | |
| 9. プロモーション管理 | | | | ★ | |
| 10. ダイレクト・マーケティング | | ★ | | | |
| 11. リレーション・マーケティングの管理 | | ★ | | | |
| 12. 顧客サービスの卓越性 | | | | | ★ |
| 13. 統合型マーケティング・コミュニケーション（IMC） | | | ★ | | |
| 14. 流通チャネル管理 | | | | ★ | |
| 15. 業界顧客マーケティング | | | | ★ | |
| 16. 新製品開発 | | ★ | | | |
| 17. マーケティング情報システム | | | ★ | | |
| 18. ブランド資産ベンチマーク | | | ★ | | |
| 19. 営業管理 | | | | ★ | |
| 20. マーケティング成果 | | | ★ | | |
| 21. マーケティング組織 | | | ★ | | |
| | | | ★ | | |
| 総得点 | | | ★47 | | |

出典：Copernican Decision Navigator, Boston, Massachusetts USA (617) 630-8750 (Gary R. Morris)の作成。

**図表10-6　3カ年計画（ボストン・エレベーターの例）**

ボストン・エレベーターの改善を目的とした取り組みのための計画表
1999
2000
2001
2002
Q1 Q2 Q3 Q4 Q1 Q2 Q3 Q4 Q1 Q2 Q3 Q4 Q1 Q2 Q3 Q4
主要課題1
ボストン・エレベーターにとっての高収益分野の確認
セグメンテーションとターゲティング
差別化とポジショニング
マーケティング情報システム
マーケティング状況分析
マーケティング目標と戦略
プロダクト・マネジメント
新製品開発
主要課題2
内部事業中心から、外部顧客中心へ移行
顧客サービスの卓越性
営業管理
ダイレクト・マーケティング
統合型マーケティング・コミュニケーション(IMC)
広告
PR
関係性マーケティング
主要課題3
研修の強化と意思決定支援システムによるマーケティング能力の向上
ブランド資産
マーケティング成果
業界顧客マーケティング
マーケティング組織
プロモーション
価格
流通チャネル管理
ボストン・エレベーターの最優先事項
ボストン・エレベーターの第二優先事項
ボストン・エレベーターの第三優先事項

エレベーター会社が、自社のマーケティング効果を高めるために取り組む改善活動の予定表が図表10—6に示されている。それらの改善計画を予定通り実行するために、リーダーおよびサブ・リーダーが任命される。

コペルニクスの方法は、小規模の企業にとっては広範で時間がかかりすぎるかもしれない。だが、その中心となっている考え方を採用することは可能である。二一項目の代わりに、監査者は重要と思われる六つから八つの活動に集中すればよい。それぞれの活動は、採点をすることができる。個々の活動のあるべき水準と、実際の水準のギャップに注目を向けるのである。企業は、主要な活動を改善するためにかかる費用とその影響力を決定しなければならない。その後、「マーケティング改善スケジュール」が作成され、個々の担当者が決定される。

マーケティング監査の手順と形式は、時間とともにさらに進化していくだろう。しかしコペルニクス・システムは、現時点では実行可能な大変有益なプログラムである。

## 検討課題

マーケティングは、科学的手法を兼ね備えた、学習によって習得することのできる技能である。優れた企業は、自分たちの活動から学習できるシステムをもっている。企業による分析と計画、そして実行には評価が与えられ、またそれらはコントロールの対象とならなければならない。

とりわけ、経営者は三つのスコアカードを用意し、分析しなければならない。それが、フィナンシャル・スコアカード、マーケティング・スコアカード、ステークホルダー（バランス）・スコアカードである。財務結果から判断するだけでは不十分なのである。

技術と市場のめまぐるしい変化に対応するため、企業は時々、自社のマーケティング活動と成果を再検討する必要がある。もし自社のマーケティング能力が競合企業よりも劣っているならば、やがて市場シェアと利益率の低下が現実のものとなる。マーケティング監査の手段は、企業のマーケティング能力を評価し、改善のための機会を見つけるための組織的な方法を提供してくれる。

では、次の質問に答えていただきたい。

❶あなたの会社は業績評価のために、マーケティング・スコアカードを利用していますか？　マーケティング・スコアカードには、どのようなマーケティング基準が含まれていますか？

❷あなたの会社は、主要なステークホルダー・グループの満足度を定期的に知ろうとしていますか？　どういったグループに対して定期調査を行っていますか、またその標本抽出はどのように行っていますか？

❸製品とサービスの相対品質を測定していますか？　相対的な品質優位性と比較して、価格は高いですか、見合った価格ですか、それとも安いですか？

❹マーケティング監査の価値を認めますか？　それが役立つのは、ビジネスが低迷している時だけだと思いますか、それともうまくいっている時にも有益だと思いますか？

# 第Ⅳ部

# 変貌するマーケティング

# 第11章

# 電子マーケティング時代への適応

川の流れをせき止めようとしても無駄だ。いちばんよいのは、流れに逆らわずに泳げるようになることだ。……………………………………………作者不詳

社内の改革のスピードが、企業を取り巻く環境の変化についてゆけなければ、その企業の終わりは近い。…………………………ジャック・ウェルチ（GE会長）

今後一〇年間に、マーケティングのすべてがリエンジニアリングの対象になるだろう。二一世紀の初めに、市場とマーケティングが現在とはまったく違う原則に沿って動くであろうことは、ほとんど疑う余地がない。工業化社会に続く情報化社会が、日常生活のあらゆる側面に浸透し、変化をもたらすだろう。

デジタル革命は、われわれが抱く空間、時間、大量生産の概念を根底から変えた。もはや企業は広い空間を占める必要がない。バーチャル上にあれば、どこでも同じだからである。メッセージは、送受信を同時に行うことができる。本や音楽や映画が、大量生産というよりは、「ビット」の形で配布されるのである[1]。

今日、インターネットの利用者は世界中で一億人以上にのぼり、一五〇万以上のドメイン・ネームが存在している。インターネット上を行き交う情報量は、一〇〇日ごとに倍増している。電子商取引額は、一九九八年には二〇〇億ドルだったが、二〇〇二年までに三二七〇億ドルに上ると予想されている。

その売買がさらに自動化されて便利になれば、サイバースペースは時代のさきがけとなるだろう。ビジネス相互の関係は深まり、顧客との間もスムーズなヴァーチャル・ネットワークによって結ばれることになる。インターネットの情報は、コストを発生させることもなく瞬時に世界中を駆けめぐる。売り手が潜在顧客を見つけることは容易になり、買い手が最高の売り手や最高の製品を見つけることも簡単になる。

従来、企業にとって多大なコスト要因であり、かつ取引の障壁にもなっていた時間と距離の縮小のインパクトは計り知れない。いままで通りの販売方法を継続する企業は、やがて市場から姿を消すだろう。

デジタル革命の扉が開かれたことによって、資本の乏しい新規企業やニッチ企業が、世界市場に躍り出るようになった。その一例が、ヴァーチャル・ヴィンヤード（ブドウ園）事業を立ち上げたクロ・ラ・シャンス・ワインズである。そのオーナーは、他のブドウ園からブドウを買い入れ、リースで借りた醸造場と倉庫を利用して、ワイン作りのほか、ラベル、ボトル、コルクの製作までもアウトソーシングでまかない、販売はインターネットでのみ行っている。ヴァーチャル企業として、クロ・ラ・シャンスは、モンダヴィなどの経営状態に優れた、定評のあるワイン企業と競り合おうとしている。

マーケターは、顧客価値を見出し、それを伝達し、納得してもらうプロセスを基本的なところから再考する必要がある。個々の顧客を上手に管理する能力を磨かなければならない。また、顧客が期待する製品を、顧客をうまく巻き込みながら一緒に作り上げていかなければならない。

次に、デジタル革命によって続々と開花しつつある可能性が、消費者と企業の購買行動をいかに変えていくかを見てみよう。そして、二一世紀において売り手がとるべき方策を探るために、これらの行動の変化がもたらす意味を引き出してみよう。

## 消費者の購買行動はどう変わるか？

コンピュータや、地上と衛星をつなぐネットワークの利用が家庭でも当たり前になると、われわれの生活がどう変わるかを予想するシナリオが数多く発表されている。次に紹介するのは、最近発表されたものである。

あなたの家が、あなた自身を知っていたとしたらどうだろう。雨の日の、あなたの好みの曲はビリー・ホリデーの『イル・ウインド』、室内で運動する時は、エルヴィス・コステロの『パンプ・イット・アップ』だということを知っていたとしたら……。冷蔵庫のなかに何が残っているか、金曜の夜に三人のお客を招くディナーの準備に何を注文するかを知っていたとしたら……。そして、玄関を通る時には足元を照らしてくれ、Eメールも代わりに読んでくれ、フェミニストのおばあちゃんが来る時には、芸術家のジュディ・シカゴの作品をフラット・モニターに映し、

パンク好きの姪が遊びに来る時はロックバンドのホールのポスターを飾ってくれたとしたらどうだろうか。(2)

今日、億万長者のビル・ゲイツの家で見られるものが、一〇年もすれば、中流階級の家庭でも当たり前になるだろう。

●インテリジェント・セキュリティ・システムによって、時折ライトが点灯する。窓に異常はないか、不振な動きを示すものはないかを探り、いかなる侵入者もビデオに記録する。正面玄関には人の顔を識別できる小型ビデオカメラを設置し、不審人物の進入を阻止する。
●コンピュータとテレビと電話は、大画面スクリーンのエンターテイメント・センターに接続される。どんな映画もすぐにダウンロードでき、製品やサービスはセンター経由でいくらでも注文できる。このセンターを使って、家に居ながら他の家の人とビデオ会議を開くこともできる。すべては、家庭に引き込まれている銅線が、デジタル・ファイバー回線ないし他の広域帯の伝送媒体に置き換えられるタイミング次第である。
●家のなかにはコンピュータが二、三台あり、子どもたちは百科事典の検索をしたり、ゲームを楽しんだりする。また、大人は気晴らしや仕事や家計のやりくりに利用する。
●キッチンにあるフラット・スクリーンとコンピュータは、好みの料理のレシピを検索したり、近所のスーパーマーケットが扱っている商品や「特売品」を見るのに使うことができる。そして注文を出せば、数時間で自宅に配達してくれる。

●多くの活動が音声認識で行えるようになる。パスワードを言えば玄関が開いたり、「点灯」と唱えるだけでライトが点く。またキーボードを使わなくとも、コンピュータが手紙を口述筆記してくれる。

家庭で製品を選んだり、商品やサービスを注文するのがずっと簡単になる。ウェブサイト上で製品の仕様を調べたり、それをチャット・ルームで話題にすることもできる。インターネット上の仲介業者のサイトを訪ねて製品情報を得たり、他の製品と比較することもできる。

家庭の利用者は、いずれインテリジェント・エージェントを利用するようになるだろう。それは、利用者の音楽や映画の好みを覚えて新しい提案をしたり、彼らの受信メールを確認して、無用なメールを削除してくれるサービスだ。やがて広告やプログラミングも、注文すればすぐ手に入るようになる。またプッシュ技術を利用して、いくつもの関心領域について最新の知識を手に入れることもできる。

図表11—1には、今日の消費者が、一般的な商品とサービスの購入に際してサイバースペースをどのように利用することができるかが示されている。

## 企業の購買および販売行動はどう変わるか?

企業主体の購買活動では伝統的に、専門家がカタログをめくり、供給業者に電話をかけ、交渉によって条件が決められていた。しかし、今日の購買代理人は、購入手段を拡大するため、サイバーツールを新たに装備している。

インターネットによって、彼らはかつてないほど多くの情報を手にしている。最適な供給者を探し出し、その信用の度合いや社歴を確認することが、いっそう簡単になった。やがて、さまざまな供給業者の評価を行い、その情報を少額の手数料で提供するインターネット上の仲介プロバイダー(メディアのメディア)が登場してくるだろう。

図表11—2には、インターネット上の購買および販売活動について、企業が実施しているいくつかの例が示されている。

## いかにしてサイバースペースを攻略すべきか?

情報革命とサイバースペースは、マーケティングの状況を大きく変え、価値伝達のプロセスにおいて企業の未来を再編成することになるだろう。

今日の消費者は、商品やサービスの入手に関してかつてない多様な手段を手にしている。流通業者間の競争は、熾烈さを増している。電子的流通は、小売店を凌駕するだろう。

それでは、ノートパソコンの購入を考えている買い手に、どのような入手方法があるかを検討することから始めよう。以下は、代表的な五つの流通チャネルである。

**1 小売店**……購入者は、複数のノートパソコンを扱っているサーキット・シティやコンプUSAのような小売店を訪ね、実際に製品を見たり、触ったりすることができる。そこに行けば、販売員か

ねることで、新車と中古車の特徴とその価格を比較することができる。エドムンズのサイトからクリックすることで、オート・バイ・テルを訪ねることができ、最適なディーラーと価格を見つけることができる。自動車保険のGEICOや延長保証のワランティ、自動車アクセサリーのホイットニーなどの自動車関連商品のサイトをクリックすることもできる。昨年度、ディーラーのショールーム以外のところで200万人以上がクルマを購入した。

### ワイン

ワイン購入者は、ワインに関する知識や、カリフォルニアにある６５以上の小さなブドウ園のワインを供給するバーチャル・ヴィンヤードを利用することができる。そのウェブは、テイスティング表とともに、個々のワインやワイン醸造所、ワイン・メーカーについて詳細な情報提供をしている。サイトを訪問した人は、自宅用にワインを注文することができる。そのサイトは、ワインのセレクションに合った専門の食材を付け加えた。またサイトの内容は日本語にも翻訳され、日本からも大量に注文を受けている。バーチャル・ヴィンヤードは、新着ワイン・ニュースを常連客に電子メールで知らせたり、食材とワインのギフト用詰め合わせセットを提案したりしている。さらにワインを購入してくれた人に、そのワインの感想を書き込んでくれるよう求めている。

### 新聞とニュース

ＣＮＮや『ウォールストリート・ジャーナル』、『ニューヨーク・タイムズ』などのオンライン新聞からニュースを得る人たちがますます増えてきている。

### 株の売買

今や多くの人たちが、E*トレードやワンソースといったウェブサイトから即時の株価情報やその他の金融情報を得ている。自宅やオフィス、さらにはノートパソコンとモデムさえあれば、どこからでも株の売買注文を出すことができる。

### 電子マネー

消費者は、自分の銀行口座からパソコンに電子マネー（Eキャッシュと呼ばれることもある）をダウンロードすることができるようになるだろう。消費者は、支払いのために売り手へEキャッシュを転送することができるだろう。

**図表11-1　サイバースペース上での購入が、顧客の商品やサービスの入手方法をどのように変えるか**

本、音楽、ビデオ、ソフトウェア

消費者は今日では、特定の本や音楽、ビデオ、ソフトウェアを探すために、アマゾン、バーンズ&ノーブル、CDナウといったサイバーマーチャント（電子商店）を訪れる。それらの商品は根本的には情報財である。顧客たちはいま流行っているものが何か教えてもらえるだけでなく、過去の購買履歴や関心領域、あるいは購買履歴が似ている人たちがどんなものを注文しているかといったことを基準に、自動的に推奨を受け取る。

こうしたサイバーマーチャントたちは、さほど在庫をかかえておらず、また販売のための店舗を借りていないせいで、通常、一般の本屋やCDショップより安い価格で提供している。さらに、小売店の店員の数は減少しているだけでなく、彼らは正確な商品知識を持っていない。一方、そうした製品についての詳しい情報は、いまやインターネットで入手することができる。しかし、消費者は購入した商品を自分で取りに行かない場合、郵便料金を追加支払いしなくてはならない。

だが近い将来、多くの本や音楽、ビデオ、ソフトといったものは、物理的に形のあるものではなくなり、求めに応じて顧客のコンピュータやテレビにダウンロードされるだけのものとなるだろう。製造し、パッケージに入れて出荷していた「アトム」（物質）に代わって、供給者ははるかに安い費用でダウンロードしてもらえる「ビット」（情報）を提供するようになるだろう（ニコラス・ネグロポンテ著『ビーイング・ディジタル』1995年、参照）。

花、ギフト

消費者は今日、コンピュータの画面上でさまざまな花のアレンジメントを眺められ、1-800-FLOWERSをはじめとするサイバーベンダー（サイバーディスカウンターも含む）に注文を出すことができる。また消費者は、ギフトやその他の商品を提供しているマーケットプレイスMCIやIQVCなどのサイバーモールを訪ね、そこで商品を選択することができる。

衣料

自宅に居ながらにして衣料品を注文できるギャップやリミテッドのような売り手が、インターネット上にますます増えてきている。将来的には、衣料品メーカーは、顧客が以前購入したサイズや、好みの色や素材をもとに、衣料品をマス・カスタマイズするだろう。

自動車

今日、クルマの購入者は、いくつもの自動車会社のウェブページを訪ねることでクルマの詳細な情報を見たり、エドムンズのようなウェブサイトを訪なぜなら、よりやりがいを感じているからだ。新たにかかってくる電話の内容とその解決策は、テクニカル・ライター（ポリッシュ&パブリッシュ）のもとへ送られ、「情報ベース」に登録される。その結果、将来的な電話での問い合わせは減少していく。

### テックデータ

テックデータは、パソコンやその周辺機器を扱う全国規模の流通業者であり、製造業者900社による４万5000種以上の製品を、5500社の再販業者と小売店に販売している。そのサイトでは、電子カタログ、製品検索、価格提示、在庫確認、発注、問い合わせ、製造業者のウェブサイト・リスト、さらにはＵＰＳやフェデラル・エクスプレスとリンクしたトラッキング機能が提供されている。新機能には、顧客の最終消費者のもとへ商品を配送できるプライベート・ラベル配送も付け加わっている。

### エッグヘッド・ドット・コム・オークション

このサイトは、カメラや工具、テレビはもちろん、特にコンピュータのハードとソフトを対象とした、メーカーの放出物資を扱ったオークション・サイトである。入札はリアル・タイムで実施され、入札できればたいていかなり安く商品を手に入れることができる。

### 宝飾類

顧客のなかには、宝飾店で透明度が最高な、ひょうたん型をした４カラット大のダイヤモンドを欲しがる人がいるかもしれない。その宝飾店がウェブサイトに加入していたならば（年会費100ドルを支払って）、宝飾店はその宝石について広く告知を行い、他の宝飾店から希望受け渡し価格付きの返事を受け取ることができる。宝飾店は顧客にどんな石が入手可能であるか伝え、もし顧客がそれを気に入れば注文を出す。

### 旅行

企業は、営業マンや会議参加者のために日常的に旅行商品を購入している。企業はインターネットを通じて、主要な航空会社各社に購入したいチケットについてのメッセージを伝え、いちばんいいオファーを選択することができる。

**図表11-2　サイバースペース上での購入が、産業財の製品やサービスの購買と販売方法をどのように変えるか**

| ゼネラル・エレクトリック（ＧＥ） |
|---|
| ＧＥは、他の加入者とともに、世界中の納入業者に見積もりを依頼したり、条件の交渉を行ったり、発注をすることのできるトレーディング・プロセス・ネットワーク（ＴＰＮ）を開発した。納入業者は、希望の出ている品目について入札するために、定期的にこのページを訪ねる。ＧＥのバイヤーは、受注処理にかかる費用が安いことから、10から15パーセントの価格削減を主張する。 |

| シスコ・システムズ |
|---|
| シスコ・システムズは、マルチプロトコール・ルータやデジタル・スウィッチ機器、フレーム・リレー、それにインターネット用のソフトなど、インターネットの機能を支援する製品を製造している。1997年度、注文の13パーセント以上がインターネット経由だった。シスコ・システムズのウェブサイト（www.cisco.com）には、ひと月に40万件以上のアクセスがある。<br>そのウェブサイトは、たまたま訪れた人、登録済みの顧客、転売を行うパートナー、納入業者のそれぞれに合わせて、異なるアクセス・レベルを提供する。たとえば登録済み顧客であれば、製品の購入、注文の照会、価格のチェック、ソフトウェアのアップデートなど、シスコ・オンラインですべてのビジネスを行うことができる。<br>シスコはいまでは、顧客サービスに関するリクエストの75パーセント以上をインターネットによって取り扱っている。シスコは、他の方法で受注したときと比べ、オンラインで受注した際には約３日早い配送を実現している。シスコによれば、そのウェブサイトのおかげで年間３億6000万ドルを節約しただけでなく、顧客やパートナーの満足度も高まっている。<br>シスコは、ＦＡＱ（Frequently Asked Questions：よくある質問に対する答えをまとめたもの）の「情報ベース」を作成した。顧客はたいてい、その企業の誰とも話すことなく、答えを得ることができる。そのことで、電話にかかる時間を大幅に削減でき、またそのための人手を減らすことができる。シスコは、かつてかかってきていた電話の７割方、あるいは月に５万通の通話を減らした。一通話にかかるシスコの費用は200ドルなので（複雑な製品のためにコストがかさむ）、ひと月1000万ドルの削減になる。<br>かつては1000人いたが、いまでは700人が電話応答を担当している。コールセンターで働いている人たちは、自分たちの仕事が好きになっている。 |

ら情報を得たり、アドバイスを受けられるメリットがある。その一方で、店に行くのは時間もコストもかかるうえ、通常、他の流通チャネルと比較して高い買い物につく。

**2 カタログ**……購入者は、たとえばマイクロコンピュータ・ウェアハウスやJ&Rコンピュータ・ワールドなどの電気製品を扱うカタログ販売会社のカタログで検討することができる。カタログには、さまざまな種類と価格のノートパソコンが掲載されている。注文は、フリーダイヤルへ申し込めばよい。一九九二年のカタログ業者の売上げは五一〇億ドルを上回った。カタログ販売には、いくつかのメリットがある。注文が簡単なこと。週七日一日二四時間受けつけていること。購入時に、インストールするソフトが選択できること。そして、小売店で購入するより安いこと。価格が安い理由は、カタログ業者は店舗が不要であり、在庫もあまり必要でなく、州外からの注文については課税の必要がないからである。

**3 TVショッピング**……TVショッピングでノートパソコンを見て、注文する購入者もいる。TVショッピングでは、デモンストレーションと受注が簡単であり、おそらく価格も安いというメリットがある。ただし、そこで紹介されるのは一商品一価格であり、比較検討できないというデメリットがある。

**4 メーカー直販（ダイレクト・マーケター）**……デル・コンピュータのように、買い手がそのウェブページを訪ね、好みのソフトがついたモデルを注文できるメーカーがある。現在、デル・コンピュータは、インターネットで一日三〇〇万ドル相当のパソコンを販売している（その数字は電話注文分を含まず）。デルの直販は、顧客の好みのソフトをパソコンにインストールすると同時に、小売店などよりも安い価格で提供している。デメリットは、買い手が一回に一メーカーのブランドしか見られないことである。

**5　インターネット仲介**……買い手はまた、インターネット仲介業者のウェブページにアクセスすることもできる。そこでは、購入可能なあらゆるブランドの特徴や価格を比較し、最もお値打ちの商品をどこで購入できるかがわかる。インターネット仲介業者は、広告収入や購読料、サイトのページ閲覧ごとの利用料から収入を得ている。インターネット仲介の効果として、製品価格の低下、顧客サービスの向上、仲介手数料の確保をあげることができる。

多くの商品やサービス分野において、電子流通が店頭販売からビジネスを奪うだろうという考えが主流になっている。店頭販売の伸び率が人口の通常の伸び率と同じ約二％しか成長していないのに対し、無店舗販売の分野は二桁成長を示している。電子市場は、店頭購買にはない、数々の優位性を購入者にもたらしている。主なものとして次の点が考えられる。

●週七日、一日二四時間利用可能である。

●店までクルマを走らせ、駐車場に停め、そして実際に買い物をするといった必要がないので、時間と費用を節約できる。

●大ていの場合、低価格である。

デメリットとしては次のものがある。

●注文した商品が届くまで、一日もしくはそれ以上待たなければならない。
●注文する前に商品に触ることができない。

ベンジャミンとワイガンドは、電子市場についていくつかの予測をしている(3)。

❶情報コストが低減するにつれ、商品の選択と購入に際して、高い情報コストとコーディネーション・コストが必要とされる市場に、いままで以上に多くの購入者が引きつけられるだろう。
❷日常的な標準製品は、あえて顧客が見たり触ったりする必要がなければ、ますます電子市場で扱われるようになるだろう。
❸「お客様相談室」でしっかりサポートされている製品は、電子市場でも販売可能だろう。
❹電子市場は、単一ブランドがスポンサーをしているウェブページ（たとえばフォード自動車のホームページ）から、マルチ・ブランドがスポンサーを務めるウェブページへ変わっていくだろう。
❺伝統的な販売チャネルで成功を収めている企業も、将来的な総利益を見越して電子流通チャネルを構築しようとするだろう。
❻企業間の電子的結合は、次のような状況下で増加していくと思われる。
　a：ウォルマートのような巨大な購買者が、集中仕入れと在庫管理によって、大幅な経費の削減ができることに気づき、納入業者に電子的な接続を行うよう求めた時。
　b：製造部門と供給部門の密接な電子的接続による「ジャスト・イン・タイム・サプライ」を

利用することによって、製造コストの大幅削減がなされる時。

c：少数の大規模納入業者と密接につき合うことによって、大幅なコスト削減が可能になった時。

右記の予測❷によれば、日々用いられる標準的製品は電子流通チャネルに乗りやすい。たとえば、ネットグローサーというウェブページでは、キャンベルのスープ、洗剤のタイドなど食料雑貨品を注文することができる。もちろん、本、CD、ビデオなどもインターネットで入手できる。

しかしながら、自動車や家電品などの高関与、多情報を必要とする製品の購買にこそ、電子的流通はふさわしいとの議論もある[4]。高性能ステレオを購入したいと思っている人がいるとしよう。その場合、いくつものブランドやその特徴についての情報、それに専門家の意見が必要となる。インターネットであれば、製品特徴や価格の詳細な情報を集めることができるし、最終的に選択した製品を簡単に発注することもできる。

電子流通チャネルの特徴を説明するために、情報、議論、発注のための電子メディア、とりわけ電話、コンピュータ、テレビについて見ていこう。

かつて、情報を入手し、注文を出すための最初の電子メディアは電話だった。インターネットの到来によって、コンピュータを通じて情報を収集し、注文を出すことが可能になった。双方向性テレビの出現も間近に迫り、利用可能な新たな電子メディアが続々と誕生してきている。

まだ定かでないのは、そのうちの何が主流をなすかということである。たとえば、銀行の課題は、いつホームバンキングに乗り出すべきかということであり、彼らはそのベースを電話にするか、コ

**図表11-3　7つのインターネット利用法**

1　調査
2　情報提供
——　会社の製品、サービス、所在地、歴史（コカ・コーラ）
——　顧客サービス支援（パームパイロット）
——　顧客へのアドバイス（クリニーク、アマゾン）
——　音楽、本、ビデオの見本供給のための、オーディオさらには（もしくは）ビデオのクリッピング
——　社員や営業マンについての情報（イントラネット）
——　販売店情報システム（フォード）
——　包括的情報の提供（エドムンズ）
3　フォーラムの運営
4　トレーニングの提供
5　オンライン上での売買の提供
——　補足的発注チャネル（デル）
——　唯一の発注チャネル（CDナウ、アマゾン）
6　オンライン上でのオークションあるいは交換の場の提供
7　デジタル情報の提供

注：1＝実行中　2＝翌年　3＝2～5年後　4＝あり得ない

ンピュータにするか、それとも双方向性テレビにするかを決定しなければならない。もちろん最終的には、これら三つの電子メディアは、すべての特徴を兼ね備えた一つの機器になるだろう。

これまでの点から考えて、今日の企業が成功していくためには、新たな電子時代において何をすべきなのだろうか。次に四つの原則をあげる。

### 1　顧客データベースを構築し積極的に活用する

顧客の数が限定される時代にあっては、企業はできるだけ多くの見込み客と顧客の名前と情報を収集しなければならない。しっかりと構築されたデータベースは、強力な競争優位を企業にもたらす。特定のオファーないし特別注文のオファーに対して、どういった顧客グループや個人が反応するかを探り、その興味の度合いを評価することができる。データベースの活用により、企業による顧客の選定はきわめて効率的になる。

## 2　インターネット上の利用に関する明確なコンセプトをもつ

インターネット上にその存在を示す方法としては、少なくとも七つのやり方がある。①調査への利用、②情報の提供、③フォーラムの運営、④トレーニングの提供、⑤オンライン売買の実施（つまり、電子商取引）、⑥オークションや交換の場の提供、さらに⑦顧客へのデジタル・コンテンツの提供である。

図表11―3は、これらの可能性を示したものである。自社の現在のインターネット利用状況について該当個所に印をつけたら、次に翌年、あるいは二年から五年以内、もしくは利用計画なしといった基準で、今後の新たなインターネット利用について予想すべきである。

企業のウェブサイトにリピーターを増やしたければ、それだけ魅力的で、的を射た最新の内容でなければならない。さらに、最新技術を用いたグラフィックスとサウンド、そしてビデオ映像の利用を検討すべきだろう。週刊のニュースや特集も必要だろう（たとえば、「次週予告：ジョン・ジョーンズによる今週の株式銘柄」）。

そのサイトは、すでにフェデラル・エクスプレス（荷物の追跡調査）やヴァーチャル・ヴィンヤード（専門家によるお勧めワインのアドバイス）、ホリデイ・イン（インターネット予約）、あるいはビザ（キャッシング・マシンの設置場所を知らせる）が行っているように、顧客にとって価値のある支援を提供できるように設計しなければならない。

また編集サイドのリーダーシップを確立することも必要である。たとえばエドムンズは、個々のクルマの特徴と価格を調べるうえで最高のサイトと見られている。編集内容が権威をもてば、業界の関連企業からウェブページ上に有料の広告掲載を集めることができる。

企業は、自社のウェブページを批判的観点から見直し、いくつもの疑問を自らに投げかけなければならない。なぜ人々はわれわれのサイトを訪れるのか。われわれのページの何が面白いのか。われわれのページに人々が戻ってくるのはなぜか。われわれのページに広告を出したがる理由は何か(図表11—4には、よくデザインされた二つのウェブサイトの内容が示されている)。

### 3　関連のウェブサイトにバナー広告を掲載する

自分たちのターゲットがどういったウェブサイトを訪ねるかを検討するとともに、バナー広告の掲載を検討すべきである。もしターゲット顧客が投資家であったならば、シュワブのワンソースなど投資情報のサイトにバナーを載せることが考えられる。ターゲットの幅が広い場合には、ホット・ワイアードやパスファインダー、ＥＳＰＮＥＴ、スポーツゾーン、プレイボーイなどのサイトがバナー掲載の対象になるかもしれない。

しかしながら、人気のサイトに広告を掲載するためには、切手大サイズで三カ月間につき、三万から一〇万ドルの掲載料が必要である。掲載料金は、単なる露出回数ではなく、ヒットの回数分にするかどうかを含めて交渉ごとになる(Ｐ＆Ｇはこの計算方法を主張している)。

独創的なバナーの例として、トヨタ・アメリカがヤフーのホームページに載せたものが知られている。そこでは、一九九七年型カムリの小さな写真に、「新型カムリが当たる！　ここをクリック」というコピーが添えられていた。サイトを訪れた人は、自分の名前、住所、電話番号、電子メールのアドレス、いま乗っているクルマのタイプ、年式、メーカー、型式、またそれがリースかどうかを書き込むと抽選に参加することができた。

**図表11-4　2つの創造的なウェブサイト**

**レクサスのウェブサイト**

　このページは、訪問者を「レクサス・センター・オブ・パフォーミング・アーツ」へ迎える。そこでは、顧客ごとの接客係であるアレックスが、いくつもの異なるホールへ案内してくれる。

**モデル・ギャラリー**：クルマの性能、贅沢さ、安全性、アクセサリー、スペックに関する情報
**ディーラー・グランデ・ホール**：市外番号、州ごとのディーラー情報、またディーラーのウェブサイトへのリンクを提供
**技術センター**：技術革新情報の一部を提供
**イベント・センター**：レクサスが協賛しているスポーツや文化、自動車関連のイベントのリスト
**読書室**：表彰、記事、報告書を含む最新情報を提供
**愛好者サークル**：レクサスのオーナーだけに特典を提供する部屋
**財務区域**：レクサスの財務サービスにより、顧客がクルマを買うべきか、リースすべきかをアドバイス
**電子メール・ボックス**：レクサスについてのパンフレットや直接のコミュニケーションを提供
**願かけ井戸**：チャリティーへのレクサスの対応を紹介

**クリニークのウェブサイト**

化粧品に関する優れた情報を顧客へ提供
多種な個別コンサルテーションや美容ヒント、新製品告知、価格情報を提供
消費者が自分にとってふさわしい製品を選択できるよう、彼女たちのスキン・タイプを判定する方法を提供
講習会や店舗情報の提供
（しかし、オンラインでの販売を実施していない。現行の流通チャネルとの関係を損なうことになるからである）

サイトを訪れた人は、カムリの資料を請求することもできた。そして、実際にトヨタのディーラーを訪ねると、長距離電話が六〇分かけられるＭＣＩのテレホンカードと交換できるクーポンがプレゼントされた。

たとえヒット数が少なかったとしても、バナーの露出がインターネット利用者のブランド認知を高める効果があることを示す証拠はいくつかある。多くの企業がウェブ広告を採用し始めていることは意外ではない。「主要広告主一〇〇社のうち、（中略）四六社がウェブ広告を利用している。（中略）そして、ほとんどの企業はウェブサイトを開設している」[5]

## 4　アクセスが容易であり、顧客からの問い合わせにすばやく対応する

電話や電子メールでの問い合わせに対して、顧客は迅速かつ適切な回答を期待しており、その傾向はますます強くなってきている。

一九九七年に、アメリカ・オンラインの顧客がプロバイダーに接続できないか、ヘルプ・サービスにうまくアクセスできなかったことがあり、口コミで悪い噂が流れた。コンピュータやソフトウエアを扱う企業は、製品販売に関しては素晴らしい仕事をしているが、ハイテク製品の購入者が抱くさまざまなレベルの質問に答えられる十分な顧客サポート体制の構築は疎かになりがちである。

ただし、ソニーは例外である。ソニーは、ＳＯＳ（Sony Online Support）を自社のノートパソコンに取りつけることによって、その問題に取り組んだ。彼らの広告のコピーはこうだ。

**図表11-5　サイバー・マーケティングによって、マーケティングはどう変わるか**

| マーケティング活動 | 伝統的マーケティング | サイバー・マーケティング |
|---|---|---|
| 広告 | 印刷、ビデオ、もしくは音声の表現を用意し、テレビやラジオ、新聞、雑誌などの標準的媒体を利用。通常、極めて限られた情報のみが提供される。 | 広範な情報がデザインされ、企業のウェブページに載る。また他のサイトのバナーを購入。 |
| 顧客サービス | 週5日、一日8時間、店頭でサービスを提供、または顧客からの電話に対応。顧客の維持、あるいは関係修復のために顧客を訪問。 | 週7日、一日24時間のサービス対応。電話、ファックス、電子メールの利用。オンラインでの対話の実施。コンピュータを利用して遠隔地からでも問題を解決。 |
| 販売 | 見込み客や顧客への電話や訪問を実施。現物、あるいはプロジェクターを利用したデモンストレーション。 | 見込み客とのテレビ会議。コンピュータの画面上での製品のデモンストレーション。 |
| マーケティング・リサーチ | 個別インタビュー、フォーカス・グループ、郵送法、電話調査の利用。 | ニュース・グループによる会話、インタビュー、電子メールによる質問の利用。 |

コンピュータはわれわれの役に立っている。だが、コンピュータのヘルプは、そうではなかった。そう、われわれがSOSを立ち上げるまでは。もしあなたが問題でお悩みであれば、われわれがその解決をお手伝いします。実際、お客様の手をお借りすることなく、その問題を解決して見せましょう。（中略）お客様のご了解をいただいたうえで、われわれはコンピュータのなかに入り、問題を見つけ、それがどんなものであろうとも修理いたします（何千マイルと離れていようが可能です）。画面上のわれわれの小さなアイコンをクリックするだけで、あなたのコンピュータが、われわれのサービス・センターを呼び出します。そして、われわれはコンピュータの回収に伺います。

顧客への支援体制が十分でない場合、ウェブページから電子メールを送付できるようにすることがかえって裏目に出ることもある。ボルボ・アメリカは、そのウェブページから電子メールを送れるようにした最初の会社の一つだった。

ところが、同社は「このウェブサイトは素晴らしいけど、私が乗っている850のサンルーフは雨漏りがしますよ」といったメッセージをしばしば受け取る羽目に陥った。しかし、ボルボはそうした問題に対応できるだけのスタッフを備えていなかったため、その電子メール機能をウェブページから削除せざるをえなかった。(6)

伝統的なマーケティング活動が、エレクトロニック・マーケティングによって、どのように変わっていくかを図表11—5にまとめた。

## 検討課題

情報化時代における急速な変化によって、企業は自社の未来を洞察するとともに、競争に生き残り、成長を続けるために、いかなる変革が必要かを真剣に考えることが不可欠になってきている。企業が二一世紀に向けて、自らの未来を築こうとする時、次の設問に答えてみることは参考になるだろう。

❶五年後、あなたの事業がどのようになっているかを示したシナリオを、会社は作成していますか？　情報革命によって利益を得る、あるいは被害を受けるのは消費者ですか、協力企業ですか、それとも競合企業ですか？　価値連鎖上のどこで利益が発生しますか？

❷自社の製品と企業についての情報提供を目的としたウェブサイトを開いていますか？　そこでは、顧客に何度もアクセスしてもらうための呼び物やベネフィットを提供していますか？

❸顧客があなたの会社に対して質問や提案や不満を述べやすいように、最大限の努力をはらっていますか？　顧客からのこうしたメッセージには、どの程度迅速に対応できていますか？

❹あなたの会社には、見込み客や顧客、ディーラー、納入業者の名前とプロフィールを記録したデータベースがありますか？

❺社員同士が連絡をとりあったり、本社のデータ・バンクに照会したりできるイントラネットを構築していますか？

❻主要顧客、流通業者、納入業者をつなぐエクストラネットを構築していますか？

# 補遺――生産財ビジネスにおける特徴、成功戦略、マーケティング部門の役割

マーケティングの発想やプロセスは普遍的なものだが、それぞれのビジネスや市場には固有の特徴が見受けられる。重機械を販売している有能なマーケターが、もし日用品を売るようになったとしたら、新たな知識と思考プロセスを必要とするだろう。以下にいくつかの市場に関して、その特徴、戦略的成功要因、マーケティング部門が果たしている役割を示す。

Ⅰ　プロジェクトの販売

Ａ　例：防衛システム、発電所、橋、大規模コンピュータ・システム。

Ｂ　特徴：

1　長期の販売間隔（六カ月から二年）と大変な忍耐が要求される。

2　通常、多機能な営業チーム（営業、技術、オペレーション、財務、経営幹部、保安）が求められる。

3　入札や提案要請書を伴うことがある。

4　高位の担当グループによって購買決定がなされる。

5　しばしば経済的な考察以外に、政治的配慮が伴う。

Ｃ　成功戦略

1　成功には信頼関係が不可欠。

2　売り手が買い手企業の多くの人たちと親密になること。関係性マーケティング。
3　顧客へのすばやい対応のためチームに自社ラインの上下を問わず影響を与える能力が必要。
4　社長が販売チームの一員となるよう手助けすること。
5　入札価格の設定にあたっては、後続の全体的なビジネスが、顧客の存続期間を超えた価値をもつかもしれないことを考慮すべきである。複数年の契約を狙う。さらに、今年度の目標を達成するために、短期のプロジェクトの販売も必要である。
6　チームは、顧客の購入基準を念入りに調査しなければならない。入札に参加しそうな競合の強みと弱みを確認しておかなければならない。
7　顧客のビジネスと、顧客にとっての顧客が誰かを理解する必要がある。
8　コンサルティング・セールスと問題解決型セールスを行う必要がある。
9　問題解決策は、特徴や機能、およびベネフィットが、どのように顧客にとっての価値に転換されているかを示していなければならない。

D　マーケティング部門の役割

1　費用および価格の分析。独自の価値ベースによる価格決定モデル。
2　バーターの利用法や為替相場の変動に通じていること。
3　マーケティング・リサーチや競合情報の提供。
4　顧客の購買行動や影響力の評価。
5　創造力に欠けたマーケティング部門や儲け主義中心の部署は、戦術的なマーケティングに関心をもつ。営利本位の人たちは、利益を生むオファーを組むために、またチーム内の継続的なコミュニケーションを促進するために情報システムを必要とする。顧客に関する解決策を用意しておくために、いくつもの「もし」を想定したシミュレーションを行う。

6 ブランドおよびコーポレート・アイデンティティの構築。

7 ビジネスにとっての戦略的意味合いの確認。

Ⅱ 重機の販売

A 例：トラック、トラクター、印刷機械、メインフレームの販売。

B 特徴：一時の販売か、反復的な販売かによる。

C 成功戦略：

1 市場を顧客や機材の要求のタイプで細分化すること。

2 満足させるべき対象セグメントを選択し、製品ラインを広く薄く広げないようにすること。

3 適切な製品とバリュー・プロポジションを開発すること。

4 しっかりしたアフターサービスの体制をつくる。なぜなら、不稼働時間はコストとなり、また生産財は長持ちすることから、しっかりしたアフターサービスが必要となるからだ。

5 機材の販売で収益を得るか、アフターサービスで収益を得るように価格を決定すること。

6 優れた販売店研修プログラムを作成し、強力で忠誠度の高い販売店ネットワークを築くこと。

7 業界標準に沿っており、また信頼性と耐久性についての評判を受け得るしっかりした保証制度を開発すること。

8 ディーラーを相手にする有能な営業マンを育成すると同時に、ディーラーを支援し、彼らに技術的に適格であるという確信を与え、また自社の営業マン費用の削減につながるＩＴ（情報技術）基盤を構築すること。

9　あなたの製品に対しディーラーの時間を割かせ、また彼らの実績を評価するためのインセンティブ制度をつくること。

10　強力なブランド・ポジショニング、およびブランド・アイデンティティの構築能力。

11　適切な機材の据えつけと欠陥修正用プログラム。

12　優れた顧客研修プログラム。

13　扱いの大きな顧客の要望に合うよう、製品とサービスを進んで改変すること。

Ｄ　マーケティング部門の役割

1　適切なセグメンテーション、ターゲティング、ポジショニング戦略を策定する。

2　販売店および最終消費者に対する強力なマーケティング・コミュニケーション・プログラム。

3　目標が達成できるかどうか知るための、しっかりとしたディーラーと顧客からのフィードバック・プログラム。

Ⅲ　一般生産財の販売

Ａ　例：原材料、スクリュー、組み立て用部品、紙、運送用コンテナ、クリーニング溶剤の販売。

Ｂ　成功要因：

1　顧客の需要に対応するための十分な製品の種類と供給可能性。

2　低コスト生産者になるための努力。

3　卓越した業務遂行が重要（納期厳守、製品の品質と機能による高い信頼度）。
4　技術力の先進性をもとにしたブランド構築。
5　製品使用についての研修と応用のための支援。
6　継続的な製品改良――より軽く、より速く、より安く、よりよく、より大きな音が出て、より明るく、等。
7　卸や小売店との強力なネットワークを築き、自社製品を推奨させるための注意を払うよう仕向ける。
8　卸の営業は契約を結ぼうと働いており、それは入札によるものかもしれない。その後、自動的に再注文がなされれば、営業マンは顧客の維持ではなく、開拓に彼らのほとんどの時間を割くことができる。
9　顧客の純利益にどういった価値のインパクトがあるかを的確に理解できること。

C　マーケティング部門の役割：
1　R&Dの活動が顧客の支援になるようにコーディネートする。
2　営業がうまく取り扱える価格領域を設定する。
3　営業マンへの売り込み。新発売用の宣材と広告用宣材の開発。展示会への参加。
4　プロダクト・マネジャーとアプリケーション・セグメント・マネジャー、それに強力な営業マンを必要とする。
5　二つの組織構成が必要となるだろう。一つは、たとえばペイント・メーカーが、自動車メーカーのビジネスを獲得するために、継続的な供給を確実にするためのプロジェクト主導の組織。もう一つは、顧客の普段のニーズに対応し、顧客にきちんと満足してもらうための営業マン主導の組織である。

Ⅳ 継続的な直販マーケティング

A 例：ＯＥＭ先への継続的供給、ウォルマートを供給先とするＰ＆Ｇ。

B 成功戦略：

1 顧客の近くに事務所を構える。あるいは、少なくとも良好な流通と供給可能性を提供。

2 顧客の要求に対応した工場施設と配送システム。

3 長期契約、または良好な業務関係を確保する。

4 納入業者は、費用と価格をしだいに削減する一方で、生産性を継続的に向上していける能力がなければならない。

5 納入業者は、顧客のニーズを予測し、顧客からの発注がなくても供給が行われる自動補給を利用しなければならない。

6 規模の大きな顧客には直接的に、そうでない顧客には流通業者を使って販売する。必要とされるマーケティング情報と支援を双方に提供。

C マーケティング部門の役割：プロジェクト・マーケティングと同様。

Ⅴ 注文生産メーカーのマーケティング

A 例：注文生産メーカー、修理店

B　成功戦略
1　カスタマイズ能力
2　フレキシブルな製造システム
C　マーケティング部門の役割：
1　モニターすること。ほとんどの仕事は、専門技術のわかる営業マンによってもたらされる。
2　データ・シートなどの「セールス・ツール」を提供。

Ⅵ　産業用サービス
A　例：工場の清掃サービス、給与業務処理、社員用売店、夜間警備。
B　成功戦略：
1　顧客の期待度を上回るサービスの信頼性と正確さ。
2　顧客が自分の手で作業を行うより安い価格と短い作業時間。
3　サービスの融通性（週に七日間）。
C　マーケティング部門の役割
1　信頼を得るためにサービスに対するブランドを確立。
2　顧客が自分たちで行った際に、実際いくらかかるかを示唆する。

Ⅶ　プロフェッショナル・サービス
A　例：銀行業務、保険サービス。

B　成功戦略：
1　専門的知識
2　問題解決と報告のスピード
3　競争的な価格
4　顧客や重要な団体との関係性の管理
C　マーケティング部門の役割：
1　狙うべき最適なセグメントを明確にしサービスの戦略的ポートフォリオの作成を支援する。
2　専門的知識を収めたデータベースの構築を支援する。
3　自社特有の能力の売り込み。

Ⅷ　テレコミュニケーション・サービス
A　例：ホスピタリティ市場へのコミュニケーション・サービスの販売。
B　成功戦略：
1　市場やアプリケーション、問題に関する知識。
2　ターゲット市場に専念する組織を支援する。
3　パッケージになった問題解決策（製品と価格だけではなく）。
C　マーケティング部門の役割：
1　パッケージの管理とその提供。
2　関係構築のための顧客イベント。

3　市場でのプレゼンスを上げる。

Ⅸ　大規模財務サービス

A　例：クレジットカードに関する処理、クレジット保険、ワラント・ブローカー、個人向けの年金プラン作成業者。

B　特徴：

1　低コストで大量に処理。

2　集約的なシステムおよび技術。

3　洗練された購入者（提案要請書を伴う）。

4　手続きの簡便さが小売店にとって必須。

C　成功戦略：

1　業務運営に秀でることが重要。

2　低コストのポジションを維持するための市場シェア拡大。

3　製品ラインの革新と拡張。

4　柔軟で、かつカスタマイズできる部分を備えた処理システム。

5　販売店の営業マン向けに研修プログラムが組めるほどに、販売店のビジネスを理解する。

D　マーケティング部門の役割：

1　顧客との関係を通じ付加価値を提供するためプログラムについての専門知識と支援を提供。

2　価格と契約条件の交渉。

3　新規顧客とそのための設備の開設に関するコーディネーション。
4　顧客との関係維持と利益管理に関するコーディネーション。

X　明細事項がもとになる販売

A　例：大規模建設事業へ個別の製品を販売。

B　特徴：

1　長期間の販売サイクル（六カ月から二年）。

2　最終購入者が意思決定者ではない。

C　成功戦略：

1　初期段階における影響力と最終段階での拒否権をもつ、明細書を作成するエンジニアたちを理解し、親しくなる。

2　初期の設計段階で仕様をクリアし、その仕様が揺るがないように、請負業者や最終的な利用者へのつながりを徹底的にフォローする。

3　プロジェクトの計画チームの一員に入る。

D　マーケティング部門の役割：

1　調査、主要なプロジェクトの進捗状況の確認。

2　プロジェクト連鎖における集中的なマーケティング・コミュニケーション。

3　価値ベースの価格設定、費用対労働力の削減。

4　顧客へのサービス・レベルを評価し、向上させる。

**3.** コペルニクスのURLは、www.copernicusmarketing.com.

## 第11章　電子マーケティング時代への適応

**1.** Stanley M. Davis, *Future Perfect* (Reading, MA.: Addison-Wesley, 1986). を参照のこと。

**2.** Susan Gregory Thomas, "The Networked," *U.S. News & World Report*, December 1, 1997, p. 66.

**3.** Robert Benjamin and Rolf Wigand, "Electronic Markets and Virtual Value Chains on the Information Superhighway," *Sloan Management Review*, Winter 1995, pp. 31－41.

**4.** Evan I. Schwartz, *Webonomics: Nine Essential Principles for Growing Your Business on the World Wide Web* (New York: Broadway Books, 1997), pp. 92－116.（邦訳『ウェブサイト・ビジネス・マネジメント』七賢出版刊）

**5.** Debra Aho Williamson, "Web Ads Mark 2nd Birthday with Decisive Issues Ahead," from *Advertising Age* web page, 5/9/97.

**6.** Schwartz, *Webonomics*, p. 48.

クについて集中的に調査を行い、その結果を『マス・カスタマイゼーション』(Boston: Harvard Business School Press, 1993) に発表した。

4. Hermann Simon, *Hidden Champions* (Boston: Harvard Business School Press, 1996), p. 116. を参照のこと。

5. Fred Wiersema, *Customer Intimacy: Pick Your Partners, Shape Your Culture, Win Together* (Santa Monica, CA.: Knowledge Exchange, 1996). を参照のこと。

6. Christopher W. L. Hart, *Extraordinary Guarantees* (New York: Amacom, 1993).を参照のこと。

## 第9章　より効果的なマーケティングのためのプラニングと組織づくり

1. Thomas V. Bonoma and Benson P. Shapiro, *Industrial Market Segmentation: A Nested Approach* (Cambridge, MA: Marketing Science Institute, June 1983). を参照のこと。

2. Frank V. Cespedes, *Concurrent Marketing: Integrating Product, Sales, and Service* (Boston, MA.: Harvard Business School Press, 1995).を参照のこと。

3. Don E. Schultz, Stanley I. Tannenbaum, and Robert F. Lauterborn, *Integrated Marketing Communications: Pulling It Together and Making It Work* (Lincolnwood, Il.: NTC Publishing Co., 1993).（邦訳『広告革命　米国に吹き荒れるIMC旋風』電通刊）

4. Michael Hammer and James Champy, *Reengineering the Corporation* (New York: HarperCollins, 1993).（邦訳『リエンジニアリング革命』日本経済新聞社刊）

## 第10章　マーケティング成果の評価とコントロール

1. Robert Kaplan and David P. Norton, *The Balanced Scorecard: Translating Strategy into Action* (Boston: Harvard Business School Press, 1996).（邦訳：『バランス・スコアカード』生産性出版刊）

2. Philip Kotler, William Gregor, and William Rodgers, "The Marketing Audit Comes of Age," Sloan Management Review, Winter 1989, pp. 49－62.を参照のこと。

*for Life* (New York: Pocket Books, 1990).

**4.** 顧客開発のステップについては、これ以外にもいくつかの考え方がある。Murray Raphel and Neil Raphel, ***Up the Loyalty Ladder: Turning Sometime Customers into Full-time Advocates of Your Business*** (New York: HarperBusiness, 1995); およびJill Griffin, ***Customer Loyalty: How to Earn It, How to Keep It*** (New York: Lexington Books, 1995).を参照のこと。

**5.** Goodman, "Complaint Handling in America." を参照のこと。

**6.** 同前。

**7.** Timothy W. Firnstahl, "My Employees Are My Service Guarantee," *Harvard Business Review*, July－August 1989, pp. 29－34.

**8.** Frederick F. Reichheld, *The Loyalty Effect* (Boston: Harvard Business School Press, 1996).（邦訳『顧客ロイヤルティのマネジメント』ダイヤモンド社刊）

**9.** Kenneth Blanchard, ***Raving Fans: A Revolutionary Approach to Customer Service*** (New York: William Morrow & Co., 1993).（邦訳『1分間顧客サービス』ダイヤモンド社刊）を参照のこと。

**10.** Regis McKenna, *The Regis Touch* (Reading, MA: Addison-Wesley, 1985).（邦訳『勝利の本質』三笠書房）、および***Relationship Marketing*** (Reading, MA: Addison-Wesley, 1991).（邦訳『ザ・マーケティング』ダイヤモンド社刊）また、 Jerry R. Wilson, *Word-of-Mouth Marketing* (New York: John Wiley, 1991).を参照のこと。

**11.** Sherden, *Market Ownership*, p. 77.を参照のこと。

## 第8章　顧客価値の創造と伝達

**1.** 経験曲線戦略を適用している企業は、既存の技術分野において規模を拡大していくだろうが、新規の技術を用いた低コスト企業からの攻撃を受けやすい。別の課題としては、期待通りに経験費用曲線が低下するかどうかといった点がある。結論として、この理論では、2社以上の企業が経験曲線をもとに競争を繰り広げた場合、期待すべき成果を上げることはできない。

**2.** "Shootout at PC Corral: Texan Computer Giants Dell and Compaq Do Battle," *U.S. News & World Report*, June 23, 1997, pp. 37－38.を参照のこと。

**3.** この言葉が最初に登場したのは、Stanley M. Davis, ***Future Perfect*** (Reading, MA.: Addison-Wesley, 1987)である。後に、B・ジョセフ・パインがこのトピッ

**9.** 実際は、近代的なもてなしのサービスを備えたスーパー書店の第一号としては、バーンズ&ノーブルより前のものとして、デンバーにある独立型書店であるタタード・カバー（Tattered Cover）をあげることができる。Leonard Berry, *On Great Service* (New York: Free Press, 1995).を参照のこと。
**10.** Louis W. Stern and Frederick D. Sturdivant, "Customer-driven Distribution Systems," *Harvard Business Review*, July－August 1987, pp. 34－41. を参照のこと。
**11.** Don E. Schultz and Jeffrey S. Walters, *Measuring Brand Communication* (New York: Association of National Advertisers, 1997).
**12.** Robert C. Blattberg and Scott A. Neslin, *Sales Promotion: Concepts, Methods, and Strategies* (Englewood Cliffs, NJ: Prentice-Hall, 1990). を参照のこと。
**13.** Regis McKenna, *The Regis Touch* (Reading, MA: Addison-Wesley, 1985).（邦訳『勝利の本質』三笠書房）、および Regis McKenna, *Relationship Marketing* (Reading, MA: Addison-Wesley, 1991).（邦訳『ザ・マーケティング』ダイヤモンド社刊）を参照のこと。
**14.** George W. Columbo, *Sales Force Automation* (New York: McGraw-Hill, 1994).
**15.** キー・アカウントを相手とした営業管理についての興味深いデータと発見が、次の本の記述に見られる。Sanjit Sengupta, Robert E. Krapfel, and Michael A. Pusateri, "The Strategic Sales Force," in *Marketing Management*, Summer 1997, pp. 29－34.
**16.** Peter R. Peacock, "Data Mining in Marketing: Part 1," *Marketing Management*, Winter 1998, pp. 9－18; "Part 2," Spring 1998, pp. 15－25.

## 第7章　顧客の獲得、維持、育成

**1.** John Goodman, "Complaint Handling in America," study by Technical Assistance Research Program (TARP), U.S. Office of Consumer Affairs, 1986. を参照のこと。
**2.** Neil Rackham, *SPIN Selling* (New York: McGraw-Hill, 1988). および、同著者による *SPIN Selling Fieldbook* (New York: McGraw-Hill, 1996).を参照のこと。
**3.** William A. Sheriden, *Marketing Ownership: The Art and Science of Becoming #1* (New York: Amacom, 1994), および Carl Sewell and Paul Brown, *Customers*

and Thomas Siebel and Michael Malone, *Virtual Selling: Going Beyond the Automated Sales Force to Achieve Total Sales Quality* (New York: The Free Press, 1996).を参照のこと。

7. Eric von Hippel, *The Sources of Information* (New York: Oxford University Press, 1988).を参照のこと。

8. Philip Kotler, "A Design for the Firm's Marketing Nerve Center," *Business Horizons*, Fall 1966, pp. 63－74.

9. Gilbert A. Churchill, Jr., *Marketing Research: Methodological Foundations*, 6th ed. (Fort Worth, TX: Dryden, 1994).を参照のこと。

10. Gary L. Lilien and Arvind Rangaswamy, *Marketing Engineering: Computer-assisted Marketing Analysis and Planning* (Reading, MA.: Addison-Wesley, 1997).を参照のこと。

11. Bradley T. Gale, *Managing Customer Value* (New York: Free Press, 1994).

## 第6章　マーケティング・ミックスの策定

1. Neil H. Borden, "The Concept of the Marketing Mix," *Journal of Advertising Research*, June 1964, pp. 197－208.

2. Philip Kotler, "Megamarketing," *Harvard Business Review*, March－April 1986, pp. 117－24

3. Robert Lautenborn, "New Marketing Litany: 4 P's Passé ; C-Words Take Over," *Advertising Age*, October 1, 1990, p. 26.

4. Bernd Schmitt and Alex Simonson, *Marketing Aesthetics* (New York: Free Press, 1997).（邦訳『「エスセティクス」のマーケティング戦略』トッパン刊）を参照のこと。

5. ロバート・ドーラン教授のハーバード・ビジネス・スクールにおける「パワー・プライシング政策」と題した講義（1997年 6 月17日）から。

6. Michael V. Marn and Robert L. Rosiello, "Managing Price, Gaining Profit," *Harvard Business Review*, September－October 1992, pp. 84－94.を参照のこと。

7. Ernest Glad and Hugh Becker, *Activity-based Costing and Management* (New York: John Wiley & Sons, 1996).

8. "Shootout at PC Corral, Texan Computer Giants Dell and Compaq Do Battle," *U.S. News & World Report*, June 23, 1997, pp. 37－38.を参照のこと。

Failure in Product Innovation: The Case of the U.S. Electronics Industry," *IEEE Transactions on Engineering Management*, November 1984, pp. 192－203.

## 第4章　バリュー・プロポジションの創造とブランド・エクイティの構築

1. Michael Porter, *Competitive Strategy* (New York: Free Press, 1980).（邦訳『競争の戦略』ダイヤモンド社刊）

2. Michael Treacy and Fred Wiersema, *The Disciplines of Marketing Leaders* (Reading, MA.: Addison-Wesley, 1994).（邦訳『ナンバーワン企業の法則』日本経済新聞社刊）

3. Jean-Noel Kapferer, *Strategic Brand Management: New Approaches to Creating and Evaluating Brand Equity* (New York: Free Press, 1994).

4. Robert Spector and Patrick D. McCarthy, *The Nordstrom Way: The Inside Story of America's #1 Customer Service Company* (New York: John Wiley & Sons, 1997).（邦訳『ノードストローム・ウェイ』日本経済新聞社刊）

5. Jan Carlzon, *Moments of Truth* (New York: HarperCollins, 1989).（邦訳『真実の瞬間』ダイヤモンド社刊）

## 第5章　マーケティング情報の開発と利用

1. Christina Del Valle, "They Know Where You Live—and How You Buy," *Business Week*, February 7, 1994, p. 89.を参照のこと。

2. Faith Popcorn and Lys Marigold, *The Popcorn Report* (New York: HarperBusiness, 1992), and *Clicking: 16 Trends to Future Fit Your Life, Your Work, Your Business* (New York: HarperCollins, 1996).

3. Steven P. Schnaars, *Managing Imitation Strategies* (New York: Free Press, 1994).（邦訳『戦略的模倣戦略』有斐閣刊）

4. Michael R. Leenders and David L. Blenkhorn, *Reverse Marketing: The New Buyer-Supplier Relationship* (New York: Free Press, 1988).

5. Jeffrey H. Dyer, "How Chrysler Created an American Keiretsu," *Harvard Business Review*, July－August 1996, pp. 42－56.を参照のこと。

6. George W. Columbo, *Sales Force Automation* (New York: McGraw-Hill, 1994)

*How to Grow Bigger by Acting Smaller* (New York: McGraw-Hill, 1991).
**6.** Hermann Simon, ***Hidden Champions*** (Boston: Harvard Business School Press, 1996).
**7.** B. Joseph Pine II, ***Mass Customization*** (Boston: Harvard Business School Press, 1993). (邦訳『マス・カスタマイゼーション革命』日本能率協会マネジメントセンター刊)。また、Marc H. Meyer and Alvin P. Lehnerd, ***The Power of Product Platforms*** (New York: The Free Press, 1997). を参照のこと。
**8.** Thomas V. Bonoma, ***The Marketing Edge: Making Strategies Work*** (New York: The Free Press, 1985).
**9.** Frank V. Cespedes, ***Concurrent Marketing: Integrating Product, Sales, and Service*** (Boston: Harvard Business School Press, 1995); and ***idem, Managing Marketing Linkages: Text, Cases, and Readings*** (Upper Saddle River, NJ.: Prentice-Hall, 1996).
**10.** Michael J. Lanning, ***Delivering Profitable Value*** (Oxford, UK: Capstone, 1998).
**11.** Simon Knox and Stan Maklan, ***Competing on Value: Bridging the Gap Between Brand and Customer Value*** (London: Financial Times, 1998).

## 第3章　市場機会の発見とバリュー・オファーの創造

**1.** Robert D. Buzzell, John A. Quelch, and Christopher Bartlett, ***Global Marketing Management: Cases and Readings***, 3d ed. (Reading, MA.: Addison-Wesley, 1995), pp. 69－95.に収められたイケアのケースを参照のこと。
**2.** Sandra Vandermerwe, ***From Tin Soldiers to Russian Dolls: Creating Added Value Through Services*** (Oxford, UK: Butterworth Heinemann, 1994).
**3.** Philip Kotler and Sidney Levy, "Demarketing, Yes, Demarketing," ***Harvard Business Review***, November-December, 1971, pp. 74-80.を参照のこと。
**4.** Igor Ansoff, "Strategies For Diversification," ***Harvard Business Review***, September－October, 1957, p. 114.
5. 詳しくは、Evan I. Schwartz, ***Webonomics: Nine Essential Principles for Growing Your Business on the World Wide Web*** (New York: Broadway Books, 1997), pp. 98－101.(邦訳『ウェブサイト・ビジネス・マネジメント』七賢出版刊) を参照のこと。
6. Modesto A. Madique and Billie Jo Zirger, "A Study of Success and

# 注記

## 第1章　世界一流のマーケティングによる高収益ビジネスの構築

1. Adrian J. Slywotzky, *Value Migration: How to Think Several Moves Ahead of Competition* (Boston: Harvard Business School Press, 1996).
2. Marshall McLuhan, *Understanding Media: The Extensions of Man* (London: Routledge and Kegan Paul, 1964).（邦訳『メディア論』みすず書房刊）
3. Nicholas Negroponte, *Being Digital* (New York: Knopf, 1995).（邦訳『ビーング・デジタル』アスキー刊）
4. Peter M. Senge, *The Fifth Discipline: The Art and Practice of the Learning Organization* (New York: Doubleday/Currency, 1990).（邦訳『最強組織の法則』徳間書店刊）
5. Michael E. Porter, "What Is Strategy?" *Harvard Business Review*, November－December 1996, pp. 61－78.
6. Robert E. Wayland and Paul M. Cole, *Customer Connections: New Strategies for Growth* (Boston: Harvard Business School Press, 1997).（邦訳『顧客の「役割」を重視するデマンドチェーン・マネジメント』ダイヤモンド社刊）を参照のこと。

## 第2章　価値を創造し、伝達するためのマーケティング

1. Akio Morita, *Made in Japan*, (New York: Dutton, 1986).（邦訳『MADE IN JAPAN（メイド・イン・ジャパン）―わが体験的国際戦略』朝日新聞社刊）
2. Peter Clothier, *Multi-level Marketing: A Practical Guide to Successful Network Selling* (London: Kogan Page, 1990).
3. Wendell R. Smith, "Product Differentiation and Market Segmentation as Alternative Marketing Strategies," *Journal of Marketing*, July 1956, pp. 3－8.
4. Robert Blattberg and John Deighton, "Interactive Marketing: Exploiting the Age of Addressibility" *Sloan Management Review*, 33, no. 1 (1991):5－14.
5. Robert E. Linneman and John L. Stanton, Jr., *Making Niche Marketing Work:*

【や】



【ら】



【わ】

**【ま】**

【な】



【は】

【た】

**【さ】**

【か】

# 索引

【A～Z】



【あ】

## 著者紹介


フィリップ・コトラー(Philip Kotler)

ノースウエスタン大学ケロッグ経営大学院のインターナショナル・マーケティング担当教授。ケロッグ校は、長年にわたるコトラー教授の貢献により、マーケティング教育分野で最も優れたビジネス・スクールとしての評価を得ており、『ビジネスウィーク』誌の調査では6度にわたってアメリカ最高のビジネス・スクールに選ばれている。

コトラー教授は、IBMやGE、AT&T、フォード、ミシュラン、デュポン、バンク・オブ・アメリカ、メルクなどの企業に対してコンサルティングを行ってきたが、現在も、ヨーロッパ、アジア、南アメリカ各地を広く回り、数多くの企業に対して講演を行い、アドバイスを与えている。

著書に、世界中のビジネス・スクールで最も広く用いられているマーケティング教科書である『コトラーのマーケティング・マネジメント』(ピアソン・エデュケーション)や、『マーケティング原理』(ダイヤモンド社)、『コトラーのマーケティング入門』(共著、ピアソン・エデュケーション)など多数がある。


## 訳者紹介


木村　達也(きむら　たつや)

早稲田大学大学院経営管理研究科教授。広告会社、航空会社、消費財メーカーなどを経て、現職。早稲田大学商学部卒、英ランカスター大学大学院修了。学術博士(早稲田大学)。

主な著訳書に『インターナル・マーケティング』(中央経済社)、『マーケティング活動の進め方〈第2版〉』『インターネット・マーケティング入門』(ともに日本経済新聞出版社)、『実践CRM:進化する顧客関係性マネジメント』(編著、生産性出版)、『コトラーのマーケティング講義』(監訳、ダイヤモンド社)がある。


# コトラーの戦略的マーケティング

いかに市場を創造し、攻略し、支配するか


2000年2月17日　第1刷発行
2023年10月17日　第26刷発行

著者/フィリップ・コトラー
訳者/木村達也

装丁/藤崎登
製作・進行/ダイヤモンド・グラフィック社
印刷/堀内印刷所(本文)・加藤文明社(カバー)
製本/ブックアート

発行所/ダイヤモンド社
〒150-8409　東京都渋谷区神宮前6-12-17
https://www.diamond.co.jp/
電話/03·5778·7233(編集)　03·5778·7240(販売)




ISBN 4-478-50176-9